진흙에
물들지 않는
연꽃처럼

불광법회 창립 50주년 기념문집

진흙에 물들지 않는 연꽃처럼

불광사·불광법회

나무향

발 간 사

건강한 수행공동체를 지향하며

불광법회 법회장 현진 박 홍 우

올해는 1974년 광덕 스님께서 반야사상으로 우리의 마음과 생활을 밝게 하고 우리 사회의 광명화를 도모하기 위해 불광회를 창립하신 지 50년이 되는 뜻깊은 해입니다. 광덕 스님을 비롯한 회원들은 불광회 창립 1년 후 이를 확대·개편하여 불광법회를 창립하고 조직을 체계화하였습니다. 불광법회는 종로 대각사에서 매주 정기법회를 진행하다가 전용 중앙도량을 마련하기 위해 시주금을 모아 1982년 불광사를 창건하게 되었습니다. 그 후 불광법회와 불광사는 한몸과 같이 활동하였기 때문에 이 둘을 묶어 '불광법회·불광사' 또는 '불광사·불광법회'로 혼용하여 표시하기도 하였습니다. 그러다가 2008년 불광법회 회칙을 개정할 때 불광법회를 불광사와 합하여 '대한불교조계종 불광사·불광법회'라고 공식화하였고 일반적으로는 약칭하여 불광법회라고 부르고 있습니다.

비록 명칭의 변경이 있어 왔지만 불광법회는 불광회에 뿌리를 두고 있기 때문에 불광회가 창립된 1974년을 기준으로 창립기념 횟수를 계산하여 왔고 올해에 반백 년이 되었습니다. 다만 창립기념일을 불광회가 창립된 9월 1일이 아닌 불광법회 창립일인 10월 16일을 기준으로 함으로써 뿌리인 불광회와 확대·개편된 불광법회의 창립을 동시에 중시해 온 것으로 볼 수 있습니다. 그동안 불광법회의 창립기념 행사를 불광법회 정기법회가 있는 일요일을 기준으로 10월 16일이 일요일이면 당일에, 그렇지 않으면 직전의 일요일에 개최하여 온 관례도 이러한 의미를 갖고 있다고 하겠습니다.

불광법회 형제들은 광덕 스님의 "내 생명 부처님 무량공덕 생명, 용맹정진하여 바라밀국토 성취한다"는 가르침에 따라 신행활동을 다져왔습니다. 지난 50년 동안 불광법회는 도심 포교당의 새 역사를 쓰며 발전하여 왔지만 어려움도 없지 않았습니다. 1999년 2월 광덕 스님께서 열반에 드신 후 어느 정도 안정을 유지하는 듯하였으나 내실 있는 수행보다는 외형적인 성장에 중점을 둔 결과 불광법회가 목표로 했던 건강한 수행공동체로서의 본질적인 역할에 충실하지 못한 점이 있었습니다.

발간사

이러한 문제는 불광법회 회주 겸 불광사 창건주였던 지홍 스님이 젊은 여종무원과 특별한 관계에서나 가능한 문자를 교환하고 불광사 산하 불광유치원의 공금을 횡령한 사실이 드러난 2018년 5월 하순에 소위 지홍 스님 사태로 세상에 알려지게 되었습니다. 다행히 문도회의 신속한 결정으로 6월 13일 불광법회 법주를 맡으신 지오 스님의 지도로 지홍 스님 사태가 어느 정도 일단락되는 듯하였습니다. 불광형제들은 불미스러운 일의 재발을 방지하기 위해 지오 스님과 함께 불광사의 재산이 사부대중 공동의 자산이라는 전제하에 스님과 재가자가 힘을 모아 합리적으로 불광사를 관리할 수 있도록 불광법회 회칙을 개정하고 불광사·불광법회의 운영에 관한 규정(이하 운영규정)을 제정하였습니다. 그런데 지홍 스님으로부터 불광사 창건주직을 이양받고 2019년 1월 지오 스님의 불광법회 법주직을 물려받은 지정 스님에게 2019년 8월 하순에 은처승 의혹이 제기되어 소위 지정 스님 사태가 발생하였습니다. 지정 스님은 법주 취임 후 불광법회 회칙 및 운영규정에 대한 불만을 표시하였고 2019년 6월에 회장단과 합의하여 불광법회 회칙 및 운영규정을 일부 개정하였습니다. 그러나 10월경부터 이마저 제대로 준수하지 않으면서 지금까지 문제가 계속되고 있습니다.

불광형제들은 그동안 광덕 스님의 상좌 스님들이 청정하게 생활하면서 수행과 전법에 전념하는 것으로 믿었지 계율을 어기고 나쁜 행위를 할 것이라고는 생각하지 못하였습니다. 그런데 지홍 스님 사태와 지정 스님 사태를 겪으면서 스님 중에는 계행이 청정하지 못하고 세속인 이상으로 좋지 못한 행을 하는 경우도 존재하는 사실을 알게 되었습니다. 이에 불광형제들은 일관되게 다음 두 가지 사항을 요구하고 있습니다. 첫째 청정한 수행자와 함께 수행공동체를 가꾸어가고, 둘째 재가자도 참여하여 사찰을 투명하고 합리적으로 운영하자는 것입니다. 이는 불법에 맞고 시대변화에도 어울리는 사항임에도 불구하고 아직까지 문제가 해결되지 않고 있는 것은 일부 관련 스님들이 광덕 스님께서 실천하신 사부대중 평등사상보다는 잘못된 승가우월주의와 세속적 욕망에 과도하게 빠져 있기 때문이라고 생각합니다.

재가자는 기본적으로 출가자를 존중하여야 합니다. 그러나 출가자가 계율을 지키지 않고 출가자답지 않은 행위를 한 경우에 재가자는 유사행위의 재발을 방지하기 위해 노력하여야 한다고 생각합니다. 이것이 수행자를 진정으로 외호하는 재가자의 올바른 역할이고 불법을 보호하는 길이라고 보기 때문입니다. 하루속히 눈푸른 수행자가 존경받고 계율을 중시하는 불교 본래의 모습을 볼 수 있으면 좋겠습니다.

불광법회에서는 창립 50주년을 맞는 뜻깊은 해를 기념하는 사업의 하나로 불광형제들의 문집을 발간하기로 하였습니다. 부처님과 광덕 스님의 가르침에 따라 신행활동을 해온 불광형제들의 생각과 감정, 행동 등 다양한 모습을 세상에 드러내기 위해 1년 전부터 글을 모으기 시작하였습니다. 그동안 63편의 글이 모여 『진흙에 물들지 않는 연꽃처럼』이라는 제목으로 문집을 발간하게 되었습니다. 제1편 '그물에 걸리지 않는 바람처럼'에는 신행활동 위주의 글 24편을 실었고, 제2편 '첫 발 하나됨이 끝없는 외침으로'에는 현 사태의 일면을 엿볼 수 있는 글 25편을 실었으며, 제3편 '무소의 뿔처럼 혼자서 가라'에는 그 외 다양한 주제의 시와 산문 14편을 실었습니다.

저자 중에는 문필가 수준의 뛰어난 필력을 보이는 분들도 계시고, 발표글을 처음 써봤다는 분들도 계십니다. 전문 작가가 아니어서 표현이 다소 투박한 부분도 있겠습니다만 대부분의 글이 광덕 스님을 만나고 부처님 법을 만나 환희심을 갖고 수행생활을 한 내용과 최근의 불미스러운 사태를 겪으면서 오히려 정법을 수호하고 전법하겠다는 의지를 다지는 마음을 진솔하게 표현하고 있습니다.

불교계에서 전문가가 아닌 일반인의 다양한 목소리를 문집으로 발간한 사례가 흔하지 않다고 볼 때, 이 책이 일차적으로는 함께 수행공동체를 이루고 있는 불광형제들이 서로 좀더 이해하고 불광법회가 더욱 발전할 수 있는 계기가 되기를 바랍니다. 나아가서는 전국의 스님과 재가자에게도 불광형제들의 마음이 전달되어 조그마한 울림이라도 줄 수 있으면 좋겠습니다. 독자 여러분께서는 글을 읽으시고 혹시 저희들의 생각이나 처신에 잘못되거나 부족한 부분이 보이면 자비로운 마음으로 질책해주시고 지도해 주시길 바랍니다. 저희들이 더욱 건강한 수행공동체를 만들기 위해 정진하는 계기로 삼겠습니다.

이 책이 나오기까지 많은 분들이 수고해주셨습니다. 먼저 귀중한 원고를 제출해주신 필자분들께 깊이 감사드립니다. 문집의 기획, 편집 및 교정 등을 맡아 많은 수고를 해주신 문집발간위원회 위원장 현문 수석부회장님과 문수월 부회장님을 비롯한 위원님들도 고맙습니다. 창립기념 행사에 맞추어 책이 출간될 수 있도록 애써주신 출판사 나무향의 정연순 사장님께도 고마운 마음을 전합니다.

나무 마하반야바라밀.

｜차례｜

발간사 건강한 수행공동체를 지향하며 • 박홍우…4

1. 그물에 걸리지 않는 바람처럼

본자운(윤혜선) 어쩌다 만난 소중한 불법 인연…16

선묘성(이태연) 염원…24

보각안(최금자) 나의 삶은 무엇이었을까…32

자명행(김경애) 마하보디 단원이라 행복합니다…38

도안(이병훈) 어둠에서 빛을 찾는다…42

진성(이재홍) 외국인 대상 전법에 관한 단상…48

문수월(이을선) 너도 누군가의 손을 잡아주어라…53

종인(김성) 나의 삶 불광…64

정오(이철원) 광덕 큰스님과 나…72

명륜성(신용숙) 내가 살아가는 이유…78

묘덕화(김정임) 내 생명 부처님 무량공덕 생명…82

법계성(남정희) 강동 6구 탄생…87

불광법회 창립 50주년 기념문집

명여성(이경숙) 뚜벅뚜벅 걸어가노라면…90

묘각성(김홍연) 불광의 빛…106

성덕(이한묵) 불광법회와 함께 하자…112

대자홍(김희자) 금생수 샘의 추억…118

대자홍(김희자) 두려움 없는 당당한 믿음과 삶…122

원명심(고정희) 노보살의 마지막 바람…126

정인화(김정선) 삶의 길에서…130

보현행(박경임) 황금 택시…133

보현행(박경임) 물처럼 바람처럼…136

자성수(김남숙) 불광사와 함께 성장한 내 딸…141

원각심(김명옥) 나의 정법 신행 일기…144

다연(이정자) 지금이 기도할 때입니다…148

2. 첫 발 하나됨이 끝없는 외침으로

대자운(최혜경) 큰스님 영전에 삼배 올립니다…156

자성인(이용희) 이 또한 지나가리라…160

반야행(김외숙) 꺼지지 않는 횃불…167

행원성(성정희) 불광 정상화에 대한 기억을 하고 싶지 않았다…175

현수(송용철) 불광 운동 45년 (광덕 스님 전집 1권 요약)…196

천진성(이희숙) 내 생에 잊지 못할 일들…212

대법안(이명희) 꽃비가 내리는 불광법회…218

광명행(최계순) 마하반야바라밀 그 본래 자리를 향하여…224

혜각(강세장) 불광의 어제와 오늘 그리고…227

관음심(김명옥) 문도 스님께 올립니다… 231

보관(이광우) 회칙과 운영규정 개정과정에서 보여준 스님들의
　　　　　　불광법회에 대한 관점…237

법광 (최훈경) 내 모태 신앙의 반란…252

불광법회 창립 50주년 기념문집

현진(박홍우) 그리운 광덕 스님…256
보성화(이병례) 광덕 큰스님의 온기가 살아있는데…267
강봉(승병근) 광덕 큰스님이 보여주신 세 번의 미소…272
자인성(이순애) 희망의 전당, 불광…278
자현성(정영애) 환희심 가득한 불광법회가 그립습니다…285
원묘행(김선학) 불광에서 30년…291
현진(민병흥) 불광사태 단상(斷想)…301
혜성화(김옥득) 불광법회 포맷…311
연화주(신화자) 합창단에 들어가서…315
법성행(황연자) 불광사태와 보현행원…318
지광(임승완), 혜각(강세장), 강봉(승봉근) 불광법회의 일인 시위…326
극락월(윤영신) 오늘도 감사할 뿐이다…336
명문(김형숙) 순례법회를 다녀와서…342

3. 무소의 뿔처럼 혼자서 가라

추담(유봉수) 무엇이 우리를 아프게 하는가…354

추담(유봉수) 불광법회…355

관음심(김명옥) 마음의 반연…356

법안(박태수) 친구(親舊)…358

법안(박태수) 고귀한 선물…359

향운(하규용) 왈츠와 독백…360

향운(하규용) 화(火)…362

만덕원(김유경) 아버지의 어깨…363

원안심(이문자) 나 한 입만 나 한 입만 줘…364

혜원(정기영) 선행이 선행을 부르다…366

일운(현윤선) 물리학과 불교와의 인연…370

일운(현윤선) 현대물리학과 반야심경에서 공(空)…374

현명(문병만) 내가 믿고 수행하는「마하반야바라밀」과「간화선」…393

그물에 걸리지 않는 바람처럼

어쩌다 만난 소중한 불법 인연

 본자운(윤혜선) | 합창단장

　언제나 내게 계절의 변화를 제일 먼저 알려주는 아파트 정문 경비실과 놀이터 사이에 가지 많은 느티나무는 어느새 봄을 훌쩍 넘어 여름으로 달려가며 잎을 무성하게 키워냈다.

　겨우내 썰렁하던 나뭇가지마다 봄이 되면 한 번도 거르지 않고 앞다투어 점을 찍듯 연녹색의 새순을 품어 올리는 모습이라니, 새 생명의 탄생이야말로 너무도 신선하여 아름다운 장관이라 아니할 수 없다.
　그 크기가 제법 거대하여 중앙 도로 건너 7층 내 집 베란다 눈높이에 펼쳐지니 이즈음이면 푸르름 가득한 영락없는 내 집 뜨락이 된다. 그 덕에 아파트에 거주하며 더없는 호사를 누리고 산다 싶어 늘 고마울 뿐이다.

　내가 어렸을 때, 어머니는 자주 말씀하셨다.
　"느티나무 그늘이 십 리를 가면, 생면부지 나그네도 한여름 더

위에 편히 쉬어 갈 수 있는 법이다." 남이 잘되는 것에 시기하는 마음을 낼까 경계하여 이르시던 어머니의 가르침이었다. 가랑비에 옷 젖듯, 이렇게 일상에서 옛날이야기처럼 들려주셨던 수많은 말씀들, 지금은 더 이상 들을 수 없지만, 내가 살아오는 동안 어긋나는 생각이 들 때마다 마음을 바로잡을 수 있는 나침반이 되어주었다. 어디 부모뿐일까? 살아낸 날들을 돌아보면 모두가 스승이다.

특히, 신앙을 갖는 것은 누구에게나 본인의 뜻과 선택에 의한 것이고, 간혹, 종교를 가지거나 그렇지 않은 것이 살아가는 데 딱히 상관있는 일은 아니라는 사람도 있다. 하지만, 내가 불자(佛子)로 살아온 시간을 되돌려보면, 내 육신 생명 주신 부모 인연만큼이나 어쩌다 만난 불교는 이번 생에 내가 만난 가장 소중한 인연이었다.

내가 종교를 처음 접한 때는, 채플 시간이 따로 있던 미션 스쿨에 입학하면서부터였다. 따로 교회에 나가진 않았지만 학교에서 배운 대로, 신께 기도 올리고, 주기도문을 외우고, 시험을 위한 성경공부를 하며 성실한 학생으로서의 기독교인이 되어가고 있었다. 어느 날 과제로 「'나'란 무엇인가?」가 주어졌다. 당시 나는 '나'를 따로 생각해 본 일이 없었기에 지금도 그 과제는, 생각조차 매우 어려웠다는 기억만 남아 있다. 그러나 그날 이후 나는 '나란 무엇인가'를 항상 머릿속에 담고 살게 된 계기가 되었다.

나는 왜, 어떻게, 지금 여기에 존재하는 것일까?
성경 말씀을 따르고 행하고 기도하면 구원을 받는다고 하셨는데, 언제, 어떻게, 구원을 받을 수 있는 것인지 의문이 많던 나는,

어느 날, 그 궁금증을 용기 내어 목사님께 여쭈어보았다.

"모판의 모가 농부의 손길로 논에 옮겨 심어지는 것처럼, 오직 인간을 위해 십자가에 못 박힌 그리스도를 믿음으로써, 구원에 이를 수 있는 것이며, 이것은 사람들의 노력으로 이루어질 수 있는 것이 아니다"라고 대답하셨다. 그 말씀은, 해답을 얻었다기보다 내 종교와 그 믿음에 대한 혼돈으로 더 큰 어려움만 가지게 되었다.

과연 나의 존재는 무엇일까, 지금 나는 무엇을 해야 하나? 아프니까 청춘이라 했던가? 그땐, 그랬다. 쥐뿔도 모르면서 내게 맞는 사상이나 종교를 찾겠다고 이곳저곳을 헤매며 방황하던 그런 시기였다. 우리 주변에 그렇게나 다양한 종교와 믿음의 대상들이 존재한다는 것도 그때 알았다.

"물질에 대해서는 외계의 것까지도 샅샅이 알려고 하면서도 본질적인 인간 존재에 대해서는 알려고 하지 않는다. 인간이란 무엇이며 어떻게 살아야 할 것인가? 나는 누구인가? 나는 왜 사는가? 어떻게 살아야 할 것인가? 자기 자신에 대해 원초적인 질문을 던져야 한다."

이런저런 책을 읽던 중에 법정 스님 글이 가슴에 짜릿하게 와닿았다. 그로 인해 부처님의 가르침을 알고 싶어서 불법 공부할 수 있는 방법을 골몰하다가 우선 책으로 발행된 수행승들의 전기를 읽기 시작했고, 어느 때는 도를 이루셨던 스님들의 발자취를 따라 사찰 순례를 떠나기도 했다. 그러나 불교 또한 현실적으로 접근하기 어려운 종교라는 생각만 커지게 했다.

　내 내면 깊숙하게 '불교는 기복 신앙'이라는 무지한 나의 고정관념이 내가 불법을 만나기까지 수많은 시간을 흐르게 했으니 그 또한 나의 시절 인연이 아니었을까 생각한다. 그렇게 아파하던 청춘도 보내고 많은 시행착오도 겪으며 복잡했던 생각들이 희석되고 '나'라는 존재도 현실에 동화되어 살아갈 즈음, 그야말로 어쩌다가 불법을 만났다.

　지금의 잠실 랜드마크가 된 제2롯데는 물론이고, 맞은편 백화점 건물도 지어지기 전이었다. 허허벌판이나 다름없던 때, 당시 신도시였던 잠실 5단지 사거리를 지나면 높은 건물이 별로 없던 송파대로에서 한눈에 담겨오던 기와지붕이 있었다. 생소하던 그 건물이 불교사찰이라 했다. 언젠가 "우리 같이 불교 공부해 보지 않을래?" 그에 따른 방법도 모르면서 친구에게 함께하길 권했을 때, 요즈음엔 도심에서도 부처님 말씀을 가르치는 포교법당이 있다고 말했던 바로 그곳이라는 것을 알았다.

　내가 아는 선에서는 포교당이 흔치 않던 시절이었으니 도심에서 불광사를 처음 보았을 때, 절이라고 생각하기엔 얼마나 낯설던지, 더구나 불교 지식이라곤 하나도 없던 내게 '마하반야바라밀'은 너무도 생소하여 또 다른 신흥 종교가 아닐까 의심하기도 했다. "우리는 부처님의 지혜와 덕성이 완전히 갖추어져 있는 완전무결한 존재이다. 이것은 부처님께서 보신 바 사실대로의 말씀이다." 법당에서 스님의 법문을 처음 들었을 때, 원죄설을 배워 믿고 있던 나로서는 지금까지의 현실과는 너무도 다른 신세계였다. 가장 근본적인 인간 존재에 대해 너무나 상반된 말씀이라 깜짝 놀라서, 처음에는 의구심에 가득 차 법회가 있는 날이면 어김없이 법문 들으러 법당을 찾았다.

"온갖 의심이나 공포심, 미워하는 마음이나 원망하는 마음을 말끔히 버리고 한결같이 자신의 진실생명인 진리를 따라 마음을 맑혀야 한다. 눈앞에 현상의 구름이 가렸더라도 원만한 공덕의 태양은 언제나 빛나고 있다. 현상이 어떠하더라도 이미 완전하고 원만한 자신인 것을 믿자." 한 번, 두 번, 수차례 법문 들을 때마다 반복되는 말씀에 '정말 그런 것일까?' 하며 처음에 가졌던 의구심이 조금씩 믿음으로 느껴지기 시작하자 나는 당시 교육과정인 바라밀 교육, 명교사 교육을 차근차근 수강하며 불교공부를 시작했다.

나름대로는 열심히 하고 싶은 열정은 있었으나, 결국 들을 땐 끄덕끄덕 아는 듯, 돌아서면 모르는 것이 되어버린 불교공부였지만, "나의 존재는 원만 구족한 생명이며, 내 삶의 창조자인 것이다"라고 너무도 강렬하고 또렷하던 큰스님의 그 말씀은 나를 불자로 살아가게 한 최상의 가르침이었다.

"불광은 '밝은 마음'이다. 어두움은 몰아내는 것이 아니라 밝음으로 사라지는 것이다." 그 말씀 받아지니며 밝은 마음 간직하고 살고자 발원하였건만, 세상 사노라면 어찌 좋은 날만 있었겠는가? 때로는 뜻대로 되는 것도 있고 그렇지 아니하는 것도 있으니, 어두움의 근원인 성냄이나, 슬픔, 미움, 불평불만을 없애고 '밝은 마음' 지니기 또한 결코 쉬운 일은 아니었다.

그렇듯, 스님의 법문을 이해하고 행(行)하기엔 한없이 역부족인 나였지만, 어느 날 듣던 법문 중에 "우리의 본원력은 '생각의 힘'을 활용하는 데 있다. 생각인 '상념(想念)'은 하나의 '힘'이라 우리가 생각하는 대로 이루어진다."는 그 가르침은 내가 수행할 수 있는 유일한 방법을 찾게 된 것 같아 나를 가슴 뛰게 했다. '나의 긍정적 사고(思考)로 무한 능력을 이루는 창조자가 된다?'

요즈음엔 학술적으로도 「1만 시간의 법칙」이라 하여 한 분야의 전문가가 되기 위한 훈련 시간을 말한다. 당시 나는, 그런 것도, 저런 것도, 정말 아무것도 모르는 초심자로서 당장엔 못 미치더라도 흔들림 없이 항상 힘이 있고 확신에 찬 큰스님의 그 당당한 모습과 그 말씀을 따르며 조금씩이라도 닮아보기로 다짐했다.

일과 정진은 물론이요, 큰스님께서 재가신도에 맞는 집중기도 기간으로 정해주셨던 여름철, 겨울철 50일 기도 기간이면 눈이 오거나, 비가 내려도 아랑곳없이 신심으로 다닌 새벽 예불, 찬불하는 음성공양, 구법회 가족 상가(喪家)엔 목탁 들고 우선하여 달려갔던 영가기도, 전법으로 도닥도닥 일구어 분구(分區), 분등(分燈)하던 구법회 및 군 법당 활동, 불광의 뜻이 담긴 초록 치마, 흰 저고리 법복 차림에 연등 들고 여의도에서 종로 거리로 행하던 제등행진, 어느 해인가는 무슨 일이었는지 잘 기억나지 않으나 행진 때 최루탄 가스 때문에 숨이 막혀 대피하던 일, 초파일 전날 대량으로 만들던 대중공양 도시락, 겨울철 김장 봉사, 법회가 있는 날엔 각 구법회가 번갈아 국수나 비빔밥을 수백 그릇씩 담아내던 대중공양, 옹시미 만들어 밤새 동지 팥죽 쑤어내던 일들.

환희심으로 행(行)하던 불광의 모든 일들이 멈춰진 지난 수년 동안, 왜 그토록 뼛속까지 아팠을까? 생각해 보니 내게 불광법회는 진심(眞心)이었기 때문이리라.

어쩌다 불법 만나 지금에 이르러 낡은 필름 돌리듯 지난날을 회상하니, 내게도 알게 모르게 부처님의 법우(法雨)가 스며들었던 걸까? 그토록 '나'의 존재를 찾고자 했던 그 헤맴은 내 의지로는 명확하게 알 수 없는 것들에 대한 두려움으로부터 온 것들이었음을 알게 되었다. 지금도 세상엔 여전히 내가 알 수 없는 것들로 가득 차 있고, 몇십 년을 불자로 살아왔지만 명확하게 불교에 대해 논할 능력도 나에게는 없다. 하지만, 「내 생명 부처님 무량공덕 생명」을 확신하며 내 아픈 청춘에 가졌던, 알 수 없던 내 삶에 대한 걱정이나 눈에 보이지 않는 미래나 죽음에 대한 두려움에서는 멀어졌다.

같은 공간에서 동일한 것들을 공유한 사람들마저도 생각과 견해와 관점이 다르니 세간적 시각은 알 수 없다. 그러나 타인의 생각을 넘어선 나의 삶은, 행복하고 윤택하고 자유로워졌다. 그것은 어쩌다 맺은 불법 인연과 이생에 공업(共業)으로 살고 있지만, 많은 것이 각기 다른 수많은 인연들이 나를 깨우치는 스승으로 함께 함이었으리라

내 집 앞 느티나무가 소리 없이 사계절을 반복하며 살아가듯이, 나 또한 진리에 의지하여 오직, 지금을 살아갈 뿐이다. 설사, 지금이 나에게 마지막 순간이 된다 하더라도 걸림 없이.

「성불하는 그날까지 이 내 서원 다하여 천진스런 본래면목 마음 빛 찾아보세」 부처님께 올리던 찬불가 한 구절에 나의 서원 담아 발원하며.

염원

 선묘성(이태연) | 명등

　사십여 년 전 화창한 봄날이었다. 똑똑 또르륵 밖에서 맑고 경쾌한 소리가 들려 내다보니 마침 대문이 열려 있었는지 한 젊은 스님이 마당에 서 계셨다. 스님이 치는 목탁 소리였다. 그때까지 나는 스님이 신비로운 존재였고 가까이서 만난 것 또한 처음이었다. 그날의 행보가 탁발인 것도, 손에 든 법구가 목탁인 것마저 나중에 알았다. 어찌할 바를 몰라 그저 목탁 소리가 멈추기를 기다렸다. 잠시 후 스님이 조용히 말씀하셨다.
　"보살님 댁에 태기가 보입니다. 이번에는 아들이니 꼭 낳으십시오."
　꿈인지 생시인지 현실감이 없었다. 묻지도 않았는데 내가 아들을 원하는지 어떻게 아셨을까. 물론 간절했다. 하지만 확신이 없어 임신을 망설이던 차였다. 듣는 순간 어둠 속에서 한 줄기 빛을 만난 듯싶었다. 스님을 붙잡고 무슨 말이든 더 듣고 싶었지만 무심히 발길을 돌리셨다. 나는 매달리다시피 했다. 연락처라도 주십사 하고. 그렇게까지 했건만 과연 아들을 낳을 수 있을까 반신반의했다.

그런데 두어 달 후 정말 태기가 있었다. 하지만 마냥 기뻐할 수는 없었다. 혼자 노심초사하다 받아놓은 연락처로 전화를 드렸다.

"스님, 정말 아들일까요? 또 딸이면 어떡해요."

"딸이면 제가 데려다 키우겠습니다."

서슴없이 답을 주시는 게 아닌가. 그럼에도 나는 마음을 놓을 수 없었다. 태아의 성별을 어떻게 장담할 수 있겠는가. 솔직히 딸 셋을 연이어 낳은 터라 실감 나지 않았다. 나중에 듣기로는 스님 주변에서도 걱정들이 많았다고 한다.

드디어 그해 세밑에 아들을 출산했다. 누구보다 스님이 소식을 기다릴 것 같아 연락을 드렸다. 기쁨이 가득한 목소리로 연거푸 고맙다고 하셨다. 더 이상 무슨 말이 필요하랴. 내가 할 말을 되레 스님이 해주신 거다. 이심전심이란 그럴 때 하는 말이리라.

산욕기를 보내고 스님이 계시는 곳을 물어 찾아갔다. 경기도 남양주시 외곽, 산 중턱에 자리한 작은 암자였다. 정갈하고 한적했다. 마당 한켠에 우뚝 서 있는 불상의 은근한 미소도, 법당에서 울려 퍼지는 청아한 목탁 소리도 마음의 찌든 때를 씻어줄 것 같았다. 불교가 뭔지는 몰라도 아늑한 절집 분위기가 좋았다.

그날 스님과 마주 앉아 많은 얘기를 나누었다. 한번 스치듯 만남은 있었지만 대화의 시간을 갖기는 처음이었다. 참 인자한 분이었고 유난히 큰 귀는 앞마당의 미륵부처님을 닮은 듯 인상 깊었다. 세상사에도 관심이 많으셨다. 깊은 신앙심은 당신의 자작시집 상하권 〈그대 안에〉에 오롯이 담겨 있다. 시집을 읽노라면 스님을 뵙는 듯 젖어 들곤 했다.

속내를 다 내보여도 부끄럽지 않고 따뜻한 말 한마디면 처진 어깨가 올라갔다. 일상으로 내딛는 발걸음 또한 힘이 생겼다. 그렇게 이십여 년, 정초 사월 초파일 백중 동지면 절을 찾아갔다. 돌아보면 어떤 간절한 바람이 있었다기보다 그저 부처님 계신 도량이, 스님의 말씀이 좋아 그랬지 싶다. 늘 바쁘다는 핑계로 경전 한 구절도 읽지 않았다. 그런데 언젠가부터 부처님이 어떤 분인지, 가르침은 무엇인지 그 물음표에 대한 갈증이 나곤 했다.

우연히 법정 스님의 〈무소유〉를 만나게 되었다. 한 수행자의 청빈한 삶이 울림으로 다가왔다. '본질적으로 내 소유란 있을 수 없다. 태어날 때 가지고 온 물건이 아닌 바에야 내 것이란 없다. 어떤 인연으로 해서 내게 왔다가 그 인연이 다하면 가버리는 것, 한동안 내가 맡아 있을 뿐이다.'

정말 내가 끌어안고 있는 것들이 꼭 필요한 것인가. 스님의 말씀처럼 가진 만큼 얽매이는 것은 아닌가. 소유의 의미를 곱씹으며 불교사전을 뒤적이던 때가 초발심이었지 싶다.

법정 스님의 저서 읽기를 게을리하지 않았다. 〈법문집〉과 〈텅 빈 충만〉, 〈물소리 바람 소리〉, 〈아름다운 마무리〉 그리고 주옥같은 법문을 찾아들었다. 날카로우면서도 다정다감했다. 어떻게 살아야 하는가를 명쾌하게 제시해 주었다.

"우리는 이 봄날에 어떤 꽃을 피우고 있는지 되돌아볼 수 있어야 합니다. 나 자신은 어떤 꽃을 피우고 있는지 살필 수 있어야 합니다."

그토록 아름다운 법을 설하신 스님은 꽃이 다투어 피고 지는 2010년 봄날에 홀연히 떠나셨다. 평소 입은 승복 그대로 다비하는 모습을 텔레비전 생중계로 보면서 눈시울을 적셨다. 법정 스님의 타계 소식은 불자뿐 아니라 많은 이들의 슬픔이었으리라. 죽음까지

무소유를 실천한 그의 철학과 아름다운 마무리는 시대의 선지식으로 영원히 기억될 것이다.

되돌아보면 한 스님은 아들에 대한 염원에서 맞닿은 인연이었고 또 한 스님은 글이 내 삶 깊숙이 자리했다. 어쩌면 두 분의 묵직한 존재감 때문에 불교 공부가 절실했는지 모른다.

법정 스님의 다비식이 여운으로 이어진 사월, 불광교육원을 찾아갔다. 설렘과 기대로 기본교육을 신청했다. 소귀에 경 읽기였다고 할까, 돌아서면 잊어먹곤 했지만 처음 접한 불교 공부는 마치 신세계를 경험하듯 흥미로웠다. 이어서 불교대학은 물론 경전 강의까지 놓치지 않았다.

졸업을 앞둔 어느 날, 좀 더 깊이 있는 공부도 할 겸 포교사 시험에 응시해 보라는 본공 스님의 권유가 가슴을 뛰게 했다. 포교사가 어떤 일을 하는지는 궁금하지 않았다. 오직 깊이 있는 공부라는 말씀에 꽂혔지 싶다. 마치 밀린 숙제를 하듯 빠져들었다. 제적사찰을 불광사로 원서를 내면서 법등 가입도 서슴지 않았다. 품수를 받기까지 도반들의 힘이 컸을 터. 그들과 함께하면서 신심의 싹이 텄지 싶다.

나는 바로 서울구치소 '교정교화' 팀원이 되었다. 처음 구치소 방문을 잊을 수 없다. 교정위원 사무실로 들어서자 담당 교도관이 기다리고 있었다. 정복 차림의 건장한 모습에서 위엄이 절로 느껴졌다. 온몸이 굳은 듯 서 있는 내게 목례를 하며 다가왔다. 신분증을 달라고 했다. 잠시 후 그가 내민 것은 출입증이었다.

"이제 들어갑시다. 오늘은 사형수 접견입니다."

더 이상 어떤 설명도 없이 건조한 말투였다. 순간 아뜩했으나 교도관의 뒤를 따를 수밖에. 휴대폰과 소지품을 맡기고 출입증을 목에 걸었다. 첫 문을 통과하는 신분 확인은 삼엄하기 이를 데 없었다.

겨우 숨을 고르자 본 건물이 나왔다. 묵직한 철문이 두세 번 열린 뒤에야 재소자들의 움직임이 눈에 띄었다. 긴 행렬도 있었다. 그 통로를 벗어나 작은 법당에 이르자 해맑은 스님이 엷은 미소로 맞아주었다. 그가 내놓은 차를 마시면서도 오직 시선은 문 쪽에 가 있었다. 조곤조곤 이어지는 스님과 선배의 대화에 귀 기울였지만 대부분 불교에 관한 얘기였다. 한 시간 여의 접견 시간이 끝날 때까지 그 누구도 나타나지 않았다. 법당을 나오면서 선배에게 물었다.

"왜 사형수가 오지 않았어요?"

다소곳이 앉아 차를 내던 그 사람이었단다. 몹시 혼란스러웠다. 내 눈에 비친 그는 분명 스님이었다. 옷 색깔이 법복과 비슷해서일까. 그보다 티 없이 맑은 동자승 같은 이미지 때문이었지 싶다. 겉모습만으로 단정 지은 선입견이라니. 귀가 후에도 떠올려보았지만 스님과 사형수, 두 모습이 분리되지 않았다.

나중에 알았지만 그 사형수는 선배 교정위원의 교화로 일상이 참회와 수행인 신심 깊은 불자로 거듭났단다. 그 사례는 내게도 용기와 긍지를 갖게 해주었다. 혼자 재소자 예닐곱 명과 불교 교리공부를 할 때였다. 건장한 남자들 속이라 두렵고 버거웠다. 그럴수록 한결같이 교화에 정성을 쏟는 선배를 떠올리며 다잡곤 했다. 재소자도 누군가의 귀한 자식이고 가장이 아닌가. 표정이 어둡거나 침울해 보이면 궁색한 위로라도 건넸다. 가끔은 그들도 속엣말을 풀어놓을 때가 있다. 오랜 재판에 지치고 인간관계를 힘들어하는 건 당연하리라. 조용히 귀 기울이는 것 또한 내 소임일진대, 그 시간을 놓치지 않으려고 새벽부터 일과를 서둘렀다는 얘기까지 듣는 날이면 은근히 힘이 솟곤 했다.

그렇게 구치소 봉사와 '새 법우 교육팀' 활동이 전부인 줄 알았다. 법회에 처음 오신 분을 안내하고 차담을 돕노라면 시원한 스님의 대기설법이 한 주의 피로를 날려 보내는 청량제가 되곤 했다. 법회와 법등 모임은 신심을 성장케 한 자양분이었다. 그런데 2018년 늦은 봄, 주변 분위기가 심상치 않더니 평화롭던 사찰이 혼돈 속이었다. 한 수행자의 파계로 불자들이 분노한 것이다. 종국에는 창건주 사퇴를 부르짖는 집회의 불을 지폈다. 유월 땡볕도 아랑곳하지 않았다. 모두 손피켓을 들고 조계사 앞 도로에서 '마하반야바라밀'을 외쳤다. 나 또한 불광 포교사들과 손목이 아프도록 목탁을 쳤다.
여기저기서 들리는 소리.
"지홍 스님이 실망스럽다."
"불교가 타락한 것 같다."
"청렴한 스님을 모셔야 할 텐데."
슬픈 현실을 토해냈다. 지홍 스님의 참회와 재정투명화의 목소리는 사찰 안팎이 따로 없었다.
그해 여름, 교정교화 정기모임을 잊을 수 없다. 강사는 선학원 원장으로 기억된다. 우리가 벌인 조계사 앞 시위가 파장이 컸던 만큼 사태의 전말을 익히 알고 있었다. 그는 한마디로 말했다.
"불광이 한국불교 역사의 한 획을 그을 수 있다."
경종을 울린 것이리라. 순간 불광의 선서가 섬광처럼 뇌리를 스쳤다.
'우리는 횃불이다. 스스로 타오르며 역사를 밝힌다.'

함께 참석한 선배가 '박수를 보낸다'며 내 손을 꼭 잡아 주었다. 그 역시 불광사태를 잘 알고 있었다. 평소에도 광덕 스님의 사상이 배어있는 불광사에 대해 호의적이었다. 오죽하면 내가 불광사 신도인 것만으로도 믿음이 간다고 했다. 당시 교정위원과 국제포교사로 활동하면서 사찰 신도회장을 맡고 있던 분이었다. 그가 보낸 박수는 곧 불광 가족의 부르짖음을 응원한 것이리라. 지금도 곳곳에서 많은 격려의 메시지를 듣곤 한다.

그럼에도 해결의 기미가 요원하니 그저 안타깝다. 아무리 정상화를 외쳐도 공허한 메아리요, 안갯속이다. 지홍 스님이 물러난 지 거의 육 년, 지금도 여전히 창건주 사퇴와 재정투명화를 부르짖고 있다. 방울물이 큰 바위를 뚫는 격이랄까. 이즈음은 일인 시위까지 펼치고 있다. 나 또한 미력이나마 보태고 있다. 외롭고 힘든 묵언의 수행(일인 시위)은 어디까지일지.

어느덧 불광법회 가족이 된 지 십여 년, 그동안 나름의 정진이 헛되지 않았는지 어떤 역경도 수행이라 여기면 두렵지 않다. 무상과 윤회 인과응보를 믿고, 기쁨·슬픔·괴로움 모두 마음의 작용임을 아는 불자로 뿌리내린 듯싶다. 하지만 믿고 의지한 불교가 왜곡되는 현실이 슬프다. 부처님은 오직 '출가자는 수행과 교화에만 전념하라'고 했다. 그 외의 모든 일은 재가자에게 맡겼거늘 승단의 독주가 심화되고 있다. 어쩌다 이 지경이 되었는지, 이대로 가면 불교가 망한다는 말까지 돈다. 잘못된 관행을 바로잡으려는 재가자의 목소리는 당연하리라. 의식 있는 불광가족이 앞장서서 청정한 승가를 위해 앓는 작금의 몸살은 어쩌면 시대의 요구인지 모른다.

나는 불광법회를 믿는다. 어떤 장애든 부딪칠수록 더 강해지는 숨은 저력이 살아 숨쉬는 한 반드시 정상화의 염원은 이뤄지리라. 지금도 수행정진하는 스님들과 법정 스님, 그리고 광덕 대선사의 올곧은 정신을 계승하려는 우리 앞에 결코 어두운 그림자는 머물 수 없으리라.

불교 본연의 가치를 회복하는 그날을 기대하며.

나의 삶은 무엇이었을까

 보각안(최금자) | 총무

"나의 삶은 무엇이었을까?" 생각해 보면 종교는 나에게 어떤 의미인가.

신앙생활은 저축을 하는 것이라고 생각한다. 저축은 하면 할수록 나를 윤택하게, 여유롭게 만든다. 지금은 나를 들여다보는, 들여다볼 수 있는 거울을 얻게 되었다. 돈으로 사는 것이 아니라 기도에 따른 저축의 결과인 것이다.

나는 글을 아름답게 색을 칠해서 쓸 줄 모른다. 하지만 사실 그대로는 써보려 한다. 2020년 5월 4일 새벽 6시 40분경 우리 거사랑 5분 정도 얘기하고 "여보. 좀 더 주무세요." 하고 눕는 순간 거친 호흡소리에 놀라 들여다보니 눈이 희번덕거리며 손을 떨군다. 얼떨결에 아들들 깨우고 119 신고, 심폐소생술을 하는 동시에 앰뷸런스 2대가 도착. 그때까지도 의식은 없었다. 119 요원들이 심폐소생을 하더니 한 번, 두 번, 마지막 세 번째 맥박 있는 것 같아 바로 아산병원 7시경 도착 일사천리로 심장시술 후 기다리라 한다. 그때까지만 해도 2~3일 안에 깨어나 집에 오겠지 하는 생각이었다. 그런데 3일째 담당 의사가 "심장만 본다면 안 깨어날 이유가 없는데 깨어나시지 않는 원인을 다시 찾아보겠다"고 말한다. 혹시 골든타임을 놓쳤나 하며, 별별 검사하며 오늘은 폐렴, 그리고 간, 또 다음 날은 수혈, 또 복수에 물이 찼다며 계속 환자 상태가 안 좋아진다고 했다.

"혹시 종교가 있으세요?" "네, 절에 다녀요." "그러면 기도 힘으로 버티세요." 하는 말에 모든 사람들에게 기도 부탁드리며, 매일 금강경, 정상화 발원하며 저녁예불 30분 전에 가서 108참회기도와 예불을 하고 보살님들의 속득 쾌차 발원도 이어지고, 기도하고 나오면서 간호사한테 전화 걸어 "문동근 아내예요. 오늘은 어떠신가요." 하니, 간호사 말이 "오전에 의사 선생님 전화 못 받으셨나요?" "받았지만 지금 반응은요?" 하며 매일매일 간호사를 귀찮게 했다. 내 나름 방식으로 최선의 기도 기운을 텔레파시 보내는 마음으로 하루하루를 24시간 108염주를 손에 안 놓으며, 기도와 염불을 했다. 그러던 중 15일째 되는 날 "아무래도 목을 뚫고 호흡기 연결해야 해요. 이렇게 안 깨어나면 재활도 힘들고 다른 병원으로 옮기셔야 해요." 하는 의사의 말에 "아니에요. 절대로 그럴 일 없어요. 꼭 속득쾌차 하실 거예요. 환자 귀에다 대고 밖에 최금자 집사람이랑 아이들이 기다리고 있다고 정신 차리라고 해주세요." 하였다. 오전에는 의사, 저녁에는 간호사에게 매일매일 부탁드리고, 1주일에 한 번 월요일 10시에 면회 갈 때마다 귀에다 대고 기도하고 "힘들죠. 고마워요, 잘 견뎌줘서. 조금만 더 힘내요."라는 말을 했다. 간호사가 끌어낼 때까지 혼신을 다해 속삭이고, 혼수 상태로 아들한테 인계되어 집에 오고 매주, 너무나도 절실하고 간절한 기도 속에서도 의사들은 점점 희망 없는 소리로 나를 더욱 힘들게 했다.

오늘은 뇌파검사 결과, 뇌가 까맣다 하고 신장도 나빠지는 등등 여러 군데가 문제였다. 하지만 나는 전혀 의심 없이 "속득 쾌차하셔서 불광사 부처님 전에 감사기도 하게 해주세요. 꼭 같이 기도할 수 있게 도와주세요." 하며 모든 시간을 염불하며 지냈다. 우리 거사한테는 혼잣말로 "여보, 조금만 더 힘내요. 빨리 당신이 해야 할 일이 너무 많아요." 하며 주절주절 댔다. 순간 정신줄도 놔버리고 집도 잊고 그렇게 모든 것이 약해지고 심신이 지쳐갔다. 살이 빠져 옷핀으로 고정하던 와중에 '아니야. 최금자, 정신 차려. 정신줄 놓으면 안 돼.' 혼자 되뇌며 하염없는 눈물과 참회를 하였다. 알게 모르게 찰라찰라 일어나는 번뇌 탐진치를 깨달으며 다시 용맹정진. "부처님 저를 도와주세요. 저에게 힘을 주세요." 그리고 의사의 "이렇게 의식 회복이 늦어지면 정상 생활도 힘들게 된다."는 말에도 "아니에요. 저만이라도 알아보면 돼요. 노인네라 생각하지 마시고 조금 더 신경 써 주세요. 치료로 할 수 있는 것은 다 해 주세요. 저한테 우리 가족한테 너무 소중한 사람이에요."라며 매달렸다. 그리고 부처님 전에 눈물로 호소했다. "부처님은 잘 아시잖아요. 오로지 자신을 위해서는 한 푼 안 쓰고 근검·절약하며, 남을 먼저 배려하고 희생하는 사람이잖아요. 부처님. 이제 다시 깨어나 자기를 위해 살아갈 기회를 한번 주세요. 부처님 어서어서 감사기도 하러 오게 해주세요."

그다음 주 월요일 면회 후 저녁 기도하고 간호사에게 전화하니, 오늘은 꼬집어보니 반응을 보였다고 했다. 그다음 날 오전 9시부터

11시까지 기도하고 있는데 의사의 전화가 왔다. "어제 보호자 면회 다녀가시고 나서 조금 반응을 보이시네요." "감사합니다. 감사합니다. 환자한테 조금만 더 힘내라고 해 주세요."

그 후로 문동근 이름을 부르면 몸을 움직였다. 월요일 면회실 들어가니 간호사, 남자 간호사와 의사 4명이 매달려 난리가 났다. 무슨 응급상황이 벌어진 줄 알고 달려가 보니 의식이 돌아와, 팔다리 묶어 놓은 걸 몸부림쳐 풀려고 하고 있었다. 22일 만에 깨어났는데 이렇게 힘이 센 환자 처음이라고 했다. 그 순간 "재빈 아빠 고마워 고생 많이 했어. 집에 빨리 가고 싶지? 그러면 의사, 간호사 선생님들이 하라는 대로만 해요. 집에 아이들이 기다리고 있어요."라고 말하니 가만히 있었다. "여보 사랑해요. 그동안 사랑해 소리도 못 해줘서 미안해요. 내 말 알아듣지요?" 그러니 눈을 껌벅껌벅. "그래 여보. 우리 조금만 더 힘내요. 어서 일반 병실로 가야죠. 그러면 나랑 같이 있을 수 있어." 그리고 2주 후 일반 병실로 옮겼으나 내가 감당하기 어려운 상태였다. 섬망증이 심해 간호사들이 힘들었던지 이 환자는 노련한 간병인을 써야 한다고 했다. 일주일 후에도 정상으로 퇴원이 힘들었다. 이 병원에서 재활치료는 한 달까지밖에 못 한다고 했다. 한 달 후 다른 병원으로 옮긴다는 각서를 쓰고 내가 옆에서 간병했다. 손을 꼭 잡고 기도와 염불을 계속했다. "재빈 아빠 집에 빨리 가고 싶으면 기도해요. 마하반야바라밀. 힘들면 더욱더 해봐요."

그리고 재활치료를 시작했다. 하루하루 달라져 가는 환자 상태에 병원 간호사, 의사, 주변 간병인들, 재활실 치료사들이 모두 술렁술렁할 정도였다. 그리고 60일 되는 날 걷는 연습까지 했다. 퇴원하기 전, 나는 휠체어와 환자용 침대 준비해야지 하고 간병인까지 약속 잡고 연락을 다 했었다. 그리고 집에 볼일이 있어 잠시 다녀오니, 병실에 환자가 없었다. 놀라서 간호사에게 물어보니 혼자 걷는 연습을 하고 있다는 것이다. '부처님 감사합니다.' 환희심에 눈물이 흘렀다. 그 순간순간 하늘에 별이라도 딸 것 같았다. 이 세상, 미움, 원망, 다 사라지고 영원히 착하게 살겠다고 다짐했다. 그리고 69일 만에 퇴원, 두 발로 걸어 불광사 대웅전 참배 후 외식까지 하고 집에 돌아왔다.

병명은 심근경색. 퇴원하면서 "의사 선생님 살려줘서 고맙습니다."라고 우리 거사가 하니, 의사는 "제가 살렸나요. 보호자가 살리셨어요."라고 했다. 저는 속으로 '제가 살렸나요. 부처님의 명훈가피입니다.' 하고 부처님께 감사함을 올렸다.

이 과정들을 지나고 보니 모든 삶과 신앙은 저축이라는 확신이 들었다. 집안일도 미리미리 저축하듯이 하고 손주들한테도 "저축하는 마음으로 공부해 봐. 하기 싫으면 더욱더 저축해야 나중이 편하지."라고 말했다. 건강도 미리미리 근력운동으로 저축, 기도도 저축이라 생각한다. 허공계가 다하도록 나의 원은 끝없을 것이다. 그러니 오늘도 기도에 저축을 해야 한다. 무슨 일이 닥치면 절실한 기도를 하겠지만 저축한 기도 통장을 꺼내서 기도하면 더 빠르고 확실할 것이다. 바로 몰두하게 된다.

요즘 합창 노래에 저축을 하고 있다. 이 나이에 가사 입력이 다 안 된다. 그 또한 음악 듣고 또 듣고 선생님의 말씀 따라 눈으로는 다 안 들어와도, 입력이 안 돼도, 자꾸 들으며 저축하니 가슴에 새겨지는 것 같다. 정말 새로운 도전을 하게 해주신 명문, 행원성, 자명행 보살님들께 감사한다. 옆에서 합창할 수 있게 해주셔서 고맙다. 불광정상화도 꼭 이루어지리라 믿는다. 매일매일 금강경 독송과 정상화 기도 발원문 저축을 하고 있으니.

    부처님 정말 감사합니다.

마하보디 단원이라 행복합니다

자명행(김경애) | 전 합창단장

　35년 전 여의도 광장 초파일 연등 축제장에서, 초록 치마, 흰 저고리, 화려한 한복차림 대중들이 질서정연하게 절하는 모습과 선두에 서 계신 큰스님의 모습에서 아우라를 느끼며 자석에 끌리듯, 불광법회를 만나게 되었습니다.
　처음에는 거사의 반대로 출장 중일 때만 절에 다녔는데, 무엇보다 제 마음을 사로잡았던 건, 법당에 가득 운집한 대중들 숫자에 놀랐고, 법문 끝난 후 올리는 합창단의 음성 공양은 너무 감동이고 환희심에 가슴 벅찼습니다. 그렇게 몇 년은 건성건성 다니다가 남편이 해외 근무 마치고 잠실로 이사 오면서부터 불광법회에 다니며, 법등 소속도 하고 교육도 받으면서 늘 염원하던 마하보디합창단 단원으로 입단하고 활동하였습니다.
　모태 신앙이지만 전에 다니던 사찰과는 다른, 생소한 큰스님의 법문에 어려움을 느꼈었는데 교육받고 일과수행하며 전법을 최우선으로 삼았습니다. 우리 모두가 부처님 무량공덕 생명, 본래 부처임을 강조하신 광덕 스님 가르침은 불광불자로 자리매김하게 되고 그대로 훈습 되어 바라밀 행자로 거듭나게 되었습니다.

　민주적인 운영, 법등 활동, 도심 포교의 선구자였던 광덕 스님은 전법이 최상의 수행이라 주창하시며 일요법회를 열고, 출판과 음악, 공연 등을 포교 방편으로 삼았습니다. 음성 포교의 중요성을 익히 아셨던 스님은 1979년 바라밀합창단을 창단하셨습니다. 1983년 마하보디합창단이 창단되었고 최초로 혼성합창을 시도하시어, 초창기부터 전폭적으로 지원해 주셨습니다. 1992년 국악교성곡 '보현행원송'을 세종문화회관에서 발표하였고, 그 후 1996년 국립극장 대극장에서 부모은중송 공연을 하였습니다. 그날 마하보디 단원으로 참여하였는데, 큰스님께서 2층 단석에 자리하신 후 손 흔들어 주시던 모습을 잊을 수 없습니다.
　그렇게 열심히 구법회 활동과 합창단 단원으로 봉사하면서 기쁨과 슬픔을 함께 나눌 수 있다는 것 자체가 기쁨이요, 행복이었습니다. 법등모임을 통해서 많은 것을 배웠고 혼자라면 성취하기 힘든 일도 도반들과 함께하면 어떤 일도 척척해 낼 수 있었기에 스스로 성장됨을 느꼈습니다.
　광덕 스님 열반하신 후 지금, 우리 형제들이 몇 년째 겪고 있는 불광사태를 흔들림 없이 지탱하게 해 주는 힘은 탄탄한 법등조직이 있었기에 가능하지 않았나 싶습니다. 불광사태가 희망적으로 변화할 수 있는 발판은 아마도 재작년 백중 때 올린 부모은중송 공연이라고 생각합니다.

　2022년 1월 2일 단장 부촉을 받고 기쁨보다는 걱정이 더 많았습니다. 코로나 팬데믹과 사측의 방해로 일요법회도 합창단 활동도 못한 상태라 단원이 많이 줄었고, 재정적 지원도 없는 터이기 때문입니다. 어떻게 하든지 중책을 맡은 이상, 예전 불교합창단의 선봉에 섰던 마하보디 명성을 되찾아야 함을 절실히 느끼는 순간이었습니다. 지난 초파일 공연을 주관하면서 불광형제들이 한마음으로 뭉친다면 뭐든지 할 수 있겠다는 생각이 들었습니다.

우란분재일이 다가옵니다. 부모은중송 공연을 떠 올리며 혼자 지휘봉을 올리고 내리고 하는 꿈을 꾸었습니다.

우선으로 임원회의 하면서 부모은중송 공연 말하니, 무리하지 말고 피아노 반주로 간단히 하자는 의견이 많았습니다. 아무리 생각해도 이건 아니다 싶어 용기 내어 예전 마하보디 지휘하셨던 김회경 교수님한테 상의드렸더니, 원래 불사는, 힘들고 어려울 때 하는 것이라며 용기 주시고 본인이 도와줄 수 있는 만큼 도와준다며 힘을 실어 주셨습니다. 이렇게 큰 공연을 해 본 경험도 없고, 소요 경비도 가늠할 수 없어 존경하던 대보살한테 상의하였고, 불광법회 선덕이신 혜담 스님 찾아뵙고 공연의 취지를 말씀드리니 흔쾌히 500만 원 보시해 주심에 환희심과 함께할 수 있겠다는 의욕이 생겼습니다.

단원 모집을 위해 매주 법회보에 광고를 하니, 모집 인원은 갈수록 늘어났고, 환희심의 촛불은 밝게 타오르면서 찬조금도 갈수록 늘어났고, 동참을 유도하는 사무국 봉사자들의 적극적인 지원도 크게 한몫을 하였습니다.

마주치는 도반들마다 따뜻한 격려의 말씀에 더욱 힘이 생겼습니다. 그 와중에 코로나 6차 대유행이란 복병 때문에 집회 인원 제한이 올까 노심초사하였습니다. 이렇게 힘든 과정 거치며 준비했는데, 공연 날이 가까워져 올수록 공연이 취소될까 조바심이 떠나지 않았습니다. 기존 단원 40명은 물론이고 객원 단원 40명도 한마음으로 자부심 가지고, 보시에도 적극 동참해 주었습니다.

추진하면서 가장 힘들었던 일은 에어컨 문제, 악단들 주차 문제, 음악 영상 문제 등 한두 가지가 아니었고, 특히 종무실 직원들의 말도 안 되는 비협조 언쟁 등등이 문제였습니다. 그 모든 어려움 속에서도 아무런 사고 없이 우란분재일에 부모은중송 공연을 대극장이 아닌 보광당에서 국악관현악 연주에 맞춰 합송하니 그 기쁨과 벅차오름은 말로 표현할 수 없었습니다.

우리 불광형제들은 위대합니다. 모두가 한마음으로 부모님을 위해, 부처님의 가르침을 노래하고 공감하면서 눈물과 환희심으로 불자됨을, 광덕 스님 제자임을 감사하는 귀한 시간이었습니다. 합창단석에서 느낀 감동은 잊을 수 없는 추억으로 자리합니다. 보광당은 물론, 발코니석까지 빈자리를 가득 채워주신 형제 여러분들의 기립 박수와 찬탄의 함성은 내일을 향한 희망의 메아리로 영원할 것입니다.

우리는 할 수 있습니다. 반야바라밀의 위대한 원력이 완성되고 이 땅에 정법구현으로 호법보살들의 서원이 세상을 밝힐 수 있음을 굳게 믿으며 간절하게 발원합니다.

초심으로 돌아가 마하보디합창단의 옛 모습을 명성을 되찾을 수 있도록 최선을 다할 것을 다짐하며, 참가와 후원하시고 수고하신 모든 형제들과 마하보디 임원, 단원 여러분께 감사드립니다.

마하반야바라밀.

자명행(김경애)

어둠에서 빛을 찾는다

 도안(이병훈) | 명등

 반장이, 점심시간에 도시락 먹은 후 나가지 말고 교실에서 대기하라고 한다. 2학년 형들의 명령이란다. 점심을 먹고 난 후 2학년 형들이 여러 차례 교실에 들어와서 태권도반, 유도반, 영어반 등등 써클의 홍보를 하고 신청자들을 모집한다. 종교 써클인 기독교반, 천주교반, 홍보가 끝나고 마지막으로 불교반 홍보가 시작되어 나는 불교반에 약간의 관심이 있어서 질문을 한다. 종교반은 모임 장소가 외부에서 다른 학교와 함께 하는 모임이라는 말에 혹시 하는 마음으로 청소년의 중요 관심사항인 질문을 한다. "여학생들도 있나요?" 오매나~ 있단다. 토요일 오후에 소재동에서 모임(법회)가 있단다. "야~ 우리 한번 가 볼까?" "그래~ 가보자." 친구와 나는 불교반에 가입하기로 신청서를 작성하고 시간과 장소 안내를 받는다. 다른 종교반에도 여학생들이 온다는데, 불교반에 관심을 더 가진 것은 어머니가 불교를 믿었기 때문에 한편으로는 어머니가 보고 싶은 마음에 어머니와 동질감을 조금이라도 느껴보고 싶어서였을 것이다.

토요일 학교를 파하고 소재동 허름한 건물에 친구와 함께 도착한다. 시작 시간이 되어 누추한 건물 안에 들어가니 30여 명 정도 되는 남녀학생들이 줄을 맞추어 앉아 있다. 친구와 나는 한쪽 구석에 앉아서 두리번거리며 예쁜 여학생이 어디에 있는지 부지런히 눈을 돌린다.

법회가 시작된다. 목탁 치는 학생의 목탁 소리에 따라 합장하고 절하면서 노래를 한다. 삼귀의, 찬불가, 청법가 등이다. 우리는 엉거주춤 따라 하면서 어색한 마음과 함께 '이게 뭐지?' 하는 생각을 한다. 청법가가 끝나고 모두 자리에 앉고, 중년의 아저씨가 설법을 한다고 칠판 앞에 선다. '이건 또 뭐~ 이런 거 하지?' 하면서 시큰둥한 표정으로 그 아저씨를 바라본다. 그 아저씨가 법사라고 한다. 칠판에 글씨를 쓰면서 설법을 한다. 연기설이라 한다. '어? 이게 뭐지?' 나는 점점 그 법사의 설법에 흥미를 갖기 시작한다. '아니~ 아주 과학적이잖아~ 논리가 정연해서 모순이 없다. 콩 심은 데 콩 나고, 팥 심은 데 팥 난다.' 아주 간단한 이 논리에 모순이 전혀 없다는 생각에 머무르자, '어? 불교가 이런 거였어?' 나는 점점 설법에 심취되어 애초의 관심 사항이 여학생에서 불교 교리로 변해버린다. 머릿속이 온통 불교 교리에 대한 궁금증으로 꽉 차 버린다.

법회가 끝나고 집으로 가기 전에 다행히 주머니에 약간의 돈이 있어 곧바로 책방으로 향한다. 300쪽 정도 되는 〈불교의 기초교리〉를 산다. 집에 돌아온 나는 저녁을 먹고 그 책을 읽는다. 내용을 이해할 수는 없지만 너무나 그럴듯한 논리가 마음에 들고, 신비로운 생각마저 들면서 밤늦게까지 책을 다 읽는다. 사성제, 연기설, 삼법인 등등, 경이로움 그 자체다. '부처님이 이런 분이시구나.' 책을 다

읽고 나서 흥분이 되어 잠을 거의 자지 못한다. 고등학교 입학 전 외사촌 형에게서 빌려다 본 나이에 걸맞지 않은 철학책을 보면서 동서양 철학이 심오한 것 같기는 했는데, 뭔가 개운하지 않은 의문이 있었는데, 불교 교리는 논리가 너무나 완벽하다는 생각에 너무나 흥분이 되었다.

불교학생회 가는 날이 기다려진다. 이젠 여학생은 관심 밖이고, 오로지 설법 시간이 기다려진다. 기회가 되는 대로 불교 교리를 탐구하면서 불교학생회도 졸업을 하게 되고, 서울에 있는 대학에 편입을 하게 되고, 그 대학에 있는 불교학생회에 가입한다. 선후배들의 권유에 이끌려 봉익동에 있는 대각사를 가게 된다. 대각사에 들어가는 순간 마당부터 사람이 꽉 차서 지하에 있는 법당에 겨우 들어가게 된다.

설법 시간이 되어 법상 쪽을 바라보는 순간, '어? 사람의 모습으로 저럴 수가 있을까? 에이 조명발이겠지~' 대학생다운 의심을 한다. 법회가 끝나고 우리 일행과 함께 처음 온 사람들을 모이게 한다. 그리고 설법하신 그 스님이 우리들에게 다가온다. '아, 조명발이 아니었네.' 가슴이 뛰기 시작한다. 사람이 수행을 통하여 저런 모습으로 변할 수도 있구나. 아, 광덕 스님!

군대 군법당에 가면서 월간 불광 권두언을 보면서 매월 불광지를 보고 싶다는 생각으로 군법당을 매주 찾는다. 글을 읽을 때마다 글이 꿈틀댄다. 가슴이 쿵쾅거린다. 대학을 졸업하고 결혼하고 보살과 함께 대각사를 찾아가게 된다. 그리고 일요일 지금의 석촌동 불광법회를 찾아왔으나, 보살만 불광법회에 다니게 된다. 아이들은 어린이법회에 참여하게 되고…. 시간이 10년 정도 흐르고, 일요법회에 나와서 큰스님 법문을 듣는 호강을 누리게 된다. 큰스님은 변함없이 밝은 광채를 내고 계시고, 법문은 대중들을 매료시킨다. 1999년 2월 큰스님 열반 소식에 망연자실하고, 큰스님 공덕비 건립행사에 다녀오면서 법회 사회도 보면서 10여 년이 또 흐르고, 물의를 일으키게 될 스님이 못마땅해서 불광사를 떠나고~ 옛 도반으로부터 물의를 일으킨 스님이 쫓겨났다는 소식을 전해 듣는다.

다시 돌아온 불광~
또 다른 시련이 기다리고 있을 줄이야.

〈스님이 일반인보다 더 계율을 안 지키는 것 같다. 거짓말을 너무 잘 한다〉
〈**이 왕인 거 같다〉
〈***이 공양주? 마누라지~〉
〈조계종이 없어져야 한다〉
〈시끄러워서 불광사 나가기 싫다〉
〈박홍우가 그만두면 정상화된다〉
〈스님에게 그러면 안 된다〉
〈전기료를 내면서 절을 사용해라〉
〈보광당 사용 허가 받고 사용해라〉
〈박홍우가 절을 차지하려고 한다〉
〈보광당 폐쇄〉
〈혜담 스님 거처에서 유튜브 법회 녹화〉
〈용역 동원 법회 방해〉

〈핸드 스피커 사용 큰 소음으로 법회 방해〉
〈코로나 방역 핑계로 출입 봉쇄〉
〈재정투명화〉

지난 4년여 동안 불광에서 있었던 사건과 사욕에 사로잡힌 이들의 말을 포함한 무성했던 여러 말들이다.

보광당에서 법회를 못 하게 되니 당장 문제가 되는 것이 방송시설을 사용할 수 없어 다른 공간을 법회 장소로 사용하려면 새로운 방송 장비를 마련해야 한다. 코로나 사태로 법회를 볼 수 없어 유튜브로 법회를 보게 하기 위해 소수 인원이 법회 녹화도 해야 한다. 부랴부랴 휴대용 조그만 앰프를 구입해서 공양간에서 법회를 보고, 대웅전, 현관, 현관 앞, 혜담 스님 거처에서 법회를 이어간다. 어려움이 있으면 이를 극복할 힘이 생기는지 우리 구법회 거사가 방송 장비를 취급해 주고, 유튜브 방송용 녹화 방송도 해주어 지금까지 한 번도 거르지 않고 법회를 이어간다.

아직도 끝나지 않은 불광 정상화. 4년여를 이렇게 불광 정상화를 위해서 온갖 불편을 감수하는 것인지 문득 반문할 때도 있다. 일반적인 바람이 무엇일까? 나만이 아닌 나를 둘러싼 여러 사람들이, 우선은 가장 가까운 가족들이 좋은 환경에서 편안하게 살도록 해주는 것이리라. 활동하기 편한 사회적 인프라, 정의로운 사회, 올바른 가르침이 있는 사회를 가까운 가족들과 이웃들이 공유하기를 바랄 것이며, 후손들에게도 그런 환경을 물려주고 싶어 하는 것이리라. 사회적 인프라와 정의로운 사회는 국가의 힘에 전적으로 의지할 수밖에 없지만 올바른 가르침은 국가가 책임지기에는 여러 가지 위험 요소가 뒤따른다. 올바른 가르침, 특히 부처님의 가르침, 부처님의 가르침을 순수하게 가르치는 광덕 스님의 가르침은 우리 사회에 넓게 공유되어야 하고 후손들에게 반드시 물려주어야 하는 것이다.

부처님을 팔아서 자신의 욕망을 채우려는 스님들로 가득 찬 우리나라 불교의 현실을 이번 불광사태를 통하여 너무나 분명하게 보게 된다. 광덕 스님의 가르침을 지키고 이 사회에 넓게 공유하기 위해서는 불광 정상화가 필수적이다. 불광 정상화의 기준은 사찰의 재정투명화, 청정한 스님 지키기이다. 이 기준을 충족시키기 위해서는 불광법회 회칙을 스님과 재가자가 함께 잘 지켜야 한다.

〈밝은 표정들로 가득 찬 불광〉
〈큰스님의 약속이 잘 지켜지는 불광〉
〈언제나 즐거운 불광〉
〈아이들과 함께 와서 즐겁게 법회 보고 가는 불광〉
〈청장년이 넘쳐나는 불광〉
〈자꾸만 가고 싶은 불광〉

이런 불광은 반드시 이루어질 것이다.

외국인 대상 전법에 관한 단상

 진성(이재홍) | 정수위원

　부처님께서는 깨달음을 얻으신 후 다섯 고행자를 시작으로 수많은 사람에게 전법하고 제도하셨습니다. 부처님의 전법과 교법 정리는 반열반 하실 때까지 45년간 계속되었습니다.
　그런데 다섯 고행자가 있던 사르나트 녹야원으로 가는 길에서 마주친 아지위까 교도 우빠까에 대한 전법은 성공적이지 않았습니다. 부처님의 환한 모습을 찬탄하며 거듭 묻는 벌거벗은 우빠까에게 부처님께서는 "나에게 번뇌는 남아 있지 않습니다. 나와 같은 승리자는 세상에 없습니다. 나는 모든 사악한 세력에 대항하여 승리하였습니다. 내가 바로 승리자입니다."라고 답하셨습니다. 이를 들은 우빠까는 "그럴지도 모르지요." 하고 떠나가 버렸습니다. 천재일우의 기회를 놓친 우빠까를 두고 인연 없는 중생은 어쩔 수 없다고 할 수도 있겠지만 경전의 이 구절은 전법의 어려움을 여과 없이 잘 보여주고 있습니다.

　나는 직업의 특성상 외국인을 만날 기회가 많았는데 이들을 대상으로 한 전법의 사례를 몇 가지 소개하고자 합니다.

국제전기전자공학회의 석학회원 선정위원회 회의에서 서류심사 대상자 중에 제출한 업적 내용이 다소 의심스러운 사람이 있었습니다. 이에 대한 논의가 식사 자리에서 나쁜 사람도 구제할 수 있는가라는 토론으로 발전하였습니다. 그 자리에는 다양한 종교를 가진 사람들과 무신론자들이 여럿 있었고 불교도는 나 혼자였습니다.
부처님께서 살인자 앙굴리말라를 제도하신 일화를 소개하고 이런 극단적인 구제 사례도 있다고 했더니 순간 좌중이 조용해졌습니다. 다수의 무고한 사람을 살해한 살인자의 구제를 보편적으로 받아들이기에는 무리가 있었음을 뒤늦게 깨달았습니다.

일본인 A 교수는 사십 대 초부터 이십여 년간 매년 두어 차례 학술회의에서 만났습니다. 내가 국제학술대회 창설안을 발표했을 때 일본 측 대표의 한 사람으로서 도와주었고 자기 집에도 초대했습니다. 일제 강점기에 선친이 다니셨던 중학교와 대학교를 찾아갔을 때는 고맙게도 길 안내를 자청하고 직접 운전까지 해줬습니다.
내가 조계종 국제포교사가 되었다고 했더니 그다음 만났을 때 A 교수는 그동안 미루어 왔던 불교 공부를 시작했다며, 특히 아미타불에서 '아미타'가 빛을 상징한다는 것을 알게 되어 기쁘다고 했습니다. 불교에 대해 더 대화를 나누고 싶은 마음이 있었으나 본업이 바빠서 후일로 미루었는데 결국 하지 못하고 말았습니다. 8년 위인 A 교수가 먼저 정년 퇴임하고나서는 지난 십여 년간 만나지 못했는데 앞으로 언제 다시 볼 수 있을지 기약이 없습니다. 퇴임 후 고향에서 낚시를 즐긴다는데 살업(殺業)을 짓지 않도록 살생을 막지 못한 것이 아쉬움으로 남습니다.

    지난해 부처님오신날 아침 집 부근 전철역에서 열차를 기다리는데 오십 대로 보이는 여성이 이 사람 저 사람을 붙들고 중국어로 명동으로 가려면 어디서 타야 하는지 묻고 있었습니다. 언어가 통하지 않아 헤매는 모습이 참 딱해 보여서 도와줄까 생각했습니다. 그러나 법요식에 늦지 않으려고 때마침 들어온 열차로 떠나오고 말았습니다. 길을 가르쳐 주면서 가는 길에 조계사에도 가보라고 권할 수 있었을 텐데, 아니 그냥 도와주는 것만으로도 불자로서 해야 할 일이 아니었을까 하는 생각이 법요식 내내 문득문득 들었습니다.

    재직 중 잦았던 국제학회 참석차 국외 출장에서는 규정에 따라 공항에서 호텔로, 회의 후에는 바로 호텔에서 공항으로 이동해야 했는데 정년퇴임을 하고 나니 이러한 제약이 없어졌습니다. 그래서 지난해 미국 뉴욕에서 회의를 마친 후 큰마음 먹고 혼자 남미 파타고니아로 여행을 떠났습니다.

    칠레 아타카마 사막에 있는 달의 계곡 관광에 열 명이 한 차로 이동했습니다. 출발 한 시간 후 갑자기 맞은편 하늘이 시커메지고 거듭 벼락이 떨어져서 관광을 도중에 중단해야 했습니다. 운전기사 겸 가이드는 예약금 대부분을 여행사가 반환해 줄 것이라고 안심시킨 후 전망 좋은 언덕에 가서 파티를 하자고 제안하여 모두 동의했습니다. 일행은 주로 영국, 독일, 미국에서 온 삼십 대와 일부 이십 대인 배낭 여행자들이었습니다. 서로 본업을 묻지도 밝히지도 않고 지나온 여행 경험을 공유하는 것이 특이했는데 나도 대화에 동참했습니다.

한국에서 왔다고 하니 대뜸 한국은 꼭 가봐야 할 나라라며 K-팝과 K-드라마에 대해 물어왔습니다. 그래서 한국에는 팝과 드라마 외에도 산사와 참선과 같은 고유문화가 있다고 소개하고 방문 기회가 있으면 템플스테이를 통해 직접 체험해 보도록 권했습니다. 이 중 두 명은 참선과 템플스테이에 대해 더 알고 싶어 했는데 아직 불교에 대한 이해가 깊지 않은 것을 보고 참선이 주는 실질적인 이익을 중심으로 설명해 줬습니다.

칠레 푸에르토 나탈레스에서 출발하는 호수 빙하 관광에 동참했는데 육십 대 초반의 칠레인 연금생활자 두 부부와 동석하게 되었습니다. 천주교 신자인 네 사람 중 남성 한 명만 영어 소통이 가능했습니다. 화제가 종교에 이르러 천주교 교리에서는 천당이든 지옥이든 한번 가면 끝이지만 불교에서는 둘 다 그 수명이 다하면 다시 태어난다고 했더니 흥미 있어 했습니다. 원인이 있어 결과가 있고 모든 살아있는 존재는 연기에 따라 윤회한다고 했더니 다시 태어난다는 증거가 있느냐고 관심을 보였습니다. 의도적인 행동, 말과 생각이 업이 되어 조건을 만나 발현하는데, 이번 생과 다음 생의 행복을 얻으려면 어떻게 해야 하고 더 나아가서 궁극적 행복을 얻으려면 어떻게 해야 하는지도 설명했습니다.

열한 시간의 관광 중에 두 시간가량 나눈 간헐적인 대화에서 매 순간 깨어있는 마음으로 살아야 한다는 데에 양 종교의 접점이 있음을 서로 확인했습니다. 그분은 불교에 대해 처음에는 지적 호기심으로 나중에는 진지하게 관심을 보였습니다. 헤어질 때는 놀랍게도 "이번 생과 다음 생에 행복하시기를 기원합니다."라고 작별 인사를 하기에 같은 말로 화답했습니다.

사람은 기억을 통해서 나라고 하는 존재의 연속성을 확인합니다. 그런데 나라고 하는 존재, 즉 색수상행식의 오온은 무상하여 매 순간 끊임없이 변하다 보니 앞의 사례에서처럼 때로는 아쉬움을 남길 결정을 하기도 합니다. 불광법회는 전법오서에서 전법이 지상과제임을 강조하고 있습니다. 그런데 전법하는 사람뿐만 아니라 전법의 대상인 사람 또한 색수상행식이 매 순간 끊임없이 변합니다. 이래서 대상의 근기에 맞추어 전법 하기란 움직이는 바늘귀를 실오리로 꿰는 것만큼이나 어려운 일입니다.

그리고 계율을 지키지 않으면서 전법하는 것은 나는 '바담풍' 하더라도 너는 '바람풍' 하라고 하는 것이나 마찬가지입니다. 지금 전법을 미루면 기회가 다시 오지 않을 수도 있습니다. 계율을 지키고 지금 이 자리에서 전법에 힘써야겠다고 다짐합니다.

너도 누군가의 손을 잡아주어라

 문수월(이을선) | 부회장

　여러 가지로 부족한 제가 불광법회의 등불이신 명등 보살님을 비롯한 선배 선학님들, 그리고 모든 법우님들 앞에 저의 명등 시절을 말씀드리려고 하니 우선 부끄러움이 앞섭니다.
　하지만 작은 불씨 하나가 온 산을 불태우듯, 저의 경험담을 통해 불광법회 법우님들의 신행 활동에 도움이 될 수 있다면 부끄러움의 벽을 넘어야겠다는 생각에 글을 시작해 봅니다. 돌아보면 제가 불교에 귀의한 이후 가장 행복했던 시기가 바로 명등 소임을 맡아 하던 그 시절이었습니다. 이제 그 시절을 회상하며 이야기를 시작하겠습니다.

　송파 27구는 2011년 송파 14구에서 분구(分區)돼 직장인 보살님 29명을 중심, 3개 법등으로 구성해 첫발을 떼고 활동을 시작했습니다. 구법회를 이끌어 줄 선학 보살님도 없이 시작한 송파 27구. 제가 초대 명등의 소임을 맡았을 때에는 두려움이 몰려왔던 것도 사실입니다. 그러나 두렵다고 피할 수도 없는 일이었습니다. 피할 수 없다면 즐기라는 말처럼 여러 가지로 부족하지만 구법회 법우님인 보살님들과 부처님을 믿고 의지하기로 했습니다. 명등이라는 이름과 직책에 걸맞은 그릇이 되기 위해 어떻게 하면 될 것인가도 깊이 고민했습니다.

명등 소임을 맡아 지나온 2년의 세월. 오로지 부처님 정법과 광덕 큰스님의 사상을 가슴 깊이 새기고 분주한 나날을 보내며 2년의 세월을 보냈습니다. 명등 회향을 하며 받아든 초대 명등 소임의 성적표는 3개 법등 29명에서 전법을 통해 4개 법등 53명으로 구법회 식구가 늘어나 있었습니다.

짧다면 짧고, 길다면 긴 2년의 세월. 지금은 웃으며 얘기할 수 있지만 그 세월은 부처님 법 홍포와 광덕 큰스님의 사상을 전하겠다는 일념으로 하루를 일 년처럼 촌음(寸陰) 아끼며 분주하게 움직였던 시간이었던 것으로 기억됩니다.

불법의 씨앗을 심어주신 고마운 분들

제가 신생 구법회인 송파 27구의 명등소임을 대과 없이 마무리할 수 있었던 것은 송파 14구의 선학님과 명등 보살님 덕분이었습니다. 송파14구에서 선학과 명등 보살님들께서 이끌어주시고 가르쳐주신 것이 신생 구법회의 명등 소임을 수행할 수 있었던 원동력이었습니다. 그분들이 저를 이끌어주시지 않았다면 제가 지금 이 자리까지 오지 못했을 것입니다. 그분들께서 저에게 불법의 씨앗을 심어주고 격려해 주셨기 때문에 그 씨앗이 발아되고 격려가

자양분이 되어 그분들 발자취를 따라 하며 오늘 이 자리에도 서게 된 것입니다.

제가 송파 14구에 있을 때 어느 명등 보살님이 하신 말씀을 저는 지금도 금과옥조처럼 여기며 잊지 않고 있습니다.
다름 아닌 "내가 네 손을 잡아주었듯이 너도 언젠가 누군가의 손을 잡아 주어야 한다"라는 말씀이 그것입니다. 저는 지금도 그 말씀을 가슴에 새기고 있습니다. 그래서 늘 그 누군가의 손을 잡아 부처님의 성전(聖殿)으로 이끌어야 하겠다는 마음을 다잡고 있습니다.

내친김에 한 말씀 더 드린다면 이 글을 읽는 많은 분들도 누군가 내민 손을 잡고 이곳 불광법회에 오셨을 것으로 생각해 봅니다. 여러분이 내민 따뜻한 손은 또 다른 우리들을 부처님의 품 안으로 이끌어주는, 그래서 불법의 씨앗을 심는 농부의 마음과도 같은 것입니다.
우리가 먼저 아직 부처님 법을 만나지 못한 많은 분들을 불법의 바다로 이끌어주실 때 그분들도 한 알의 씨앗을 심는 농부의 마음으로 다른 분들을 이끌어주실 것입니다.

이 글을 읽으시는 분들 중에서 처음부터 불광법회에서 명등을 하시겠다고 오신 분은 없으실 것입니다. 연기법에 의해 시절 인연이 닿아 명등이 되시고 선학이 되셨을 것입니다. 제가 생각하는 명등이나 선학, 아니 모든 불자의 자리는 바로 이런 마음에서 출발하고 실천해야 한다는 것입니다. 그렇게 하는 것이 우리 불자들의 소임이기도 합니다.

문수월(이을선)

절 수행으로 하심하며

저는 불광법회에서 어떤 소임을 부촉 받으면 항상 발원문을 작성하고 절 수행을 했습니다. 명등 부촉 받았을 때도 발원문 작성하고 구 임원 및 마하 보살님을 비롯하여 법등 임원보살님 한분 한분을 위해 108배를 일주일 동안 하였습니다. 이는 108배 절 수행을 통해 저를 낮추고 보살님들을 부처님으로 모시고자 하는 다짐을 위해서입니다.

제가 명등 소임하는 동안 큰스님 존영 앞에 가서 항상 다짐한 것이 있습니다. 그것은 첫째, 늘 전법하고 수행하겠습니다. 둘째, 우리 구법회 보살님들을 부처님으로 모시겠습니다. 셋째, 하심 또 하심하여 저로 인하여 상처받는 분이 없기를 발원했습니다.

저는 송파 14구에 있을 당시 선학 보살님들께 '명등은 기도로써 구법회를 끌고 가야 한다'고 배웠습니다. 그래서 매일 새벽 구법회 식구들을 위해서 기도했습니다. 2년 동안 하루도 빠지지 않았습니다. 성지순례 가는 날에도 새벽에 일어나서 먼저 기도부터 하고 집을 나섰습니다

그 생활은 지금도 이어지고 있습니다. 습이 되어 몸에 배니 자연스럽게 절 수행과 기도가 뒤따르는 것을 알았습니다.

이 모두가 저의 손을 잡아주시며 "내가 너의 손을 잡아주었듯이 너도 누군가의 손을 잡아주어야 한다"고 가르쳐 주신 명등 보살님. 그리고 "기도로써 구법회를 이끌어 가야 한다"고 일러주신 선학 보살님 덕분입니다. 정말 고맙고 감사한 분으로 이 자리를 빌려 다시금 감사 인사를 드립니다.

선학 보살님을 걸림돌이 아닌 디딤돌로 삼아야

제가 명등으로 구법회를 이끌 당시 제 나이는 구법회 구성원인 보살님들보다 많이 어렸습니다. 그래서 건방지다는 소리를 듣지 않으려고 모든 일에 항상 먼저 나서서 솔선수범하였습니다. 제 몸을 아끼지 않고 정말 열심히 일했습니다.

힘든 일이 있는 보살님이 계시면 함께 고민하면서 위로해 드리고 아프신 보살님에게는 함께 아파하면서 기도해 드렸습니다. 이렇게 보살님 한분 한분을 챙겨드리다 보니, 보살님들도 저를 좋아해 주셨습니다. 나이 어린 제가 어머니 같은 마음으로 항상 나이 드신 보살님들을 챙기니 마음을 움직였는지 많이 도와주시기 시작하였습니다. 그때 명등이란 자리는 내가 먼저 솔선수범하지 않으면 안 되는 자리라는 것도 깨달았습니다.

명등 소임을 하다 보면 때론 저를 힘들게 하는 보살님도 계셨습니다. 그럴 때 저는 그분을 나의 선지식, 역행보살로 보고 그분을 위해 절 수행을 했습니다. 그러면 어느 순간 기적처럼 그분이 부처님같이 다정하게 다가오는 것을 느꼈습니다.

송파 27구는 직장인 구법회라는 특성상 보살님들이 재일(齋日)에는 근무로 인해 절에를 잘 못 오시는 문제가 있었습니다. 그래서 저는 재일이나 일요법회를 못 오시는 보살님들께는 불광 소식을 알려드리고자 법회보를 우편으로 발송해드렸습니다. 백중기도, 하안거, 동안거 등 중요한 기도입재가 있을 때에도 '왜 기도 입재를 해야 하는지' '기도는 무슨 기도를 해야 하는지' 등을 적은 기도 숙제를 우편으로 발송했습니다. 연말에는 구법회 법우님들에게 1년 동안 도와주셔서 감사하다는 편지와 함께 정초기도 입재의 중요성과 기도 입재를 안내하는 우편물도 발송해 드렸습니다

또 모든 일을 혼자 일방적으로 결정하는 것이 아니라 구법회 법우님들의 의견을 최대한 수렴했습니다. 명등은 항상 구법회 임원 보살님들과 상의하고 의논해서 한 방향으로 가야 된다고 생각을 했었습니다. 명등은 나 혼자만 잘해서는 되는 자리가 아니라는 생각에서 항상 의논하고 의견을 수렴한 것을 정말 잘한 결정임을 지금도 확신하고 있습니다.

저는 구법회의 법륜이 잘 굴러가기 위해서는 구법회 식구들과 함께 해야 한다고 생각합니다. 혼자만의 생각으로 판단하고 일을 하다 보면 불협화음이 생기게 됩니다. 그래서 저는 "지금 이 자리는 나에게 어떠한 일을 하게 요구하는가?"라는 질문을 저 자신한테 항상 던지면서 명등 소임을 하였습니다.

당시 송파 27구는 선학 보살님이 안 계셔서 의논할 대상이 없어 난감할 때도 있었습니다. 그럴 때면 저는 부처님께 가서 기도하며 14구에서 분구한 다른 구 선학 보살님께 자문도 구했고, 친한 도반 만나 의논했습니다. 특히 송파 14구 시절 선학 보살님께서 '어떤 문제에 봉착했을 때 항상 부처님은 이럴 때 어떻게 하셨을까?'라는 생각으로 답을 찾으라고 충고했던 말씀을 기억하고 그렇게 행동했더니 정말 쉽게 답을 찾을 수 있었습니다.

현재 명등이신 분들께 제가 감히 한 말씀 드린다면 멘토가 되실 분을 한 분 모시라는 것입니다. 저에게는 혼자 해결하기 힘든 문제가 생길 때 멘토가 되어 주신 분이 계셨습니다. 그분을 만나 얘기를

하다 보면 쉽게 어려운 문제를 해결할 수 있었습니다.

명등이라는 자리는 쉽다면 쉽겠지만 힘들다면 힘든 자리이기도 합니다. 그럴 때 멘토로 모신 분과 같이 얘기하고 고민하면 쉽게 답을 찾을 수 있을 것입니다. 특히 각 구법회의 선학 보살님을 걸림돌로 생각하지 마시고 디딤돌로 생각하시면 크게 도움이 되실 것이라고 말씀드리고 싶습니다.

선학 보살님은 결코 걸림돌이 아닙니다. 세상에 경험보다 더 뛰어난 지혜는 없다고 생각합니다. 선학 보살님들의 경험담을 듣고 거기서 지혜를 얻으시는 것이 좋습니다. 백지장도 맞들면 낫다는 속담처럼 선학 보살님의 경험을 통해 오늘의 문제를 조명(照明)해 본다면 의외로 답은 쉽게 나올 수 있습니다.

송파 14구가 분구를 많이 하고 잘 나갈 수 있었던 것은 저 개인적으로는 후임 명등 보살님들이 선학 보살님들 발자취를 잘 따라갔기 때문이라고 생각합니다.

저는 명등은 선학을 보고 따라가라는 얘기를 항상 들었습니다. 이 글을 읽는 여러분들께서도 힘든 일이 있으면 선학 보살님을 걸림돌이 아닌 디딤돌로 생각하고 도움을 받으시라는 말씀을 드리고 싶습니다.

봄철 씨앗을 심는 농부의 마음으로 전법을

구법회를 키워 나가고 분구를 하기 위해서는 무엇보다 새로운 식구인 신입 법우님들이 유입되어야 합니다. 그리고 새로운 신입 법우님들을 모시는 첫걸음은 전법에서 시작된다고 봅니다. 전법이라고 하는 것은 누군가에게 불법의 씨앗을 심어주는 것이라고 생각합니다.

어떤 스님의 법문 내용이 지금도 저의 가슴에 남아 있습니다.

"부처님은 씨앗 심는 것을 좋아하지만, 중생들은 열매만 따 먹기를 좋아한다. 본인이 씨앗을 심지 않은 것은 생각 안 하고 열매만 기다리고 있다"는 것이 지금도 제 가슴에 남아 있는 법문의 내용입니다. 구법회의 새로운 법우님들을 늘리기 위해서는 누군가에게 불법의 씨앗을 심어놓고 열매를 기다려야 한다고 생각합니다. 농부가 봄에 씨앗을 뿌려야 가을에 찬란한 열매를 수확할 수 있다는 이치와 같습니다.

송파 27구는 적은 인원으로 분구(分區)를 했기 때문에 전법을 통해 구법회 법우님들을 늘려야 하는 것이 절체절명의 과제였습니다. 그래서 저는 항상 철야정진에 빠지지 않고 동참했습니다. 특히 불광법회의 새로운 법우님들 기본교육 철야정진에는 어떤 일이 있어도 참석했습니다. 기본교육 철야정진은 전법하기 좋은 황금어장과도 같은 곳이었습니다. 기본교육이 끝난 분들은 대부분 구법회 소속이 없으신 분들이고 이런 분들은 표시가 난다는 것이 제 경험입니다. 또 기본교육 과정 필수 수련과정인 해인사 수련회도 빠지지 않고 따라다녔습니다. 여기도 전법하기 정말 좋은 기회였습니다.

혹자는 인구감소로 인해 대부분의 종교가 신도 절벽을 맞고 있는 시대에 전법이 그리 쉬우냐고 반문하실 수 있습니다. 또 전법이 너무 힘들다고 말씀하시는 분들도 있습니다.

하지만 제 경험을 통해 얻어진 생각은 조금 다릅니다. 부처님 가르침에 대한 강한 믿음이 있으면 힘들지 않고 쉽게, 그리고 즐겁게 할 수 있다는 것입니다. 스스로가 먼저 강한 믿음이 없으면 자신감이 없어서 다가갈 수 없습니다. 전법을 잘하기 위해서는 내가 먼저 부처님 법을 믿고 따르며 행복해야 합니다.

만약 누군가 나에게 전법을 한다고 가정해 보십시오. 스스로 행복해하는 보살님과 불평·불만이 많은 보살님 중 어느 분이 내민 손을 잡고 싶으실까요? 당연히 행복한 얼굴 표정을 따라가지 않을까요? 스스로가 먼저 행복하지 않으면 전법도 안 됩니다. 내가 부처님에 대한 강한 믿음이 있고 행복해야 전법도 할 수 있다고 생각합니다.

불교 공부의 시작은 무명에서 벗어나야

저는 명등소임을 수행하며 교육의 중요성을 깨닫고 구법회 법우님들에게 교육에도 적극 동참하시도록 권유를 했습니다.

불광교육원에서 수업이 있는 날은 〈오늘 수업 잘 들으세요〉라고 문자도 보냈습니다. 또 수업이 끝나면 커피도 한잔 뽑아드리며 나름대로 격려도 아끼지 않았습니다.

불교의 공부는 수행을 위한 나침반이자 내비게이션과 같다고 생각합니다. 부처님 법을 공부하는 것은 인생을 참된 진리의 길로 안내하는 길잡이 같은 것이라고 생각을 했습니다. 이는 땡감이 홍시가 되듯이, 부처님 법을 공부하며 중생이 부처가 되는 길로 걸어가게 되는 것이라는 생각 때문입니다.

법등모임은 가정에서 법담으로 시작

구법회 명등 소임을 맡아볼 때 법등 모임도 중요한 일이었습니다. 저는 법등 모임을 부득이한 사정이 아니면 꼭 각 가정에서 돌아가며 하도록 했습니다. 법등 모임은 광덕 큰스님께서 각 가정에 법의 등불을 밝히고자 만든 모임이라고 알고 있습니다. 제가 송파 14구에 있을 때 선학 보살님께서 우리 불광사 보살님들은 기도를 많이 해서 모두 다 호법신장님을 모시고 다닌다고 말씀하신 것이 기억납니다. 그리고 법등 모임에 오시는 분들은 부처님 화신으로 오신 것이니 부처님 모시듯 하라고 했습니다. 그 선학 보살님의 가르침대로 구법회 법우님들에게 "부처님이 우리 집에 오신다는데 거절하면 안 된다"며 법등모임은 가능한 집에서 하라고 말씀드렸습니다.

그래서 송파 27구는 구성원 대부분이 직장에 다니시는 관계로 법등모임을 가능한 저녁 시간이나 주말에 집에서 했습니다. 그리고 법등 모임에서는 법담을 하는 자리이지 수다를 떠는 자리가 아니라고 배웠습니다. 그래서 제가 명등 소임을 맡아볼 때는 선학 보살님이 안 계셔서 제가 항상 법담을 준비해 들려드렸습니다. 법담을 들려 드리려고 하니 자연히 제가 공부를 하게 되었습니다. 명등 소임 덕분에 기도, 봉사, 공부를 많이 하게 되었습니다. 명등하면서 정말 많은 것을 배웠습니다. 또한 저는 명등하면서 인욕(忍辱)하고, 정진하면서 변해가고 있는 저를 보면서 정말 행복했습니다.

명등이라는 자리가 어떻게 생각하느냐에 따라 정말 수행하기 좋은 자리라고 생각합니다. 저에게 명등 소임은 복 밭을 일구는 좋은 기회였고, 나를 성장시키는 기회였으며, 우리 구법회 법우님들이 모두 저의 선지식이었음을 깨닫는 좋은 시간이었습니다.

어떤 스님께서 저에게 "드러나지 않고 조용하게 구법회 법우님들을 주인으로 생각하며 일할 수 있는 임원이 되어야 진정한 임원 불자다. 구법회 임원은 구성원들이 '공부하는 불자' '수행하는 불자'가 되도록 이끌어야 한다"고 말씀해 주신 적이 있습니다. 저는 스님의 이 말씀을 항상 마음에 새기고 명등 소임을 수행했습니다.

'리더는 사명감을 가지고 해야 한다'고 했습니다. 사명감은 주어진 일을 제대로 하는 것이기도 하지만 또한 남에게 도움이 되는 삶을 사는 것입니다. 명등이란 직책이 바로 사명감으로 해야 하는 직책인 것 같습니다. 부처님 법을 바르게 인도하고 이끌어줘서 깨달음의 길로 나가게 하는 것, 그것이 보살행이라고 생각하고 명등이라는 직책에 걸맞은 그릇이 되고자 노력했던 것 같습니다.

두서없는 제 글을 읽어주셔서 감사합니다.

좋은 글 하나 인용하는 것으로 제 글을 마치겠습니다.

"웃는 얼굴에 감사가 있고
칭찬이 있고 격려가 있으면
주위에 사람이 모이고
화난 얼굴에 불평이 많고
비난이 많고 샘이 많으면
가까이 있던 사람도 흩어집니다.
내가 사람을 모으고 내가 사람을 흩습니다"

모든 선학님 및 명등 보살님, 우리 불광법회 모든 법우님들의 가정에 부처님 가피와 신중님들이 가호가 늘 함께하시길 축원드립니다. 감사합니다.

나의 삶 불광

종인(김성) | 선학

　제가 이 글을 작성하기까지 많은 망설임으로 적지 않은 갈등을 겪고 겪었습니다. 그동안 한이 되어 가슴속에 묻어 두고 눈물로 살아야만 했던 지옥 같던 과거를 밝힐 자신이 없었기 때문입니다. 하지만 불광법회에 와서 부처님과 큰스님을 뵙고 제2의 인생을 살고 있는 현재의 삶을 말씀 드릴까 하여 용기를 내서 글을 씁니다.
　저는 어린 시절을 전농동 배봉산에 있는 돌산 근처에서 살고 있었는데, 그 당시 이 배봉산 돌산에서 자살하는 많은 사람을 보면서 삶과 죽음에 대해 깊은 고민과 갈등을 겪게 되었습니다. 때마침 알 수 없는 병에 시달리며 학교 대신에 치료를 위해 성바오로병원과 동부시립병원을 전전했지만 호전되지 않았습니다. 밤이면 잠을 자지 못할 정도의 가위 눌림과 귀에 들리는 찡하는 소리에 견딜 수 없어 몸부림치다가 일어나곤 하는 생활이 매일 지속되었습니다. 결국은 귀의 이명과 소음성 난청이라는 장애로 큰 소음이 있는 곳은 피해야 했고 무릎에는 백납이 생기기 시작하며 몸은 형편없이 야위어 가고 있었습니다.

도저히 견딜 수 없어 본격적인 치료를 하기로 마음을 먹고, 성바오로병원의 내과, 이비인후과, 피부과의 약 처방과 신경정신과에서는 정신적인 상담을 받고 약 처방을 받아 매일같이 약으로 살아야만 했습니다. 직업이 지도를 만드는 제도사이기에 정신을 집중해야 하는데, 오후만 되면 약에 취에 정신을 못 차리는 삶이 지속되고, 간 기능은 나빠지고 몸은 계속 악화되어 갔습니다.

너무나 힘들어 하고, 꾸벅꾸벅 졸고 있는 저를 보다 못한 회사에서는 결국 권고사직을 종용하였고, 어쩔 수 없이 집에서 쉬면서 요양을 하면서 다른 직장을 구해야 했습니다.

이런 생활이 계속되면서 산에서는 절벽이, 지하철역에서는 플랫폼이 순간적으로 뛰어 내리고 싶은 충동이 느껴졌습니다. 결국은 이 충동을 실행으로 옮기려고 한 계기가 있었는데, 1989년 5월초에 어머니 회갑연을 했을때, 혼자만 결혼을 못한 죄스러움과 마음의 고통을 받고 있을 때, 10월 중순경 회사에서 강원도 강촌 구곡폭포로 야유회를 가게 되었는데, 잠깐 휴식 시간에 옆 산길로 구곡폭포 위쪽으로 올라가서 폭포에서 떨어져 죽을 결심으로 물길을 걸어 폭포 근처까지 갔다가 사람들의 부르는 목소리에 정신을 차리고 산길로 해서 산 아래로 내려 왔습니다.

그리고 집에 돌아와서는 고민을 하다가 방문을 걸어 잠그고 깊은 고민에 빠졌고, 며칠 동안 꼼짝을 않고 있었는데, 어머니의 간곡한 설득에 못 이겨 문을 열고 나와 '어머니 저는 전생에 무슨 죄를 지었기에 이렇게 살아야 합니까?' 하고 하소연하였습니다. '그래! 모두가 부모 잘 못 만나서 그런 것이다.' 하시며 울먹이시는 어머니를 붙잡고 쓰러지기 전까지 통곡을 하였습니다.

극도의 우울함으로 극한 상황에 몰려 있던 저는 마음을 달래기 위해 여주 신륵사와 영릉으로 평소에 좋아하던 역사 유적 답사를 갔습니다.

신륵사 경내를 모두 둘러보고 나올 무렵, 기와 불사 접수하는 곳에서 저도 모르게 발길이 멈췄고, 부모님 생각이 나서 부모님 앞으로 기와 불사를 할까 망설이다가 그냥 절 입구까지 나왔지만, 그 발길은 다시 기와 불사 하는 곳으로 가고 있다가, 다시 절 입구로 나갔다가 다시 기와 불사 하는 곳으로 발길이 옮겨져 부모님 앞으로 기와 불사를 하게 되었습니다. 그리고 대웅전에 가서 남들이 하는 대로 부처님 전에 삼배를 올리고 나오니 그제서야 마음이 편안해지고 발걸음이 가벼워졌습니다.

그런 일이 있은 후, 집에 와서 '내가 진정 의지할 곳은 어디일까?'를 골똘히 생각하게 되었습니다. 그때, 회사의 경리를 보시던 분이 불광사의 바라밀다 합창단에서 활동하고 계시다며 저를 불광사로 안내해 주셨습니다. 1990년 여의도 연등 축제 날 처음으로 불광법회·불광사 보살님들께서 모여 있던 곳에 가서 연등 축제 법요식에 동참하게 되었습니다.

그리고 5월 2일, 부처님오신날 불광법회·불광사에 찾아 와서 봉축 법요식에 참석하고, 당시 금강법등 마하보살이셨던 혜은 이정민 전 법회장님을 만나 금강법등에 입회하게 되었습니다.

그리고 불교에 대해서 깊이 알고 싶어 1박 2일로 경주 불국사와 석굴암에도 다녀왔고, 정독 도서관에 가서 많은 불서를 탐독하고 좋은 자료가 있으면 복사를 해서 금강의 법우님들에게 나눠 드렸습니다.

열심히 정진하던 중 금강법등 교무 보리보살 부촉을 받았고, 토요법회 사회자와 인례가 없어 혼자서 사회자와 인례를 매주 토요일 오후 4시에 담당하면서, 여름철 50일 기도, 겨울철 50일 기도, 구도 철야정진에 동참하였고, 바라밀교육, 명교사 교육도 수료하였고, 큰스님께 종인이라는 법명도 받았습니다.

그런데 좀처럼 이해하기 어려운 일이 생겼습니다. 365일 불광법회와 법등 일에 몰두하면 견디지 못하고 쓰러져 몸져 누워 있어야 하는데, 정반대의 현상이 일어났다는 사실입니다. 허약한 몸을 약에 의지하면서 살던 과거의 불행하던 나는 온데 간데 없고 밝고 쾌활한 모습으로 활동하는 불자로 변해 있었으니 말입니다. 그리고 무릎에 손바닥만한 백납도 원래 색깔로 조금씩 돌아와서 너무 좋아 어머니에게 보여드렸더니, '그래 그게 다 부처님 공덕이다.' 하시면서 너무도 좋아하셨습니다.

그뿐 아니었습니다. 1994년 10월경 평소 소원대로 불광법회 바라밀다합창단에서 합창을 하던 제 평생 반쪽을 만나 보광당에서 지오 스님을 주례로 모시고, 많은 분들의 축복 속에 결혼까지 하였으니 세상에 그 무엇이 부러울 것이 있었겠습니까?

하지만 그 행복도 1년을 넘지는 못했으니 이 무슨 얄궂은 운명의 장난일까요? 일요법회 사회자와 금강법등 마하보살을 맡아 법등 활성화에 열심히 노력을 하던 중, 1995년 9월경 위암 3기 판정을 받고 서울 아산 병원 소화기 내과에 입원을 해야 했습니다.

세상이 끝난 것처럼 하염없이 울기만 하던 만삭의 아내는 제 옆에서 무거운 몸으로 간호에 매달렸습니다. 게다가 늙으신 부모님 충격 받으실까 봐 집에는 장기 지방 출장 간 것으로 하여야 했기에 아내는 집에도 가지 못하고 무거운 몸으로 병원 보조 침대에서 쪽잠을 자야만 했습니다. 아마도 당시에 아내가 없었다면 저는 지금 이 세상 사람이 아닐 것입니다.

그렇게 8개월간의 수술과 항암 치료의 긴 병원 생활을 끝내고, 이후 5년 동안의 투병 생활이 또 시작되었습니다.

위가 조금 밖에 남아 있지 않아 조금씩 하루 여섯 번을 나눠 먹어야 했고, 한 끼라도 놓치면 누런 위산이 거꾸로 역류하고 길바닥에 쓰러지는 고통이 뒤따랐습니다. 한번은, 항암제를 여섯달째 다 맞고 퇴원한 지 얼마 지나지 않아서 백혈구, 적혈구 수치가 떨어져 있는데, 면역 기능이 없는 제가 냉방 버스를 탔다가 감기에 걸렸습니다. 열이 엄청 올라 죽을 위기에 처했을 때, 아내는 밤새워 차가운 물수건으로 열이 내릴 때까지 지극 정성으로 저의 온몸을 닦아 주어 또다시 저를 살려 냈습니다.

5년이 지나자 먹는 것은 어느 정도 극복했는데, 이번에는 항암제 후유증으로 백납이 온몸으로 퍼져 대인 기피증이 생기게 되었고, 피부가 자외선에 조금만 노출되면 화상을 입기에 여름에도 긴 소매 옷을 입어야 하는 불편함에다 면역 기능이 약해져서 잦은 콧물 감기에 걸려 감기약과 소화제는 필수로 가지고 다녀야 하는 불편함까지 생겼습니다.

불행은 여기서 그치지 않았습니다. 설상가상으로 형님마저도 대장암에 걸려 입원하는 기막힌 일이 또 생겼습니다. 충격으로 상심하던 형수님은 종교를 천주교로 개종하고 모든 식구들을 성당으로 데리고 가는 모습을 보면서 너무도 가슴이 아팠습니다. 그 까닭에 아버님 돌아가셨을 때, 천주교식으로 장례식를 해드려야만 했던 안타까움과 혼자서 집과 영화사에서 기도를 49일 동안 해드릴 수밖에 없었던 일은 지금도 회한으로 남아 있답니다.

그때 저는 전법의 중요함을 절실히 느끼게 되었고, 우리 아이들만큼은 절대로 그런 일이 없도록 하리라 마음 먹었습니다. 그러던 중 작은아이가 유치원 다닐 때 좋아하는 여자 친구가 자기를 만나려면 교회로 오라고 했다고 교회를 간다고 하는 일이 생겼습니다. 난감했지만, 당장 실천에 들어갔습니다. 아이들을 데리고 영화사 어린이 법회에 가서 아이들이 적응할 때까지 법회를 같이 봤고, 한 달 후에는 아이들만 보내도 다행히 아이들이 잘 적응하였습니다. 연등 축제 때 영화사 연희단에서 장구와 북을 들고 그렇게 환하고 행복하게 웃는 아이들의 모습을 보며 가슴이 벅차오르는 그 무엇을 느꼈습니다.

아이들이 어린이 법회를 마치고 중학생이 되었을 때, 불광사 청소년법회에 데리고 와서 직접 가입을 시켰고, 청소년 법회를 마치고 청년법회 활동과 청소년법회 교사로 열심히 활동하였습니다.

그리고 2008년 금강법등, 바라밀다법등의 8, 90년대 옛 법우님들이 다시 모여서 만든 보현구를 창구할 때 보현2법등 반야보살 2년을 거쳐서 구 총무보살 4년, 명등보살 2년 등 8년간의 모든 소임을 마치고, 2017년 명등보살 회향과 선학이 되면서 1년간의 휴식기를 가지게 되었습니다.

그러던 중, 2018년 지홍 스님 사태로 다시 불광법회로 돌아와 밤새워 절을 지키고, 조계사 앞 시위, 법안정사 대각회 이사회 현장의 시위, 그리고 2020년 2월 5일 무박 2일로 개최된 문도회의와 주지 진효 스님의 매주 일요일 불광법회를 온갖 방해를 서슴지 않는 추태를 지켜 보면서 그 절망감과 참담함은 피가 거꾸로 솟는 느낌이 들었습니다.

과연 이들이 큰스님의 제자들과 손상좌가 맞는지 묻고 또 묻고 싶었습니다. 옛말에 스승의 그림자도 밟지 않는다는 말을 무색하게 만들 뿐 아니라 스승의 그림자를 짓밟고, 스승의 흔적을 지우려고 하는 제자들의 작태를 지켜보면서 너무도 큰 충격을 받았습니다. 제 마음의 고향인 불광이 연등 축제때 조계사 다음으로 화려하고 웅장했던 불광이, 불교 방송 아나운서가 '마하반야바라밀!' 하고 인사를 하던 그 불광이 그 제자들의 사리사욕 때문에 이렇게 한순간에 무너지는 것을 보면서 너무도 가슴이 답답함을 그 어떤 말로도 표현할 수가 없었습니다. 그렇게 좋아하던 불광사의 전각과 법당이 요즘은 왜 그리 낯설고 다른 사찰에 온 것처럼 혼란스럽기만 하는지 답답함을 숨길 수 없습니다.

언제쯤에나 화려했던 그 시절 불광으로 돌아갈 수 있을지 자꾸 과거로 돌아가고픈, 아무리 힘들어도 오로지 불광의 번영만을 생각하면서, 법회와 법등 일에 매달리고 할 때의 좋았던 그 시절이 그립습니다. 이런 소망이 이루어지기를 간절히 빌고 또 엎드려 빌어 봅니다.

제 인생의 반은 육체와 정신이 망가져버린 지옥 같은 생활이었다면 그 이후의 삶 즉, 불광법회·불광사에서 부처님을 뵙고 큰스님의 가르침을 받고, 불광법회와 금강법등과 보현구에서의 생활은 너무도 행복했습니다. 그래서 불광법회·불광사는 저를 다시 태어나게 해준 마음의 고향이고, 의지처이자 수행처이자 행복을 꿈꾸는 곳입니다.

그리고, 귀의 이명으로 인해 24시간 찡하고 울리는 소리에 성격은 거칠어지고, 우울증과 불면증이 심해지고 밤이면 잠을 편히 못자고, 잠을 설치다 깨면서 하루가 피곤으로 쌓여 있고, 끝나는 하루하루를 보내는 것이 너무 힘들고 고통스러워, 부처님 전에 기도를 하면서 '부처님! 저의 시련이 언제쯤 끝날 수 있을까요?' 하고 답답함을 하소연해보기도 했습니다. '사는 것이 너무 너무 고통이야!'라는 말을 힘들 때마다 습관처럼 되뇌이곤 하였습니다. 지쳐서 더 이상 견디기 힘들 때, '더 이상 살아서 뭐하나?' 하고 이 세상을 등지고 싶은 충동을 자주 느끼곤합니다. 그럴 때마다 못난 남편 만나 많은 고생을 하면서도 제 곁을 떠나지 않고, 30여 년째 묵묵히 내조를 해준 아내와 항암제를 다 맞고 집에 왔을 때, 병든 자식 먹이겠다고 몇년 동안 몸에 좋다는 장어탕, 추어탕 등 보양식을 끓여다 주시고, 암 수술을 받은 두 아들 걱정으로 눈물로 세월을 살아오시고, 뇌경색으로 투병을 하시다가 3년전에 한많은 눈을 감으신 어머니의 얼굴이 떠올라 차마 행동으로 옮기지 못하고 피끓는 눈물을 삼키곤 합니다.

저에게 소원이 있다면 첫째는 불광이 정상화 되어서 화려하고 웅장했던 그 모습으로 돌아가 언제나 편하게 기도하고 수행을 하고 공부를 할수 있는 불광의 모습입니다. 둘째는, '고통 없이 잠을 편하게 자보는 것'이고, 셋째는 '다음 생에는 육체와 정신적 고통이 없는 그저 남들하고 똑같은 평범한 삶을 살아 보는 것'입니다.

앞으로 저에게 또 어떠한 시련이 닥칠지 모르겠지만, 제 마음의 고향인 불광에 처음 왔을 때의 초심만 생각하면서, 열심히 기도하고 수행하고 전법과 봉사하며, 참회하는 마음으로 살아갈 것이며, 불광법회·불광사가 정상화 되는 그날까지 열심히 홍보하고 전법하면서 살아 가겠습니다.

감사합니다. 마하반야바라밀!

광덕 큰스님과 나

 정오(이철원) | 거사

　광덕 큰스님과의 만남을 구구절절 기술하는 것은 자칫 정말 위대한 큰스님의 광영에 누를 끼치는 일이 아닐까 하여 망설이기도 했지만, 그저 참회하는 마음으로 이 글을 큰스님께 바치는 것도 나쁘지 않다는 생각에 용기를 내었다.
　큰스님은 나에게는 앞길을 밝혀주신 자비하신 스승님이었을 뿐만 아니라 내가 보모님 이상으로 믿고 따랐던 '갓 파더'였다. 일부 신도들로부터 '생불'이라고 칭송을 받았던 자애하신 큰스님의 문하에서 제자를 자처하며 함께 했던 그 시절이 꿈같은 천국이었음을 이제 와서야 절감한다.

　내가 광덕 큰스님을 처음 만난 것은 1976년 늦가을쯤이었던 것으로 기억한다. 나는 불교가 뭔지도 모르고, 피곤하기만 한 군대생활에서 잠시나마 벗어나 쉬기 위해 들렀던 원주의 1군법당에서 군 장병들에게 계를 주기 위해 수계법사로 오신 그 고명하시다는 광덕 스님을 친견하는 영광을 안게 된 것이다.

나는 뭣도 모르고 수계를 받기 위해 도열한 군장병들 사이에 끼어 있었으며, 1군법사스님께서는 "대단히 도력이 높으신 고명하신 스님이 수계를 주기 위해 친히 오셨으니 여러분은 기쁜 마음으로 계를 받으라"고 말해 나의 호기심을 자극했던 것 같다.

이날 나는 수계법사이신 광덕 스님을 보면서 두 번이나 크게 놀랐다. 첫 번째로 놀란 것은 스님께서 부처님께 절을 올리는 모습을 본 순간이었다. 도열해 앉아 있는 장병들의 등 뒤에서 뚜벅뚜벅 걸어오셔서는 군법당의 부처님 전에 나아가 절을 하는 그 모습을 우리는 뒤에서 지켜보고 있었다.

아, 그런데 이러한 기묘한 절(삼배)은 처음이라서 놀라움을 금치 못했다. 장삼자락을 여미고 머리를 숙여서 절하시는 동작이 무슨 예술 공연을 보는 듯했으며, 더구나 온 세상을 떠받치듯이 공손하게 머리 위로 올리는 손동작은 지극정성의 절절함이 묻어 있는 듯했다. 이렇게 진중하고 극진한, 그러면서도 춤을 추듯 날렵하기까지 한 이런 절 공양은 처음 보는 것이었다.

이날 두 번째로 놀란 것은 스님께서 수계법어를 설하시기 위해 사자좌에 오르셔서 우리를 바라보셨을 때이다. 이것은 또 무엇인가? 스님은 얼굴이 없었다. 스님의 얼굴을 분명 마주하고 있는데 그저 훤한 존안만 보일 뿐, 그 어떤 표정이나 인상이 한 점도 보이지가 않았다. 인상이 전혀 없는 그저 훤한 얼굴이라니, 이것은 마치 모든 것을 초탈한 그런 모습이 아닌가! 그야말로 나는 깜짝 놀라고 말았다.

이날 스님께서 수계법어를 설하시기는 하셨는데, 솔직히 무슨 얘기인지는 잘 알아들을 수가 없었다. "본말이 전도되어서는 안 된다"는 말씀을 하신 것 같은데, 그런 법어가 나에게 감명을 주지는 않았다.

그러나 나는 이날 광덕 큰스님의 자태와 몸동작에서 이분이 '대각선인'이라는 생각을 했고 그래서 광덕 스님만 찾아가면 나의 앞길이 열릴 것이라는 생각에 광덕 스님을 나의 '구세주'로 모시기로 결심을 굳히게 됐다.

군 생활하는 2년여의 시간 동안 내내 광덕 스님을 찾아가겠다는 그 꿈을 되새겼다. 그래서 불광지도 구독해 보았고, 그래서 광덕 스님이 목요일마다 종로3가의 대각사에서 불광법회를 열고 있다는 사실도 알게 됐다.

1978년 10월쯤일 것이다. 나는 내가 근무했던 원주의 1군사령부 예하 후송병원에서 제대를 하게 됐다. 마침 제대하는 당일이 목요일이어서 나는 법회가 열리는 저녁 시간에 맞추어 개구리복(제대군인들의 군복)을 입고 대각사로 스님을 찾아갔다. 마침 법회의 말미인 법등가족 모임시간이어서 나는 중앙에서 신도들과 환담을 하고 계신 광덕 스님 앞으로 나갈 수 있었다.

"스님! 1군법당에서 스님께 수계를 받은 정오가 여기 왔습니다" 하고 크게 소리치고 스님께 넙죽 절을 하였다. 그랬더니 스님께서는 "형제님 잘 오셨습니다. 우리 함께 열심히 공부해 봅시다"라고 또박또박 말씀하시는 것이었다. 이것이 내가 스님과 대면하여 세 번째로 놀라게 된 사건이었다. 사실 나는 내가 스님께 넙죽 절하고 "제가 왔습니다"라고 하면 스님께서는 "어 그래? 나의 문하에서 잘 수련을 좀 해보시게. 내가 신경을 써줌세." 이렇게 말할 것을 기대했었다. 그런데 "함께 열심히 공부를 해봅시다"라고 하시니 참으로 실망스러운 말씀이었다. 게다가 '형제님'이라니 이건 여기가 뭐 교회인가? 이런 생각도 들었던 것이다. 스님께서는 "믿고 의지하고 스승으로 삼아야 할 것은 불경뿐"이라고 말씀하셨는데, 그때는 그 말도 잘 이해가 되지 않았다.

제대 후에 불광법회 활동을 열심히 했다. 특히 나는 광덕 스님을 그림자처럼 따라다녔다. 졸졸졸 따라다니며 이런저런 질문을 해대서 스님을 괴롭히기 시작했다. 심지어 화장실에까지도 따라갔다. 그 어느 날, 난 나름대로는 심각한 질문이라고 생각하여 스님께 질문을 던졌던 장소도 바로 화장실 안이었다.

"스님, 생로병사라고 하는데, 왜 인간은 고통을 받게 되는 것입니까? 그렇다면 또한 그 고통의 해결 방법은 무엇입니까?" 나는 화장실에까지 따라가 이런 질문을 던졌던 것이다. 스님은 빙그레 웃으시더니 "이병이군" 하시더니 뒤이어 "이병, 즉 네가 병이 났다는 말이야"라고 하셨다. 내가 마음에 병이 들어서 이런 질문을 던지게 된 것이라는 말로 이해를 했다. 스님은 이어서 "고통을 없애려거든 그 고통 속으로 뛰어 들어가라. 고통이라는 것도 사실은 실체가 없어서 그 고통 속으로 뛰어 들어가면 고통은 없어지게 되는 것"이라고 말씀하셨다. 잘 이해가 되지는 않았지만, 위암이라는 신고(辛苦)를 극복하신 큰스님의 말씀이라 그대로 믿고 따라야 한다는 생각뿐이었다.

스님 뒤를 졸졸 따라다니며 스님의 행동을 구속하기 시작하자 원로 신도님들은 나를 극도로 경계하고 미워하기 시작했다. 그러던 어느 날 나는 원로 신도님들께 불려 가서 크게 혼이 났다. 갈매리 보현사에서 철야정진을 하고 스님과의 일문일답도 끝난 시간인데 원로 신도님들 대여섯 분이 나를 보현사 별채의 공방으로 불러들여 일시에 성토를 하셨던 것이다.

정오(이철원)

"자네처럼 모든 신도들이 스님을 졸졸 따라다니면 어떻게 되겠나? 스님은 아무 일도 할 수가 없어. 자네는 보살도도 모르나? 내가 뭔가 성취하고 싶어도 남들에게 먼저 양보하는 미덕이 보살도 아닌가. 앞으로는 자중하게." 대충 이런 꾸지람을 들었다.

그 후로 나는 스님 곁에 가지를 않았다. 먼발치에서만 바라볼 뿐이었다. 아마 스님도 내가 갑자기 가까이 가지를 않자 이상하게 생각했을 법도 하다. 그러나 스님은 멀리서라도 내가 눈에 띄면 그 자애로운 미소를 보이시고 어떤 때는 손짓으로 "네가 거기 있다는 것을 알고 있다"는 신호를 보내오시기도 했다.

4월 초파일을 앞두고 있는 어느 날인가, 나는 잠실의 불광사에 들른 적이 있다. 마침 참배를 위해 보광당에 들어가 보니 보살님들이 보광당 안을 장식할 연등을 달지 못해 곤란해하고 있는 상황이었다. 남자는 나 한 사람뿐이어서 당연히 보광당 안의 연등을 다는 일을 보살님들을 도와서 할 수밖에 없었다. 일을 다 마치고 절을 막 나서려는데 거기 불광사 출입문 옆쪽으로 좀 떨어진 거리에 광덕 스님이 서 계셨다. 만면에 예의 그 자애로운 미소를 띠시고 고개까지 끄덕이시며 손을 흔들어 나를 크게 아낀다는 그런 표시를 하시고 계셨다. 아마도 내가 연등을 혼자서 모두 달았다는 보고를 받으셨던 모양이다. 말씀은 하지 않으셨지만 스님은 온몸으로 "참 고마운 일이다. 일손이 없어서 고생들하고 있는 차에 네가 와서 일을 도왔다 하니 감사한 일이구나." 이렇게 말하고 계신 것 같았다. 지금도 그 자애로운 미소와 머리 동작은 생생하게 기억에 남아 잊을 수 없는 추억이 되었다.

이처럼 자애로운 아버지 같았던 광덕 스님이 돌아가셨다는 부고를 받고 나는 몇 시간인가를 엄청나게 울었다. 따스한 사랑을 받았음에도 그것을 모르고 불효를 저지른 불효자식 같은 심정이 되어 설움이 북받쳐 왔던 때문이다. 더구나 큰스님께서 인생의 노년에 불광사에서 주석(駐錫)하시지 못하고 범어사로 거처를 옮기시는 그 고난을 뻔히 지켜보면서도 전혀 도움이 되지 못했다는 후회와 자책에 괴로워해야만 했다. 나는 사랑을 받기만 했지 그 위대한 스승님을 위해 아무것도 한 것이 없다고 생각하니 지금도 후회막급이요, 죄송한 마음뿐이다.

이제라도 광덕 스님을 현양하는 무슨 일이라도 해야 되지 않을까 하는 생각을 요즈음 들어 부쩍 하게 된다. 광덕 스님께서 가르쳐 주신 그 '마하반야바라밀'의 도리를 널리 현양할 수 있는 일을 꼭 하고야 말겠다는 각오를 여기에 다짐해 두고 싶다.

내가 살아가는 이유

 명륜성(신용숙) | 선학

    1973년 12월 7일 결혼하여 2021년 11월 11일 남편 현도 거사가 임종하기까지 48년간 부처님의 가호지묘력과 자비위신력으로 우리 가족은 즐겁고 행복하게 살았다. 1남 2녀 자녀들이 건강하고 화목하게 자기 맡은 일에 충실하여 평탄하고 행복하게 살아온 세월이었다.

    처음 맞이하는 부산에서의 신정 모임도 긴장되면서도 행복하였다. 아버님은 제사 지내는 법을 알려주셨고 일기장을 선물해 주시며 앞으로 계획성 있게 살아갈 것을 강조하셨다. 식사 후 전 가족이 사진관에서 사진 촬영한 일이 너무나 인상적이었고 흐뭇하고 추억에 남는 일이었다. 매년 이러한 5형제 가족행사가 가족 간의 우애를 한층 돈독하고 화목하게 해주는 촉진제가 되었다. 사진을 보며 가족사의 변천도 한해 한해 실감할 수 있으니.

    나는 미션스쿨을 다녔고 친정도 무교인 관계로 전혀 와닿지 않던 종교인 불교가 시어머님의 전법으로 와닿아 불광법회에 다니게 된 것은 너무 감사하고 기적 같은 일이다. 서울에 오시면 매일 새벽 4시에 백팔배로 정성스럽게 기도 올리시는 모습에 어머님의 기도가 헛되지 않기를 바라는 마음으로 불광사 새벽기도도 정말 열심히 다녔다. 환희심으로 꽉 찬 그때 그 시절의 초발심이 그립다. 우리 집 거사님도 광덕 큰스님 친견 후에 가피를 받아 수계식도 받고 현도라는 법명도 받게 되었다. 일요법회에 열심히 동참하더니 가일층 정진하여 회사 생활 틈틈이 열심히 연습하여 세종문화회관에서 열린 보현행원송 공연무대에도 참가하였다.

행복이란 먼 데 있는 것이 아니고 바로 내 옆에 항상 상존하고 있다는 사실을 절감하였다. 현도 거사는 정말 열심히 큰스님 말씀대로 수행정진하였다. 고등학교 동참 모임에서 선우회 불교모임 회장도 맡아 전법에 충실하였다. 항상 겸손하고 상대방을 배려하는 마음, 너그러운 마음으로 대인관계가 부드럽고 원만해 그를 싫어하는 사람이 없을 정도였다. 근면, 성실, 지혜로움으로 회사 다닐 때도 중요한 직책을 맡아 환경 기술 분야를 업그레이드시킨 보배 같은 위치에 있었다. 만능 스포츠맨이었으며, 야구와 테니스 선수였고 등산도 즐겨 했다. 부모님에게 효성이 지극했고 형제간에도 우애가 깊었으며 주위를 살필 줄 아는 아량과 분명한 판단력을 가지고 산 훌륭한 남편이자 아버지였다.

매일 아침 반야심경을 사경하며 임종하는 날에도 반야심경을 열심히 온 힘을 다해 써 내려갔다. 반야심경 사경 공덕은 이루 말할 수 없다고 생각한다. 부처님 가피로, 승진하게 될 때는 금수저를 주시는 선몽을 하셨다. 부처님 사리 친견 후 온몸에서 온갖 불순물이 흘러나오는 기이한 현상을 보이셨다. 아이들 결혼식 전날 집안 가득 온갖 꽃들이 활짝 피어 아름다운 향을 뿜어내는 휘황찬란한 모습 등은 부처님의 가피라고 말하지 않을 수가 없다.

임종하는 날 아침에도 간단히 단호박죽을 먹고 의식이 또렷하여 아들딸의 별명도 지어주고 안방에 다 같이 누워서 서로 위로 격려했다. 지장경과 금강경을 들으며 한 편의 연극을 연출하듯이….

119구급대의 사이렌 소리가 나의 가슴에 비수처럼 꽂힌다.

조선 영조 때의 문인 김매순은 그의 대산집(臺山集)에서 "사람이 천지간에 산다는 게 군집하는 하나의 사물에 불과할 뿐이다. 홀연히 모였다가 홀연히 흩어진다. 소리낸 것이 말이 되고 흔적을 남긴 것이 글이 되지만 금방 노쇠하여 적막하게 사라지고 만다. 새와 짐승이 울고 구름과 안개가 변해 사라지는 것과 무슨 차이가 있으리오?"라고 하였다. 생사일여이며 모든 것이 이슬과도 같고 번개와도 같고 물거품같이 일어났다 사라짐이 생멸의 법칙임을 다시 한 번 홀연히 느낀다. 사람이 욕심을 내려놓고 만족하고 살면 큰 불만이 없겠으나 이 과욕이란 것이 중생을 얼마나 탐욕스럽게 하는지 다시 한 번 참회 기도를 올린다.

알몸으로 태어나서 빈손으로 다시 돌아가는 그 생에 어떤 탐·진·치가 끼어들 틈이 있는가? 사는 동안 모든 사람들에게 항상 베풀고 봉사하는 마음으로 살아갈 것을 다짐한다. 그동안 살아오면서 보현행원을 실천하고 노력하였으나 수행이 아직 덜 된 까닭으로 조절이 잘 되지 않았다. 남의 허물은 보지도 말며 나쁜 소리는 더구나 하지 않고 한번 생각해 본 다음 상대방이 기분 나쁘지 않게 항상 말조심을 하며 그 당시 기분으로 이야기하지 말 것을 명심하여야 하겠다. 상대방을 확실히 안다고 한 그 순간에도 그 상대방은 자기 앞에서 변하고 있다는 엄연한 사실을 항상 인정한다.

자식들에게도 항상 가슴속에 너를 생각하고 있다는 사실을 주지시켜 주고 필요에 의해서 챙기고 마음대로 하는 귀찮은 존재가 아니라 부처님 무량공덕 생명임을 항상 잊지 않겠다. 현재에 충실하고 집중하며 상대방을 의식하지 않고 자신감을 가지고 무소의 뿔처럼 앞으로 전진해 나가리라 다짐한다. 이 세상에 태어난 이상 죽음을 기억하며 지금 이 순간을 살아가야겠다. 묵빈대처하는 마음으로 살아야 한다. 마음을 거듭 안으로 돌이키며 즉각 대응할 것이 아니라 본래 마음을 유지하면 모든 것이 즉각 풀리고 이 세상이 훨씬 조용해지며 나 자신이 떳떳하고 당당해지게 된다는 사실을 항상 명심하고 살아야 함을 다짐한다.

내 생명 부처님 무량공덕생명 용맹정진하여 바라밀 국토 성취한다.

내 생명 부처님 무량공덕 생명

 묘덕화(김정임) | 보살

만 생명의 근원이신 자비로운 부처님 감사드립니다. 법성 광명으로 감로의 법문을 베풀어 주시는 부처님 참으로 고맙습니다. 스스로 광명의 태양을 등지고, 어둠 속에서 방황하고 헤매고 있는 저희에게 바른 불법을 가르쳐 주시어 진심으로 감사를 드립니다. 이웃과 함께 한마음으로 정진하며 부처님의 크신 은혜 갚아지이다.

아침에 눈을 뜨면 이렇게 기도로 하루를 시작합니다. 2년 전쯤에 인왕수 보살님의 배려로 노흘 스님을 전화로 뵙게 되었습니다. 바른 기도 방법을 가르쳐주셔서 덕분에 매일 기도를 열심히 하려고 노력하고 있습니다. 특히 '다생부모 왕생정토진언'을 정성껏 날마다 염송하면서 지심 참회를 하고 있습니다.

저는 태어나는 그 순간부터 부모님을 실망하게 했습니다. 부모님은 아들이기를 간절히 원하셨는데 딸이 태어났으니 얼마나 서운하셨겠습니까? 저는 세상에 태어나는 날부터 아프기 시작했답니다. 머리에 부스럼으로 4년을 누워서 앓았답니다. 네 살이 되어서야 겨우 걸음마를 배웠는데 똑바로 서지 못하고 자꾸만 넘어져서 한의원으로 갔더니 일주일만 침을 맞으면 고칠 수 있다고 하셨답니다. 나흘을 침 맞고 닷새째 날에 갔는데 의원님이 다른 곳으로 가셨답니다. 7일을 맞아야 했는데 사흘만 침을 맞은 저는 많이 불편했습니다. 학교에 다닐 때는 글씨도 잘 못 쓰고 노래도 못하고 달리기는 꿈도 못 꾸고, 자라면서 저는 날마다 힘들고 괴로워서 그냥 죽고만 싶었습니다. 친구들에게 다리 병신이라고 놀림을 당하는 날은 엄마한테 왜 나를 낳으셨냐고 왜 죽게 두지, 살려서 이런 수모를 받게 하느냐고 소리를 지르며 울고 또 울었습니다. 아버지는 아들 낳을 생각뿐이셨고, 어머니는 삯바느질로 지내는 가난 때문에 저는 중학교 3학년 때 수업료를 못 내서 제적을 당했습니다. 삼 년 동안 혼자 독학으로 공부해서 공무원 시험을 봤고 합격해서 마침내 괴산 우체국에 근무하게 되었습니다.

저는 초등학교 6학년 때부터 한 가지 간절한 소원이 있었습니다. 종교가 무엇인지도 몰랐는데 다시는 이 세상에 태어나지 않기를 간절히 원했습니다. 미인, 박사, 부자, 장자로도 다 싫었습니다. 날마다 서러웠고 괴로웠고 고통스러웠습니다. 저에게 삶의 무게가 너무도 무거웠고 힘겨웠습니다. 28살 때 결혼하고 아들과 두 딸을 낳아서 키우면서 앞만 보면서 살려고 무던히 노력했지만 병이 들었습니다. 위가 몹시 아파서 밥을 먹을 수 없어 일 년 넘게 고생하다 1979년 6월 세브란스 병원 흉부외과에서 X레이 검사를 해보니 수술해야 한다고 하셨는데 그 말씀을 듣고 저는 하염없이 울었습니다. 인턴 선생님들이 달래면서 조성구 박사님을 모셔 왔습니다. 조성구 박사님은 저를 보시며 아주머니는 기적을 이루신 분이신데 왜 우시느냐고 하셨습니다. "제가 무슨 기적을요?" 하고 물었습니다.

첫째 지금까지 살아 계신 것, 둘째 세 아이를 낳으신 것, 그리고 세 번째는 세 아이를 모유로 키우신 것. 왜냐하면 아주머니는 심장이 너무 작습니다. 갓난아이의 심장만 하다면서 의학으로는 이해가 안 된다고 하셨습니다. 저는 항상 숨이 차서 입을 다물고는 일 분을 있기도 어려웠는데 그렇게 숨이 찬 이유를 그날 처음 알게 되었습니다.

전생에 얼마나 나쁜 짓을 많이 했는지 몇 년 후 또다시 병마가 왔습니다. 강남 성모병원에 갔는데 뇌출혈이었습니다. 식물인간이 되면 누가 간병하고 애들은 어떻게 하나 걱정하면서 수술을 안 하고 그냥 집으로 왔습니다. 머리에 바윗덩어리를 옮겨 놓은 듯이 수백 개의 바늘로 마구 찌르는 듯한 통증에 몹시 아팠습니다. 최상자 보살님이 오셔서 기도도 해주시고 찬불가도 불러 주셨습니다. 항상 여러모로 저를 도와주시던 유민자 보살님의 따뜻한 배려로 참고 견디며 지내다가 불광사를 찾았습니다. 아들이 저를 업고 친정어머니와 두 딸이 양쪽 다리를 붙들고 힘겹게 힘겹게 불광사를 찾았습니다. 큰스님 광덕 대선사님도 뵈었습니다. 자주는 못 갔지만 큰스님의 감로 법문은 저에게 약이 되기도 하고, 힘이 되기도 하고, 아픔이 되어 울 때도 있었습니다. 1987년 이른 봄날 새벽기도를 드리고 집에 가는데 추웠습니다. 추운 날씨였지만 오른쪽 다리가 따뜻했습니다. 평생 어쩔 수 없는 영원한 고통의 다린 줄 알았는데 따뜻해졌습니다. 너무 신기했고 기뻤습니다. 그래서 만져보고 또 만져보고 그랬습니다. 며칠 후 하던 일은 빨리 마무리하고 절에 가려고 서두르다가 오른손 검지손가락을 다쳤습니다. 병원 가서 깁스하고서 절에 도착해 큰스님을 뵈었습니다. 정상적으로 된 것뿐인데 무엇이 달라졌다고 좋아하다가 기어코 손을 다쳤느냐고 호되게 꾸중하셨습니다.

21년 10월 10일(음력 9월 15일)
　노흘 스님께서 오늘은 보름날, 밝은 달님께 감사의 기도를 하라고 하셨습니다. 11시쯤 창문을 열고 보니 달님이 참 밝았습니다. 그야말로 청아한 달밤이었습니다. 노흘 스님의 말씀대로 달님께 절을 하고 마음 모아 기도를 했습니다. 그리고 곧바로 잠자리에 들었습니다. 다음 날 아침 새로운 기적이 저를 찾아주었습니다. 평생 숨이 차서 힘들어했었는데 숨이 안 차고 편안해졌습니다. 입을 꼭 다물고는 1분도 견디기 어려웠는데 입을 다물고 한참을 있어도 괜찮았습니다. 기도를 하면서 물을 한입 가득 물고 신묘장구대다라니를 여러 번 읽어도 괜찮았습니다. 광덕 큰스님께서 보셨으면 정상적으로 된 것뿐 달라진 것은 없다고 하셨겠지만, 저는 지금 너무 좋고 정말 정말 기쁩니다. 고맙고 또 고맙고 모두 다 고마웠습니다. 그토록 원망했던 부모님이 고마웠고, 저의 남편까지도(남편은 33년을 공무원으로 근무했지만, 항상 봉급의 절반만을 가져왔습니다.) 고마웠습니다. 그분들이 아니었다면 제가 어찌 최상의 불법을 만날 수 있었겠습니까? 저를 키워주신 자비로운 보살님들입니다. 거듭거듭 감사를 드립니다. 돌이켜 보면 무척이나 힘겨운 삶이었지만, 그 많은 시련이 저를 이 자리로 이끌어 준 징검다리였습니다. 한없이 어리석은 제가 제 그림자에 묻혀 있으면서 어둡다고 깜깜하다고 답답하다고 방황하며 허둥대었습니다.

이제 지지리도 못난 김정임이가 묘덕화로 돌아왔을 뿐입니다. 특별히 달라진 것은 없습니다. 밝은 태양 아래 어디에도 어둠은 없습니다. 길가에 꽃들이 말없이 아름다움을 보여주고 새들도 하나같이 예쁘게 노래하는 여기는 극락이고 날마다 축복의 날들입니다. 작은 도랑물이 모여 시냇물이 되고 시냇물이 모여 모여서 강물이 되고 강물이 흐르고 또 흘러서 마침내 바다가 됩니다.

이 기쁜 마음으로 열심히 수행 정진에 매진하겠습니다.

저의 생명의 근원이신 부처님 감사합니다.
저를 진리로 키워주시는 부처님 감사합니다.
저의 건강과 자비 용기 모두를 이뤄주시는 부처님 감사합니다.

나무 마하반야바라밀.

강동 6구 탄생

 법계성(남정희) | 선학

　불기 2537년(1993년) 그때도 어느 한 스님의 일탈로 불광법회가 술렁술렁했다.
　일부 형제들은 다른 사찰로 떠나고, 법등 식구들은 뿔뿔이 흩어지고, 소문만 무성한 혼돈의 법회가 되고 말았다. 대종사이신 광덕 큰스님의 간절한 염원에도 불구하고 구법회 숫자는 줄어들고. 법우들 간의 오해가 생겨 갈등의 골이 깊어져만 갔다. 그때 정혜 지오 스님께서 사태를 수습하기에 이르렀다. 법회 후 임원회의가 열리고 형제들의 불편한 사항도 점검하시고 법등도 가까운 지역으로 이동하라 하셨고 불광을 안정시키기 위한 바쁜 일상을 이어 가셨다.
　나는 그 당시 강동구에 살면서 성동구법회 소속이었는데 강동구 거주하시던 보살님 몇 명과 함께 지오 스님의 지침에 따라 가까운 지역구 법회로 이동하게 되었다. 강동구의 다른 구에 속했지만 그것마저 만만치 않았고, 있던 구들이 없어지는 상황이 계속 이어지는 바람에 불광법회의 상징인 구법회를 잃어버릴 위기에 처해 있었다. 우리는 구법회 소속이 없어서 절박했다. 그 후 몇 명 보살님들과 함께 강동구에서 창구(구법회 창설)하기로 하고 강동5구까지 있는 강동구에서 강동6구로 창구하기 위해, 지오 스님을 찾아뵙고 간청을 드렸지만 인원이 너무 적어서 어려움이 생겼다. 몇 번이고 지오 스님께 간청을 드렸더니 저에게 숙제를 주시며 스님께서는 최소 법등 3개를 만들어 오면 강동6구를 허락하시겠다고 엄중히 말씀하셨다.

저는 기쁘기도 하였지만 걱정이 태산 같았다.

그때부터 형제들과 상의하여 법등 식구를 늘려서 3개 법등으로 만들어서 구를 만들어 보자는 원을 세우고, 구법회 인원을 늘리기 위해 우선 가장 가깝지만 가장 어려운 가족 포교인 남편들부터 전법 하기로 했다. 사회생활로 바쁜 남편들을 전법하여 법당으로 인도하기까지도 쉽지는 않았다. 가정에서도 남편을 전법하기 위하여 일과기도와 함께 불자다운 행동과 면모를 충실하게 보여주며 그렇게 공을 들여 많은 시간을 노력한 결과, 모두 남편들 전법에 성공하여, 구 임원 4명과 1, 2, 3 법등 임원 12명, 해서 모두 16분이 되어, 드디어 지오 스님께 영광스러운 강동6구로 창구를 허락받고 그 이듬해인 1994년(불기 2538) 7월 31일 강동6구가 탄생하였다. 우리 구는 모두가 임원만 있었고, 구 식구 인원을 늘리기 위해 부모님 형제, 자매, 친지, 직장동료 선·후배 등등에서 전법을 열심히 하였다. 새 법우가 생기면 남편과 함께 일과기도와 가정모임 기도를 다달이 빠짐없이 형제들 댁으로 돌아가며 성실히 하며 불광법회에 정착하도록 했다. 광덕 스님의 위없는 높은 법문을 들을 수 있고 부처님께 귀의할 수 있도록 많은 노력을 하였다. 그 후 강동 6구는 부부 법등이라는 명칭도 붙으며 열심히 신행 활동을 하게 되면서 법등 가족이 되었다. 그 형제들은 다 같이 속세에서 불자들이 지켜야 할 계율 5계도 받았다. 지금은 4개 법등으로 법등 식구는 몇 배로 불어나 일요법회에 참석하고 있다. 보살님들은 큰스님의 가르침에 따라 구를 소중하게 생각하고 흐트러지지 않게 구를 위하며 명등 보살님을 돕는다. 명등 보살님의 공지에 즉각 행동으로 실천하는 건강한 강동6구 보살님들이다. 각 단체팀에서 열심히 봉사하시는 선학 보살님들과 회장단 명문부회장님, 심월행 보문부팀장님, 합창단원, 사무국봉사, 1인 시위 등 각 처처에서 불광정상화를 위해 많은 수고를 하고 계시는 강동 6구가 자랑스럽다.

금하 광덕 스님이 창립하신 불광법회 50주년.
승·속과의 갈등으로 아픔은 겪고 있지만 은사 스님의 뜻에 따라 재정투명화가 이루어져 합리적인 사찰운영으로 한국 불교의 위상을 드높이리라 믿는다. 이렇게 보현행원을 실천하시는 보살님들이 계시는 한 불광 정상화는 꼭 이루어질 것이며 불광법회는 영원히 빛날 것이다.

마하반야바라밀!
정혜 지오 큰스님 열반일에 돌이켜보며….

뚜벅뚜벅 걸어가노라면

 명여성(이경숙) | 전 마하

 2월을 닫고 3월이 열렸다. 달력에는 땅 밑에서 물관을 끌어올리는 나무가 그려져 있다. 겨우내 추위를 견뎌내고 생장을 이어오던 나무가 새잎을 틔우고 가지를 뻗을 거란 희망을 준다. 비가 내리고 꽃샘바람이 불고 계절은 앞당겨 봄을 선물한다. 산수유, 개나리는 봄, 하고 입술을 내밀고 목련이 활짝 웃음꽃을 피웠다. 거대한 몸집을 자랑하는 왕벚나무는 꽃망울을 튀겨낸 듯 가지마다 팝콘 같은 꽃을 달았다. 햇살이 블라인드를 열고 얼굴을 들이민다.

 내가 사는/ 골방에 / 햇살 한 줌 / 찾아와 / 발을 / 담그면 //
 모서리에 웅크린 / 검은 고양이 방을 빠져나가네 //
 나는 빈 그릇 가져와 / 햇살 한 줌 주워 담는다
  (졸시 「햇살 한 줌」 전문)

 한 알의 씨앗이 토양, 공기, 햇빛, 빗물을 만나 성장해서 꽃을 피우고 열매를 맺는다. 우리의 마음 밭에 뿌려진 씨앗이 싹이 트고 뿌리를 내린다. 점점 자라나서 꽃을 피우기까지 숱한 시행착오를 겪으며 끊임없이 노력해야 할 것이다. 또한 어떤 인연을 만나느냐에 따라서 삶의 모습이 변하고 달라진다. 자기가 세운 목표에 어긋나거나 도달하지 못했을 때 참담함을 느끼거나 실망하고 좌절한다. 무엇이 어떻게 잘못되었는지 되돌아보고 참회하고, 부처님을 향해서 기도를 한다.

"불교에 있어 기도란 부처님의 크신 위신력이 나와 함께 있어서 나를 통해 크신 위신력이 넘쳐나도록 하는 것입니다"('불기 2567년 3월 달력'에서)
광덕 큰스님의 어록을 읊조린다.

'놓아라'

1990년대 초 용인에 있는 관음사 점안식에 큰스님이 오셨다. 법좌에 오르신 큰스님께서는 우렁찬 목소리로 '놓아라'라는 말씀을 세 번 하셨다. 병약하신 모습과는 달리 목소리엔 힘이 있었고 떨림이 있었다. 나는 온몸에 소름이 돋았다. 그때의 감동은 오랫동안 기억의 창고에 저장하였다. 가끔 꺼내 볼 때마다 큰스님의 모습이 떠오르고 마음의 파동을 느꼈다.

물어물어 처음 불광법회에 온 날이 3월 호법 날이었다. 혜담 스님께서 법문을 하셨다. 대중들이 경청하는 모습이 경건해 보였다. 법회 말미에 보살님들이 서로 마주 보며 '마하반야바라밀. 보현행원으로 보리 이루리'라고 인사를 했다. 처음 듣는 인사였고 생소했다. 그 인사말이 화두처럼 지금까지 나를 끌고 다닌다.

명여성(이경숙)

그날 호법 발원을 하고 고유번호가 달린 염주를 받았다. 며칠 뒤 신기한 꿈을 꾸었다. 5층 대웅전에서 사자가 튀어나와서 쫓아오고 있었다. 사자에게 잡히지 않으려고 있는 힘을 다해서 뛰었다. 돌아보면 머리털을 휘날리며 사자도 필사적으로 달려오고 있었다. 대웅전 주위를 몇 바퀴를 돌았는지 모른다. 헐떡거리다 깨어보니 꿈이었다. 온몸에서는 땀이 나고 가슴이 두근거렸다. 꿈이 얼마나 생생한지 지금도 선명하다. 기이한 일이라 누구에게 말도 못하고 한참 지나서야 꿈의 의미를 알 것 같았다.

문수보살님은 사자를 타고 앉았고 보현보살님은 코끼리를 타고 앉은 석상을 보고 조금 의문이 풀렸다. 보현보살님은 행원을 상징하고 문수보살님은 지혜를 상징한다는 말씀을 들었다. 아이들이 학생이라 공부를 잘했으면 하는 마음에 지혜를 발원하며 기도하였다. 그런 내 발원이 이루어지는 것일까, 그렇다면 좋은 일이고 문수보살님의 보살핌이 있을 거란 믿음이 생겼다.

바로 입문교육을 신청하였다. 지도 스님은 지환 스님이었다. 스님께서는 매일 '보현행자의 서원'을 수지 독송하고 '금강경 사구게'를 일곱 번 쓰라고 숙제를 내주셨다. 나와 같은 초심자들은 스님의 한 말씀 한 말씀을 귀담아듣고 눈빛이 반짝거렸다.

불교의 궁극 목적은 이고득락(離苦得樂)이라고 했다. 거기까지 가려면 사성제, 즉 고성제, 집성제, 멸성제, 도성제의 과정을 거쳐야 하며 이는 부처님이 처음 깨달으신 진리라고 했다.

사성제의 수행을 하려면 팔정도의 수행을 해야만 한다.

팔정도는 정견, 정사유, 정어, 정업, 정명, 정정진, 정념, 정정을 말한다. 이는 불자로서 지켜야 할 생활 규범이고 일반인도 지켜 나가야 할 지침이라고 생각했다. 이렇게만 한다면 세상이 덜 시끄럽고 평화로운 세상이 될 것이다. 선인 선과, 악인 악과, 인연과 과보에 대해서도 일깨워주는 대목이다. 깨달음은 어디 먼 데 있는 것이 아니라 우리의 생활 속에 스며있는 것이다. 사물을 바라볼 때 어디 한 쪽에 치우치지 않고 바르게 보고 바른 견해를 갖는 것이 중도이고 지혜이다. 그렇다면 바르게 생활하려고 노력하는 것이 불자가 지향해 가야 할 목표라고 생각했다.

당시에는 지장재일 전날과 관음재일 전날 철야기도를 했다. 지장재일 철야기도 때에는 즘부다라니를 독송하고 관음재일 철야기도 때에는 신묘장구대다라니에 주력했다. 즘부다라니는 발음이 어려워 입에 잘 붙지 않았다. 밤새 염불하고 나서 새벽 예불까지 하면 날은 훤히 밝아오고 있었다. 기도 공덕으로 우리 식구가 무탈하기를 기원했다. 그때 떠오르는 태양을 바라보는 순간이 좋았다. 내 마음이 환하게 밝아지는 것을 느꼈다.

'한 송이 국화꽃을 피우기 위해서는 봄부터 소쩍새는 그렇게 울었나 보다'는 서정주 시인의 시가 가슴에 와닿는다. 절묘하다.

그해 초겨울 수계법회에서 오계를 받고 명여성(明如惺)이라는 법명을 받았다. 불가(佛家)의 호적에 출생 신고한 날이다. 보살님들의 축하와 격려, 응원에 힘이 났다. 가슴에 안겨주는 꽃다발에서 향내가 났다. 내 법명이 멋지다고 생각했다.

몽중가피(夢中加被)를 입다

"…… 불법은 한 번 마음에 씨를 내리면 결코 썩지않고 있다가 반드시 싹을 틔웁니다. 들을 때는 별다른 감동이 없다가도 언젠가 그 연이 숙(熟)하면 다시 고개를 들고 일어나서 허망한 온갖 것을 불태우고 한 물건도 없는 청정계로 자기를 이끄는 구실을 하는 때도 있습니다. 어떤 경우에는 앞의 사례처럼 몽중에 문제를 풀기도 하고, 옛 스님 중에는 오래전 들었던 법문이 별안간 떠올라 꿈에서도 깨어나 계속 의심을 해서 마침내 도를 깨치셨다는 분도 계십니다"
-(광덕 스님 전집 제2권 법어편 1980년 법어 중에서)

봉은사 법왕루에서 무비 스님의 번역본 화엄경 입법계품을 공부하는 첫날이다. 앞에는 스님들이 계셨고 스님 뒤로 재가자들이 앉았다. 스님들과 한 공간에서 같은 교재로 공부하는 일은 처음 겪는 일이라 마음이 설렜다. 그런데 이 장면은 몇 달 전에 어디서 본 보습이 아니었던가, 화엄경을 공부하며 리포트를 쓰다 잠든 때가 있었다. 그때 꿈속에서 보았던 광경이 눈앞에 펼쳐져 있었다.

…… 흰옷 입은 비구들이 금빛 의자를 밀고 있어요. 뒷모습만 보여요. 오색구름이 뭉게뭉게 피어나는 구름 속으로 수레가 미끄러지듯 가고 있어요. 따라가 보니 안개꽃이 피었어요. 풀밭에서는 사슴과 캥거루가 뛰어놀고 이어달리기를 하는 듯, 한 줄로 달려가는 풍경이 동화의 나라로 들어간 것 같아요.

"어머니 여기가 어디예요?"
여기는 우주의 한가운데이고 낙원이라고 말했어요. 그동안 어머니가 보고 싶다고 얘기했어요. 보고 싶으면 언제든지 볼 수 있고 생각하는 대로 이루어진다고 말했어요. ……
"얘야 모든 것은 꿈이며 물거품[幻]이며 그림자와 같으니라"
홀연히 사라지는 어머니, 빛의 세상으로 어머니의 하얀 치마폭이 빨려 들어갔어요.
(졸시 '양자물리학' 일부분)

월·화·수·목요일 나흘을 공부하여 매일매일이 바쁘게 지나갔다. 법사 스님은 해인사 강주를 하셨던 각성 스님이었다. 모든 경전에 통달하시고 해박하셨다. 누구나 이해하기 쉽게 말씀하셔서 몰입하면서 들었다. 나로서는 동참하는 것만으로도 큰 복이었다.

입법계품은 선재동자가 53명의 선지식을 찾아다니고 마지막으로 보현보살을 만나 보현보살의 십대원을 듣는다. 우리도 선재동자가 되어 선지식을 만나 법을 구하고 보현보살의 행원을 실천하는 보현행자의 모습으로 살아가야 함을 일깨워주는 대목이다.

옛 어른 스님들의 일화나 원효 스님의 기이한 행적, 요석공주와의 이야기는 매우 인간적이기도 하다. 중국에서 공부하신 의상 스님의 일화도 범상치 않다. 법성게가 탄생하게 된 유래를 들었고, 영주 부석사를 창건하신 이야기와 선묘낭자의 설화 같은 이야기도 흥미로웠다.

큰스님 입적하신 것도 몰랐다. 50일 기도 회향하는 날이라 절에 가야 한다고 일찍 서둘렀다. 마침 전날 이모 집에서 잠을 잤다. 우리 구가 영단에 제물을 올리는 날이라 아침 먹고 가라는 이모의 만류에도 서둘러 나왔다. 집에 와서 큰스님 돌아가셨다는 딸의 얘기를 듣고 깜짝 놀랐다. 믿어지지 않았다. 불교방송 뉴스에서 소식을 들었다. 절에 와서 국화에 둘러싸인 영정을 보고 눈물이 났다. 밤을 지새운 보살님들은 눈이 퉁퉁 부어 있었다. 불광사의 분위기는 매우 침통했다. 편찮으시더라도 오래오래 불광을 지켜주실 줄 알았던 신도들에게는 청천벽력과 같은 일이다.

새벽에 꾼 꿈도 매우 신기했다.

> 본가에 갔었네 / 들에도 장독 위에도 / 눈이 하얗게 쌓였네 //
> 눈에 덮인 평상 위에 / 어머님이 홀로 앉아 있었네 / 하얀 소복을 입고 // 눈길도 주지 않고 / 아무 말이 없었네 //
> (졸시 '소복' 전문)

> …… / 무명에서 헤매는 중생을 / 일으켜 부축하고 / 앞서가는 큰스님 / 그 뒤를 따라가리다 / 빛으로 돌아오소서! //
> (졸시 '뒷모습' 일부분)

배움의 길

불광법회에서는 주마다 다른 스님과 법사님이 오셨다. 무진장 스님께서는 부처님의 팔만사천법문이 방편으로 이루어졌다는 말씀을 자주 하셨다. 유마경을 법문해주신 스님, 정병조 교수가 주기적으로 법문을 했다. 호법 법회에 혜담 스님께서는 마하반야바라밀 법문을 하셨고 한탑 스님께서는 마하반야바라밀 염송을 강조하였다.

법문을 듣기 위해서 법회에 빠지지 않았고 교육을 받기 위해 동산불교대학과 불광대학에 병행해서 동참했다. 저마다 경전이 최고라는 말씀에 의문이 들고 공부에 몰두하고 싶었다. 자꾸 잡념이 들고 정신이 도망가는 것을 차단하기 위해서였다.

같이 공부하는 거사님이 헷갈리지 않느냐고 물었다. 어느 부분을 들어도 부처님의 말씀이라 중복되는 부분은 복습이 된다고 말했다. 모든 경전이 하나로 통했다. 그때 공부를 가장 열심히 했다. 책을 읽거나 리포트를 쓸 때 꿈속에서 옆에 스님이 앉아계셨다. 부처님께서 나를 지켜주신다는 믿음이 들었고 불보살님이 응원해주신다는 생각이 들었다.

어떤 도반은 바쁜 중에도 겨우 짬을 내어 공부하러 오는 분이 있었다. 그 열의가 대단해서 경의를 표하고 싶었다. 현직에서 물러나면 포교당을 하고 싶다고 말했다.

새싹이 가랑비를 맞으며 자라는 모습을 보듯이 조금씩 성장해가는 느낌이 들었다. 사물을 바라보는 눈높이가 깊어지고 넓어지는 것을 인식했다. 성지 순례를 하면서 가람의 배치를 눈여겨보았다. 고찰을 가보면 절 앞에 개울이 있었다. 대부분 다리를 건너가게 되어 있다. 이는 몸과 마음을 씻으라는 의미라고 생각했다. 불광사는 도심에 있지만 옆에 석촌호수가 있어 가람 배치에 걸맞을 수도 있다는 생각이 들었다.

세심정을 지나 일주문, 문지기 사천왕이 있는 계단을 올라가면 탑이 있고 문수전, 관음전, 지장전 그리고 끝에는 대웅전이나 대적광전, 대웅보전 등이 있다. 화엄 세계를 보는 것 같았다. 한 계단한 계단 올라가는 것이 깨달음을 향해가는 길이라고 생각한다. 가람을 한 바퀴 도는 것만으로도 공부요, 수행이라는 생각에 성지 순례를 자주 하게 되었고 사찰이 내포하고 있는 의미를 듣고 찾아보는 재미도 좋았다.

　불광사 유치원 교실에는 화락천, 도솔천, 타화자재천 등으로 명패를 달았던 것으로 기억한다. 큰스님께서는 불광사·불광법회의 가람을 화엄세계로 생각하셨던 것 같았다.

　20여 년 전 불광사에서 열 가지 수행에 관해서 수업을 진행한 적이 있었다. 주력, 절, 기도, 참선, 사경 등 그 방면에서 정진한 스님을 모시고 공부했다. 그중 이백 분 부처님의 명호를 부르면서 부처님의 명호를 쓰면서 절을 하는 과정을 수업 시간에 진행했다. 그때 지도한 분이 직지사 스님이었다. 나는 절을 두 번 하였다. 왠지 그러고 싶었다. 그렇게 하고 나니 온몸이 땀으로 젖어 있었다. 버스를 타고 집에 가는데 창밖에 보이는 사람들이 다 부처님으로 보였다. 내가 공경해야 할 대상으로 보였고 섬겨야 할 분으로 보였다. 마음이 너무 기쁘고 행복했다. 그런 기분은 처음 느껴보는 기분이고 일주일간 지속되었다. 스님들께서 행복하다고 하실 때마다 무엇이 그리 행복할까라는 생각이 들었는데 그때의 내 마음은 아주 기쁘고 행복했다.

　악몽에 시달릴 때마다 마하반야바라밀을 불렀다. 잠이 깨고 나서도 '마하반야바라밀'을 크게 염송하고 있었는데 악몽은 사라지고 마음이 평온해졌다.

　딸의 혼사를 앞두고 한동안 놓아버린 금강경 사경을 시작했다. 경에서는 무아를 강조한다. 경중에 '어떤 사람이 사람들에게 업신여김을 당하게 되더라도 선세 죄업으로 악도에 떨어질 것이나 사람들에게 업신여김으로 마땅히 아뇩다라삼먁삼보리를 깨닫게 된다'

는 구절이 좋았다. 용기를 북돋아 주는 구절이다. 딸의 혼사가 무탈하게 이루어지고 순탄하게 살아가기를 바라는 마음이었다. 열심히 사경을 하였다.

그 공덕이었을까, 내 마음에서 물질에 대한 집착이 없어졌음을 느꼈다. 딸이 시댁에 인사하고 다녀온 후 두툼한 봉투를 받아 왔다. 패물이나 명품 가방과 구두, 옷과 화장품 등 새것을 장만하라는 말을 전했다. 안사돈께서는 엄마와 같이 편하게 다니라고 배려해준 마음이었다. 딸이 받아 온 돈을 돌려드리자고 제안했다. 딸과 사위는 아쉬워했다. 지금까지 키워주고 공부시켜준 은혜만으로 충분하다. 부모님의 노후 자금으로 드리고, 생일이나 결혼, 기념일에 선물을 주고받는 것이 더 의미가 있다고 설득했다. 반은 수용하고 반은 자기들 의사대로 한 것으로 기억한다. 아마 지금 그 상황이라도 그때와 똑같은 마음으로 같은 말을 했을 것이다. 후에 안사돈께 왜 그랬느냐는 질문을 받았다.

무소유란 소유를 안 하는 것이 아니라 불필요한 물건을 소유하지 않는 일이다.

딸은 교직에 있으면서 불광사 어린이법회 연꽃교사를 하고 있었다. 사위는 착하고 성실한 청년이었다. 결혼하고 첫아이 낳기 전까지 연꽃 교사로 봉사했다. 부처님의 가피가 아닐 수 없다.

수행과 봉사

불광법회의 불자들은 여러 곳에서 봉사했다. 소방서나 병원, 요양원에서 궂은일도 솔선수범으로 했다. 책을 좋아하는 나는 도서실 사서로 일했다. 도서실엔 큰스님의 손때가 묻은 경전이 빼곡했다. 그 앞에 서면 마음이 숙연해졌다. 법문 테이프도 있고 법정 스님, 성철 스님의 책, 여러 교수들의 경전 해설서와 수필 등이 있다. 많은 책을 접할 수 있었고 책을 좋아하는 불자들과 법담하는 기회를 가질 수 있었다. 좋은 시설과 보물 같은 책들이 있었지만 이용하는 분들이 그렇게 많지 않았다. 생각보다 불자들이 책을 별로 안 읽는다는 생각이 들었다.

불교대학원 졸업할 즈음 원장 스님은 졸업 후에 어떻게 대중에게 회향할 것인지에 대해 과제를 내주었다.

우리 팀은 안내 봉사를 할 것을 기획했다. 사중에서 해야 하기 때문에 주지 스님께 기안서를 올렸다. 지종 스님께서는 왜 그런 일을 해야 하는지에 관해서 물으셨다. 절에 처음 오는 분이나 법도에 대해서 모르는 분들에게 길잡이가 되면 좋겠다는 말씀을 드렸다. 스님께서 바로 부스를 마련해주셨다.

대개 절에 처음 오는 분들은 무언가 절실함이 있어서 찾아오는 분이 많았다. 집안에 어려운 일을 겪거나 해결하기 힘든 부분을 안고 오는 분이 있었다. 때로는 무속인에게 물어보듯 스님들께 물으러 오는 분도 있었다. 안내팀 보살님들은 불교대학원 과정을 마치고 오랫동안 수행하신 분들이라 웬만한 질문은 안내를 해드릴 수 있었다. 불교를 공부하고 싶은 분들은 교육원으로, 사십구재나 천도재, 기제사를 지내려는 분들은 종무소로 안내하였다. 무엇보다 친절하게 대하는 걸 잊지 않았다. 이 인연 공덕으로 부처님을 올바르게 믿게 되기를 발원했다.

사고로 외아들을 잃어버린 거사님과 보살님의 사연은 지금도 가슴이 아프다. 여름휴가로 강원도 바다로 떠났다가 사고를 당했다.

청년은 부모님에게는 하나밖에 없는 자식이었고 착하고 성실한 직장인이었다. 거사님의 고향이 북한이라 친척이 없어 두 분만 재를 지냈다. 우리 봉사자들은 돌아가면서 재에 참석하였다. 보살님의 애끊는 울음은 애간장을 녹였다.

이런저런 계기로 만나본 초심자들이 부처님의 가피를 입고 행복해지기를 기원했다. 부처님과의 인연 공덕을 쌓아가는 일이기에 성심껏 임했다. 초심자들을 안내해주는 동안 봉사자들의 수행은 깊어지고 나 또한 성숙 되어가고 있음을 알았다. 봉사가 곧 수행이라는 생각이 든다.

어느 날 지인이 동영상을 보내왔다. 재미있는 영상이다.

    검은 고양이가 새를 만지고 핥아주는데, 새는
    싫은 내색 없이 고양이의 애무를 받아준다
    강아지와 오리, 닭이 술래잡기를 하고
    고양이가 노란 병아리를 품에 안는다
    제 몸의 온기로 채워주자 병아리는 어미의 품속인 양,

    개에게도 불성이 있는지, 조주 스님께 물었다
    ……
    붓다는 일체중생이 실유불성이라 했거늘,

    인드라망 그물코에 걸린 구슬이 빛을 쏘아 보내고
    그 빛이 다시 다른 그물코 구슬에 비추어 빛을 되쏘아

중중무진 법계에서 벌어지는 현상을 시시각각으로 비춰주는
손바닥 경전

또 묻는다
개에게도 불성이 있습니까
- (졸시 '손바닥 경전' 일부분)

불광연구원에서 큰스님 법문 녹취록을 문집으로 편찬한다는 내용과 봉사자를 모집한다는 공지가 주보에 올라왔다. 큰스님의 육성을 생생하게 들을 수 있는 기회인데 어찌 마다하겠는가. 녹취록을 들으면서 글로 옮기는 워드 작업을 했다. 큰스님께서는 호법 법문과 행사 때 하시는 법문이 달랐다. 그때마다 시의적절하고 대상과 환경에 맞게 말씀하셨다. 대기설법이었다.

"…… 금생에서 부부가 된다는 사실이 지금 이제 새로이 시작된 것이 아니라 과거에 이뤄진 인연이 오늘에 드러났다는 사실을 꼭 가슴속에 새겨주십시오. 그런 까닭에 금생이나 지금부터 생기는 어떠한 사유로도 두 분이 헤어질 수 있는 이유는 없습니다. 과거 묵은 숙연이 익어서 이제 새로이 출발하는 것입니다.
……
가정이야말로 가장 행복하고 가장 덕스럽고 가장 큰 힘이 나오는 근원이라는 말입니다. 두 분이 이제는 한 몸입니다. 부모님의 말씀을 들을 때도 한 몸으로 듣고 마음에 두고 행하기를 바랍니다. 그런 까닭에 설사 약간의 불안이 있거나 고통스

러움이 있거나 어려움이 있어도 앞에 닥쳐올 괴로움이나 어려움을 극복할 수 없는 벽은 결코 없습니다."
– (광덕 스님 전집 2권 법어편 '1971년 결혼식 주례사' 중에서)

큰스님의 말씀은 힘이 넘쳐나고 확신에 차 있는 법문이다. 이런 주례사를 들은 부부는 평생을 잘 살아오셨을 거라 믿는다. 간곡하게 부탁하시는 말씀을 되새기면서 어려움을 극복하고 행복한 삶을 살았을 거라고 믿고 싶다.

불교는 중생을 이롭게 하는 데에 방점을 둔다. 요익중생(饒益衆生)이라는 말이 떠오른다. 요즘 종단에서는 성불보다 전법이라고 강조한다. 1970년대부터 전법을 강조하셨던 큰스님께서는 시대를 앞서가는 탁월한 선지식이다.

내 생애에서 큰스님을 뵙게 된 것은 크나큰 행운이다.

우리나라의 보물, 불교 유적

우리나라의 문화유적은 칠, 팔 할이 불교문화 유산이다.
프랑스 국립도서관이 전시하는(2023년) '직지심체요절'은 구텐베르크가 펴낸 인쇄물보다 팔십 년이나 앞섰다. 불교계에서는 아주 중요한 보물인데 프랑스에서 보관하고 있어 매우 안타깝다. 사찰에 있는 불상, 탱화, 탑, 범종, 법고 어느 것 하나 보물이 아닌 것이 없다. 훼손되는 것을 볼 때 자괴감을 느낀다.

용산 국립박물관에 미륵보살님 두 분이 나투셨다 / 반쯤 감은 두 눈 / 손가락으로 뺨을 괴고 / 반가부좌로 지내 온 시간

이 무량하다 //

새벽을 깨우는 범종 소리 / 서서히 일어나 / 상의 옷자락 이슬 적시며 잠행에 나선다 / 키보다 높이 쌓은 빈 상자 더미를 끌고 가는 / 노인의 굽은 등 너머 / 입마개로 입을 가리어도, 눈도 막고 귀를 막아도 / 저잣거리는 여전히 떠들썩하다 //

몸부림치는 청춘이 거리를 뛰어다닌다 / 무겁게 가라앉은 먼지가 어깨 위에 쌓인다 / 스치는 / 인연들은 시공을 벗어나고 / 속세에 물든 목소리는 자신의 흔적을 세운다 //

안에 있으나 밖에 있으나 / 어깨에 걸친 옷 주름 사이로 / 세상의 소란이 스며든다 //

구름 낀 저녁 / 근심 가득 찬 두 얼굴이 / 사유의 방으로 들어선다 //

반가부좌의 자세로 숨을 고른다 / 삼라만상 모든 것은 어디로 흘러가는가 //

한 줄기 빛이 새어 나온다
  - (졸시 '사유의 방' 전문)

로댕의 '생각하는 사람'은 알려졌어도 '미륵보살 반가사유상' 78호와 83호 두 보살상을 뵙고 사유하신 분은 얼마나 될까. 전시회에 가보니 젊은이들은 있는데 나이 든 분들은 보이지 않았다. 미륵보살님 두 분의 모습은 신비하고 오묘하다. 고뇌하는 부처님을 보았다. 용산에서 전시하는 예술품은 거의 불교문화재이다. 관심을 갖고 찾아가서 감상하는 시간을 갖는 것도 뜻깊은 일이다. 널리 알리고 보존하여 후손에게 물려주어야 할 보물이다.

부처님은 늘 우리와 함께하신다. 우리가 아프면 어루만져주고 우리가 기뻐하면 같이 기뻐하신다. 그 명호가 아미타 부처님, 석가모니 부처님, 미륵 부처님 역할이 다르게 표현되어도 부처님은 한 분이시다. 어떤 명호를 부르든지 원을 세우고 간절하게 기도하면 응답하신다.

쉼 없이 달려왔다. 이제 숨 고르기를 하고 손에 든 것을 내려놓는다. 홀로 깊어지는 밤, 한 줄기 빛이 보인다. 손에 든 것을 내려놓으니 비로소 보이는 것들, 그 빛을 향해서 뚜벅뚜벅 걸어가련다.

불광의 빛

 묘각성(김홍연) | 보리

오늘도 불광의 빛은 삼라만상을 비춘다. 결코 어둠이 없다. 우리의 본성은 원래부터 맑고 밝고 깨달은 자이다. 결코 어두울 수 없는 태양처럼 오늘도 내일도 끝없이 약여한다. 그렇다. 거룩하신 상서광명은 언제 어디서나 빛났다. 우리는 빛으로 왔기 때문이다.

큰스님의 진리의 말씀은 보현행원의 실천력으로 활기를 주어서 불광 보살님들의 얼굴은 더없이 행복하고 활기차게 언제 어디서나 빛난다. 불광 보살님들 가슴으로 기억되는 말씀들은 큰스님이 우리에게 법비를 내리시고 새겨준 절대광명의 소식이었다.

우리는 다사고난의 사바세계에서 허덕이다 주말이면 큰스님의 확언의 말씀에 다시 기운을 얻고 주인공의 환희장 세계로 돌아가곤 했다. 먼 깨달음의 세계에 단박 들어가는 말씀들은 살아서 큰 위신력이 되어 전국에서 사람들이 모여들고, 오는 사람들은 모두 부처님의 자비 품에서 광명인이 되었다. 도심 포교의 일번지, 한글경전, 법등조직, 불광지, 호법법회 등이 있어서 한국불교가 태양보다 밝은 법륜되어 굴러가고 있었다.

사람들은 왜 굳이 종교를 가질까? 대부분 사람들이 종교를 찾을 때는 즐거울 때보다는 삶이 힘들고 정신이 지쳐서 사막에서 길을 잃은 것처럼 진리의 목마름에 지쳐 있을 때 오아시스를 찾듯 의지할 곳을 찾는다. 그때 좋은 종교는 사막의 오아시스같이 지친 나그네에게 감로수의 물이 되어 준다. 그런 견지에서 우리 큰스님, 광덕 큰스님은 끝없는 자비로 하늘같이 드높고 바다같이 넓으신 선지식이자 새로운 부처님이셨다.

오직 자비와 지혜로 부처님 정법과 가장 가까운 신행을 강조하시어 언어의 벽을 넘어 바로 깨치게 하시고, 우리를 마하반야바라밀의 진리 완성자라 부르시고 부처님의 권능이 이미 자기본성에 있음을 확인시켜 주시고, 현상에서 실현하도록 이끄시고 보현보살 수행으로 바로 행동하는 역동성을 부어주셨다.

우리가 법회 때마다 낭독하는 구절만 보아도 알 수 있다.

우리는 횃불이다. 스스로 타오르며 역사를 밝힌다.
내 생명 부처님 무량공덕 생명, 용맹정진하여 바라밀 국토 성취한다.

도심포교 1번지

학교 학부형으로 만난 자비하신 도반 자혜성 보살님 따라온 불광사는 건물만 덩그라니 있는 도심의 포교당이었다. 절이라고 하면 멋진 기와집에 나무들과 꽃들이 우거진 풍경을 상상하다가 건물만 있고 법당도 지하에 있었다. 그러나 우람한 건물보다는 작은 건물에는 소욕지족일까? 공부하는 사람들이 모여들기에 절은 밝고도 밝았다. "너는 주인공이고 찬란한 황금이다. 어디를 가더라도 황금덩이는 변하지 않는다"는 그 말씀에 귀가 열리고 눈이 번쩍 빛나게 되었다. 본성의 나 자신이 얼마나 훌륭하고 존귀한 존재인지 알게 되어 눈물이 나왔다. 불면증이 사라지고 창백한 나의 얼굴이 보름달처럼 밝아졌다고 사람들이 알려 주었다. 사실 나는 결혼은 했지만 철없이 아무것도 모르고 부모 슬하에 살며 인생이 쉬운 줄 알았는데.

둘째 아이가 두 돌에 두 손에 화상을 입어 일 년 동안 병원에 다니게 되었다. 그 후유증으로 나는 심한 위장병과 우울증으로 잠 못드는 병이 심하여 얼굴이 창백하게 시들어 가고 있었던 것이다. 그 후 절에 다니며 건강이 회복되고 행동이 달라지는 것으로 주변이 환하게 빛나게 되었다. 큰스님 법문이 약사여래님의 위신력이 되어 전국에 울려지고 형제들의 자부심도 그만큼 산처럼 크고 둥그렇다. 점심 공양이 없어도 기쁘고, 집에 가는 길에 수행을 생각해도 행복했다. 법공양이 든든하여 배가 고프지 않고, 집에서도 백팔배를 즐겼다. 경전을 지극히 독송하여 위법망구 도심포교 1번지 전법도 최고, 새로운 신행시대가 열려졌다.

한글의 교리

부처님 법이 아무리 좋아도 한문으로만 되어 있다면 우리 피부에 닿지 않아서 어려움에 기복에만 전념하고 수행을 모를 수도 있었을 것이다. 우리 불교는 믿음도 중하지만 수행이 꽃이기 때문이다. 수행의 기쁨은 음식 맛을 알고 즐기며 먹는 것과 같다고 생각한다. 수행과 계율은 그 무엇과도 바꿀 수 없기 때문이다.

한 가지 예는 내 동생이 제자를 따라 천주교에 가겠다고 하여 큰스님의 『행복의 법칙』을 갖다주었더니 단박에 너무 좋은 책이라고 한글로 되어 해설이 좋다고 했다. 절에는 바빠서 못 나오지만 지금도 좋아한다. 그 후 『불광』지나 『행복의 법칙』, 『삶의 빛을 찾아』, 『만법과 짝하지 않는 자』 등 책 보시를 하면 타 종교인들도 한글이라서 좋다고 사람들이 다 환희심으로 답을 하였다.

법등 모임

법등은 불광의 보석이었다.

큰스님께서 신도라는 명칭을 버리시고 형제라고 부르셨다. 법주의 드높으신 자리의 우월감 대신 평등심으로 몸을 낮추시고 우리들과 형제가 되셨다.

그리고 법회 때마다 "형제 여러분!"으로 시작하셨다. 나는 법등에 들어가기를 싫어했다. 법등에 들어가면 소속감으로 자유가 구속되고, 책무가 따르면 나의 자유가 없어진다고 생각했기 때문이었다. 그저 조용히 뒷자리에 앉아서 법문만 듣고 돌아오기 일쑤였다.

그러나 자혜성 보살님이 이끌어 주신 덕분에 지금은 매우 감사하게 되었다. 30~40년이 되어도 법등 가족은 변함없이 청정하고 순조롭다. 큰스님의 가르침이 단단하여 서로 이심전심이 잘 되어 형제들의 끈끈한 정으로 바르게 이끌어가기 때문이다. 큰스님을 근거리에서 뵌 적이 없고 다른 스님들도 사사로이 뵌 적이 없어도 법문으로 법등이 탄탄한 것은 그만큼 큰스님의 재가 불자들의 자리를 빛내주시는 형제우 금강석 위덕이 크기 때문이라고 믿는다.

월간 불광

나의 방에는 우리나라의 최고 불교잡지인 월간 『불광』지가 쌓여 있다.

큰스님의 빛나는 에너지, 광명의 빛의 책이다.

책마다 멋진 표지, 보기 드문 훌륭한 글과 사찰 소개, 인물 소개, 우량도서들이 우리 자랑거리다

큰스님의 지성과 역량은 끝이 없으셨다. 우리들이 어찌 불교 공부를 멈출 수 있겠는가?!

불광지는 또 다른 불광법회이다. 어둠에 묻힌 수많은 중생들을 위하여 불광지가 전국 곳곳에서 볼 수 있도록 무궁한 발전을 빈다.

호법

호법은 우리의 완성이자 회향이다. 큰스님께서는 이 땅의 영원한 불국정토를 위하여 호법을 만드신 것 같다. 이 작은 불자도 조금의 보시를 통하여 환희작약하는 불세계를 만난다면 얼마나 위대하겠는가? 한 사람이 불사를 하는 것보다 위대하게 섬섬옥수로 누구나 보시하고 덕으로 전법이 행하여진다면, 서로가 하나 되어 이 세계는 있는 그대로 환희장 세계가 되리라 믿는다.

마무리 글

모든 스님들이 우리의 선지식이시니 우리는 하나가 되기를 바라고 기도하고 수행하고 있다. 그렇게 대대손손 우리 절이 정법으로 하나 되기를 바라며 오늘도 큰스님이 가르쳐 주신 한글 입측진

언을 외워본다.

"버리고 또 버리니 큰 기쁨일세. 탐·진·치 어둔 마음 이같이 버려 한 조각 구름도 없어졌으니 서쪽에 둥근 달빛 미소 지으리."

불광법회와 함께하자

성덕(이한묵) | 선학

저는 감히 불자란 용어를 잘 사용하지 않습니다. 부처님의 크신 명호에 누가 될 것 같기 때문입니다. 그래서 저는 부처님의 뜻 아래에서 모든 것에서 보고 느끼며 배우려 하고, 그것을 삶에 적용하려고 나름 애쓰고 있습니다. 제 삶을 작은 소재로 나눠서 열거하여 혹 누구라도 한 사람 생활에 보탬이 된다면 더 이상 바랄 것이 없습니다. 제가 이 세상에 존재함에 감사합니다.

어릴 적 부모님의 따뜻한 보살핌을 당연시하였던 그 생각을, 제가 나이가 들어가면서 고맙게 여기며 부모님의 깊은 사랑에 보답하려고 할 때는 꽤나 늦어져 있더군요. 부모님께 효도하라고 말은 하는데 무엇이 부모님을 위함인지 모르고 지내다 보니 효도라는 용어 자체를 잊고 살아간 시간이 많았습니다.

저의 아버지는 초등학교를 제대로 못 나와서 자식들 공부 잘하는 것이 커다란 자랑거리였습니다. 그런데 그때는 공부가 하기 싫어서가 아니라 마음대로 놀고 싶어서 부모님의 마음을 아프게 하고 말았습니다. 그 후로는 조금은 태도를 바꾸어 부모님께 즐거움이 되는 것이 무엇인지 찾아보려고 했습니다. 하지만 써보지도 못하시던 고급 세면 비누도 아닌 일반 비누를 사서 가져다드리며 마치 큰 선물인 양 자랑스러운 마음으로 드렸던 것이 내 기억 속에 큰 잘못으로 기억되고 있습니다. 효도란 제 삶을 건강하게 하여서 부모님의 마음을 편하게 해드리는 것이란 것을 알았을 때는 너무 늦었습니다.

아버님께서 저의 어린 시절 무거운 수박을 30여 리 떨어진 장터에서 사서 망태기에 담아 비 내리는 산길, 들길을 지나 어둠이 깊이 내려진 시간에야 집에 도착하셔서 수박을 잘라 먹여 주시면서 흐뭇해하시던 모습을 잊지 못하고 있습니다. 부모님께서는 겨울에는 추울까 봐, 여름에는 더울까 봐, 집 떠나보내면 배곯을까 봐 걱정하십니다. 어머님은 장독대에 정화수 떠 놓고 두 손 모아 자식의 무탈을 기원하십니다. 그것이 부모님의 마음이고 사랑입니다. 그 사랑에 대한 저의 대답은 사소한 일이라도 걱정거리를 만들지 말고 원치 않으시는 행위는 하지 않는 것, 부모님께서 불편하실까 봐서 거짓을 표하여 안심시켜 드리는 것이 아닌, 참된 삶 속에 부모님의 마음이 편안하게 하는 것이 최고의 효도라 생각하게 되었습니다.

부모님께는 나를 이 세상에 태어나게 해주시고 키워 주심에 감사드리고, 스승님께는 나를 가르쳐서 삶의 지표를 주심에 감사하며, 친구에겐 즐거움과 슬픔을 함께하고 상부상조의 정신을 가르쳐 줌에 감사하며, 저를 지켜보고 잘못됨을 꾸짖어 주는 많은 주변 분들께 감사하고, 또 건강하게 잘 자라서 본인에게 주어진 맡은 바 소임을 다하려는 아들에게도 감사합니다.

이런 마음을 담아서 불교에 귀의하고 재가불자로서의 삶을 살아

보기로 마음을 먹었습니다. 최근에는 저에게 삶의 새로운 방식을 주시는 부처님의 경전과 법에, 함께하는 도반님들에, 법등 형제님들께 항상 감사드리고 있습니다. 특히 우리 불광형제님들과 함께하는 즐거움이 많습니다. 고찰·명찰 순례를 통하여 근기를 높이고 신심을 일으켜서 무엇이든 함께한다는 것에 감사합니다.

예전에 작은 사찰(포교를 목적으로 하는 동네의 조그만 공간)에서 적극적이고 세심하게 불교 입문을 가르치고 경전 해석을 가르쳐 주시던 스님이 계셨습니다. 어느 날인가 스님에게 같이 다니는 도반의 아들 생일 축원을 부탁드리며 축원 헌공을 올렸는데, 그날 절에서는 스님도 없이 신도 4~5명이 모여 녹음기를 켜 놓고 사시예불을 올리고 돌아온 일이 있었습니다. 스님께 자초지종을 설명하고 스님과 재가자의 사이라도 최소한의 사과와 나중에라도 축원을 해 주셨으면 했으나, 부처님은 이미 다 아신다고 저희의 바람을 외면해 버린 스님께 큰 실망을 하였습니다. 저의 믿음이 부족했을까요?

항상 재가신도들에게 법문을 하실 때는 하심하고 욕심을 버리고 내려놓아야 한다고 설법하시고는 정작 스님은 재가자의 바람과 소망을 잊어 버리는 것을 보면서 그곳을 떠나 다른 사찰로 옮기려는 마음을 먹었습니다. 본인의 잘잘못은 외면하고 부처님은 다 아신다고 하는 궤변만으로 언어도단하는 스님에게 의지하느니 조용히 누가 알아보든 말든 좋은 법문을 듣고 열심히 기도하는 것이 더 나으리라는 생각을 가졌습니다.

이에 불광법회를 스스로 찾아왔습니다. 이곳에 와서 시간이 허락되는 대로 정성을 다해 기도드리며 부처님의 가르침을 배우고 따르기로 결심했습니다. 그래서, 불교기본반에 입교 49기로 수료하고 인연이 되어 대원4구 법등 형제가 되었습니다. 그 후 대학반 14학번으로 입교하여 경전의 깊은 뜻과 부처님의 높은 가르침을 배우고 익히는 데 집중하며 도반들과 함께 불법을 익히며 고찰을 돌아보는 기회도 가지며 신심을 더욱 깊이 하였습니다.

불광법회에서 나름대로 만족한 신행 생활을 이어가던 중 한 스님의 일탈 행위가 또 실망을 안겨 주었습니다. 스님이 신도들을 고소, 고발하는 것은 듣지도 보지도 못하였는데 불광사에서 처음 봤습니다. 중창불사 헌공도 소액이지만 올렸고 호법도 가입하고 만불전 부처님 봉안도 동참하였습니다 그것이 참 후회스럽더군요. 스님이 욕심을 부리게 된 데에는 재가불자들도 한몫을 하였습니다.

축원을 올릴 때 보시가 많은 신도들의 축원 뒤에 OOO보~~~체하여 듣는 이로 하여금 존경스럽게 하고, 그저 예불에 열심이고 어떤 지위나 직함에 연연하지 않는 신도들의 축원 끝에는 OOO 라고 짤막하게 소홀히 하는 듯이 지나갑니다. 그러니 신도들은 스님의 인정을 받고자 개별적인 헌공(뒷돈)을 하고, 가정 법회 때도 개업 축하 때도 금일봉은 필수입니다. 이런 일이 반복되니 스님들은 돈과 재물에 욕심이 더 생길 수밖에 없습니다.

가족을 떠나 부처님의 자식이 된 스님이 과연 재물이 필요한지 고급 승복을 입고 자랑스러워하며 고급 자가용을 타고 권위를 내세우는 스님이 진정한 출가자인지도 모르겠습니다. 직업이 승려인지라 진정한 수행자로서의 모습은 찾을 길이 안 보이는 것일까요? 재가자인 불광형제님들은 이런 스님들을 보면서 과연 스님과의 돈독한 관계를 유지할 수 있겠습니까?

출가자는 상구보리 하화중생을 잊어서는 안 되겠지요. 스님을 공경하고 보시하여 수행을 완성하도록 재가불자들에게 꿈과 희망과 용기를 주고 반야의 지혜를 가르쳐 주셔야지요. 저는 이제 불광사 스님의 생각들과 현실들을 보면서 생각이 바뀌었습니다. 과거에는 중창불사한다고 하면 기와 한 장이라도 보탬이 되도록 동참하던 행위가 없어지고, 이번 중창불사는 또 누가 얼마나 사리사욕을 취하려는지 의심부터 갑니다.

처음 불교에 입문하는 초발심자는 사찰에서 부처님께 기원을 드리죠. 내가 어떤 어려움을 겪고 있으니 부처님의 가피로, 관세음보살님의 보살핌으로, 지장보살님의 원력으로 어려움에서 벗어나는 지혜를 달라고 기도합니다. 수행자 스님들은 그들을 적당히 이용만 하려는 것이 아닌지…. 오늘의 현실은 희망이 보이지 않습니다.

탐진치 삼독에 빠진 스님들과 청정한 불광법회는 같이 갈 수 없다고 생각합니다. 탐낸다는 것은 이익을 얻기 위한 욕심이며 탐심이 뜻대로 안 되면 화가 나고 화가 지나치다 보니 사리판단이 안 되어 어둠인지 광명인지 분별도 못하는 바보가 되어 버립니다. 그리하여 자신의 주장이 옳다고 우기며 신도를 대상으로 감언이설로 포장한 강요 아닌 강요가 이루어집니다.

우리 불광형제님들은 금전 만능주의의 권력 위주의 지위를 얻기 위해서 물불을 안 가리는 이상한 출가 스님들을 배척하고 깨달음의 길까지는 모르나 자타불이의 정신으로 뭉치고 화합하여 불광법회가 광덕 큰스님의 뜻을 이어갈 수 있도록 다 함께 힘을 모아 봅시다.

우리 재가불자 불광형제님들!

우리는 행복할 권리를 가졌습니다. 왜? 오늘 이곳에서 모든 걸 볼 수 있고 느낄 수 있기 때문입니다. 어느 누구도 당신의 행복을 빼앗아 갈 수 없습니다. 행복은 당신의 심중(心中)에 있기 때문입니다. 형제님들 우리 모두 마하반야바라밀의 큰 힘에 의지하여 용맹정진하여 보리를 이룩합시다.

　진정한 도심포교의 중심 도량이 되기 위하여 우리 모두 결집하고 정진하여 마하반야바라밀의 진정한 가르침을 실천하여 열정을 다하며 발원을 성취합시다.

금생수 샘의 추억

 대자홍(김희자) | 선학

제가 철이 없는 어릴 적의 10대 소녀 시절에 우리 마을의 친한 아주머니 댁에 1년이면 몇 번씩 회색 걸망을 메고 오시는 보살님 한 분이 계셨습니다. 말씀하시는 거나 행동하시는 것으로 보아 지금 생각해 보니 도인 같은 느낌이 드는 보살님이셨습니다.

보살님께서는 원효산 원효봉 주변에 금생수 샘이 있을 것이라는 말씀을 여러 번 하셨는데 어느 해에 오셔서는 찾으셨다고 하였습니다. 그 후 어느 해에 우리 어머님과 동네 아주머님 네다섯 분이 쌀 1말, 초, 향과 김을 사서 머리에 이고 덕산읍까지 20리 길을 걸어서 갔답니다. 그러고도 읍에서부터 둑을 따라 한참 가다 보면 깊은 계곡물을 건너야 하고 그다음에는 산등성이를 타고 올라가서 산 정상 주변까지 가야 하는데 이때도 물이 없어서 원효산 아래 계곡물에서 쌀을 씻고 물도 떠 가지고 가서 공양을 지어야 했답니다. 그런데 어머님과 일행이 원효산을 2시간가량 올라간 정상 주변의 굴 안에 가랑잎이 소복이 쌓여 있는 물 없는 샘이 보이더랍니다. 그래서 어머님이 다 긁어내고 비로 싹싹 깨끗이 쓸어낸 후에 기도를 드렸더니 보기에는 물이 나올 곳이 없는 것 같은데 물이 고이더라며 참으로 기이하다고 하셨습니다. 그 물이 아니면 계곡까지 가서 물을 길어다가 사용하여야 하는데 그 후부터는 이 샘에 물이 찰랑찰랑 고여서 어려움 없이 절에서 물을 잘 사용했답니다.

원효산은 원효대사님께서 이 산의 어느 토굴에서 도를 닦으신 적이 있다고 하여서 원효산이라고 부른다는 설이 있습니다. 이러한 전설도 모르는 제가 명산인 원효산 원효봉 주변의 절이라고 하는 곳을 처음 갔을 때는 어머님과 동네 서너 분의 아주머님들과 함께 갈 때였습니다. 이때는 여름철이라 산을 오르다가 우리 일행은 잠시 쉬면서 계곡의 맑은 물에 얼굴도 씻고 발도 한참 담갔다가 올라간 기억이 생생합니다. 절에 가서 보니 너무나 초라하였습니다. 샘 옆에 토굴이 하나 있었는데 거기에 문짝 하나와 벽돌 하나 크기의 공기통이 있는 1자형의 토굴방 하나가 있었습니다. 이 방은 4~5명이 잘 수 있는 토굴이었으며 그곳에서 저도 어머님 옆에서 여러 일행과 같이 비좁게 잤습니다. 옛날 토굴 터에 손을 보아서 사용했던 것으로 생각합니다. 이렇게 토굴방 하나를 사용하던 중에 하루는 보살님이 수수깡을 다듬고 있는 꿈을 꾸는데 점잖은 노인 한 분이 나타나서 그것을 무엇에 쓸 것이냐고 물으셨답니다. 그래서 보살님이 절을 지으려고 다듬는다고 하였더니, "응, 이 주변이 명산으로 절터로 좋은 곳이니 지어야지." 하시는 계시를 받고 이 요사채 형태의 절을 지었다고 합니다. 이 요사채 절은 큰 방과 작은 방 2개로 되어 있었습니다. 큰 방은 부처님을 모셔 놓고 법당 겸 방으로 사용하고 작은 방은 살림방으로 사용하는데 어느 거사님이 오셔서 연잎 만드는 것을 보았습니다.

내가 두 번째 이 절에 갔을 때의 일입니다.

절의 금생수 샘이 있는 곳에 서 있었는데 햇빛이 쨍쨍한 때에는 산 아래 동리가 멀리 보이고 산 아래에 구름이 덮이면 내가 구름 위에 서 있는 느낌이었습니다. 이때는 절에 절구통도 갖다 놓아서 쌀을 빻아 떡을 해서 부처님께 올리고 기도를 할 수 있었는데 아무것도 모르는 철부지 나는 절을 몇 번 열심히 했습니다.

천수경이라고는 전혀 모르는 무지한 어린 저는 관세음보살 세 번 찾으면 좋다는 말은 들은 적이 있어서 세 번 관세음보살 외우고는 그 이상 하지 않았습니다. 또 들은풍월로, 육자대명왕진언 옴메니 반메훔만 다니면서 중얼거렸습니다. 하루는 오전 10시 넘어서 금생수 샘 쪽으로 갔습니다. 샘 쪽이 환하니 입구부터 돌멩이도 이끼도 담도 다 금빛으로 노랬습니다. 그래서 나는 얼떨결에 "어머! 엄마, 금이야. 저기 가서 물 좀 떠와 봐." 하고 말하였습니다. 이런 현상이 있어서 금생수라 이야기한 것 같습니다. 어머님이 떠온 물은 그냥 물맛 그대로였습니다. 너무 모를 때라 같이 간 사람한테도 금생수 물을 보라는 말을 안 해서 저만 본 것 같아요. 항상 금생수 보여주는 것이 아니고 어느 순간 보여주는 것 같습니다. 우물 안에 천장 받치고 있는 돌기둥이 있고 주변에서 물 나올 때가 없는 것 같은데도 금생수 물이 고이게 되는 좋은 절터였습니다.

오래전에 이 절이 화재로 폐쇄되었다는 안타까운 소식을 들었습니다. 그 후 한 번도 가보지 못하고 잊고 살았습니다만 제 생각으로는 절터가 좋아서 누가 그곳에 절을 지었을지도 모른다는 생각이 듭니다. 지금은 나이가 들다 보니 선뜻 가보지 못하고 추억으로만 남아 있으니 아쉽습니다.

   관세음보살님, 감사합니다.

두려움 없는 당당한 믿음과 삶

 대자홍(김희자) | 선학

　잠실 4단지에 살면서 불광법회에 열심히 다니던 어느 해 5월 초의 일입니다.
　대구 갓바위에 가서 밤 기도를 드리기 위하여 나와 연심 보살 그리고 또 한 분의 보살님과 셋이서 강변역 동서울버스터미널에서 막차 바로 전 버스를 타고 동대구역까지 갔습니다. 택시를 타고 갓바위 산 아래에서 내려 스님들이 물건을 나르는 뒤쪽 길로 걸어서 올라가니 기도를 하는 많은 분 중에 손뼉을 치고 우는 사람도 있고, 무속인으로 기를 받으러 온 듯한 사람도 보였습니다. 밤 12시가 넘어서 우리 일행은 부처님 뒤쪽으로 가서 기도를 드리려 하는데 난데없이 오색 광명이 갓바위 부처님 머리 위로 다리를 놓더니 경전의 그림에 나오는 것과 같은 동그란 구름이 팍팍 머리에서 발등까지 날리는 거예요. 앞에서 기도하는 분들은 아는지 모르는지 손뼉 치며 울고 있고요. 우리는 천수경, 반야심경과 금강경을 독성하고 마하반야와 광명의 노래를 부르고 나니 새벽 3시가 넘어서 부처님 앞쪽으로 갔습니다. 언제 올라오셨는지 비구니 스님 한 분이 새벽에 반야심경 예불을 하고 계셔서 동참을 하고 뒤로 돌아서니 오색 광명과 구름은 간 곳이 없고 희미한 구름만 남아 있어서 "어떻게 된 거야." 하면서 우리는 서로가 "나 좀 꼬집어 봐." 하며 웃으며 내려왔습니다.

택시를 타고 대구 버스터미널에 가서 첫 버스로 서울에 올라왔습니다. 집에 들렀다가 불광법회에 참석할 수 있었습니다. 법회에 참석한 후 집에 와서 거사한테 광명 이야기를 하였더니 그럼 무지개 뜬 거 아닌가 하기에 나는 밤에 무지개 뜨는 것 보았느냐고 투덜거렸습니다. 그랬더니 옆에서 듣던 큰아들 하는 말이 "좋은 기도 드리고 와서 왜 그러세요? 누구한테도 그런 말 하지 마세요. 오해하는 사람도 있을 테니까요. 기도 성취가 없어져요."라고 핀잔을 주었습니다. 그래서 그 말이 명답이라고 하였습니다.

그 당시 나는 새벽 3시가 넘으면 불광사의 새벽기도에 가려고 금강경 책과 염주를 들고 석촌호숫가의 찬 바람을 가르며 걸어 다녔습니다. 그때나 지금이나 당당한 믿음의 바탕으로 열심히 다니고 있습니다. 이 핑계 저 핑계 대지 말고 절에 젊었을 때 더 많이 다녀야 후회 없다는 걸 나이 들어서 절실히 느낍니다. 잠실에서 살 때나 현재 일산에서 살 때나 불광사에 다니면서 연심 보살님과 서너 분의 보살님과 함께 불기(佛器) 닦기를 10여 년 넘게 하였습니다. 그리고 초파일과 백중 때에 불단의 청소와 일곱 분의 부처님 닦아 드리기를 1년에 2회 하였습니다. 이때도 연심 보살님 등 서너 분의 보살님과 함께하였는데 저녁 7시에서 9시까지 10년을 넘게 하였으며 이렇게 일을 마치고 전철을 타고 일산 집에 오면 밤 11시가 넘었습니다.

　잠실 살 때는 불단 청소와 부처님을 닦아 드린 후 새벽기도에 나와 보면 반짝이는 부처님 미소에 기쁜 마음이 들었습니다. 이렇게 제가 불자로서 생활해 가는 것은 어린 소녀 시절에 어머님을 따라 절에 가서 부처님께 기도를 드렸던 때가 있어서 저의 몸에는 작으나마 불심이 있었습니다. 그러던 중 마침 잠실에 이사와 살면서 불광사의 좋은 절과 인연을 맺고 불광법회에 참석하여 큰스님의 무량수 무량겁에 대한 많은 법문 등을 듣고 불법 속에 생활하게 되어서 무한한 영광으로 생각합니다.

　대종사 광덕 큰스님의 최상승 법문 중에 생각나는 구절입니다. 바람은 그물에 걸리지 않는다. 조가비로 바닷물을 떠서 "이것이 바닷물이요." 하시며 "부처님 위신력도 그와 같다. 부처님 무량공덕으로 살면서 모르고 사는 것을 중생이라고 한다. 제일 근기 낮은 것이 중생이다. 누구나 부처님 씨앗을 다 가지고 있으니 알에서 깨고 나와야 한다."라고 하셨습니다. 불교는 깨달음이라고 하시던 최상승 고차원 법문을 다시 듣고 싶으나 그렇지 못하니 아쉬움만 남습니다.

　지금은 일요법회마다 상좌이신 혜담 스님께서 큰스님의 법문을 계승하시고 먼 길을 오셔서 우리에게 이 법문을 전해 주셔서 감사합니다. 그리고 법회장님이 흔들림 없이 묵묵히 불광법회의 정상화를 추진하고 계셔서 감사하게 생각하고 있습니다. 지금은 제가 좀 먼 곳에서 살고 있어서 일요법회에 늦게 참석하게 되면 자리가 없어서 일찍 서둘러 나갑니다. 회장단 여러분들께서도 법회에 많이 동참하시고 또 우리 법회 불자 여러분들께서도 많이 동참하셔서 감사드립니다.

제가 불자가 된 후 전국의 여러 사찰에 성지순례도 가고 여러 명 또는 개인적으로 절에 다니며 기도를 드리기도 하였습니다만 명산인 설악산의 봉정암을 17회 다녀온 것과 제주 한라산을 2회 올라가서 기도도 드리고 또 제주의 여러 사찰을 다녀온 것이 제일 기억에 남습니다.

이러한 신행수기는 80대의 나에게는 마지막 기회라 생각되어 기억을 더듬어 정성껏 써 보았습니다.

마하반야바라밀.
감사합니다.

노보살의 마지막 바람

 원명심(고정희) | 선학

 40대 초반, 송파구 석촌동으로 이주하며 불광사와 인연을 맺어 오늘에 이른 80대 노보살입니다. 이것이 저의 이력서이자, 자기소개서의 전부입니다.
 딱히 내세울 것은 없지만 40년 동안 불광사와 함께하며 부처님 법안에서 수행하며 불광사와 함께한 세월. 그 세월을 돌아보며 속세 나이 80을 넘긴 욕심 없는 노보살의 마지막 바람이자 간절한 희망을 얘기해 보렵니다.

 부처님 가르침처럼 연기법에 의해 불광사와 맺은 인연도 40년이 넘었습니다.
 지나온 세월을 돌아보니 참으로 행복한 시간이었습니다. 그 행복한 시간의 단초는 불광사와 맺은 인연에서 시작되었습니다. 불광사에서 신행활동을 하는 것이 마치 내 집에서의 일상처럼 즐겁고 행복한 시간들이었습니다. 그렇게 하루하루 신행생활을 한 것이 어느덧 40년의 세월이 흘렀습니다.

흘러간 40년의 세월이 어찌 평탄하고 순조롭기만 했겠습니까? 때로는 슬픔도 있었고, 또 슬픔보다 더한 아픔의 세월도 있었습니다. 물론 슬픔과 아픔의 세월만큼 기쁨도 있었습니다. 저는 이 모든 슬픔과 아픔, 기쁨을 온전히 부처님께 바쳐 극복했습니다.

그런데 지금과 같은 짙은 어둠의 그림자가 불광사를 덮쳤을 때 억장이 무너지고, 하늘이 무너지는 아픔을 겪어야 했습니다. 그 아픔에 몸을 가눌 수 없을 정도의 큰 슬픔으로 힘들어해야 했습니다. 짙게 드리운 어두운 그림자로 인해 사찰의 분위기는 어수선했고 스님과 신도 간에 편 가르기 하며 서로 경계하는 모습은 참으로 안타까웠습니다.

어둠의 그림자가 불광사를 덮기 전, 가끔 새벽 예불에 가면 저보다 연세가 높은 노보살님들께서 굽은 허리로 다기 물을 올리시고, 단정하게 앉으셔서 금강경을 독송하는 모습은 거룩하고 저희에게 귀감이 되었습니다. 그렇다면 지금은 누구를, 또 어떤 모습을 선지식으로 삼고, 선우(善友)로 삼아 신행활동을 해야 할지 난감할 때도 있습니다. 때문에 불광사와 함께 한 지난 40년의 세월을 돌아볼 때도 있습니다.

지난 1993년도 모 스님으로 인해 야기된 불광사 사태에도 모든 보살들이 실망이 크셨을 것으로 생각합니다. 무명(無明)에서 벗어나지 못한 저 또한 그러했습니다. 하지만 광덕 큰스님께서는 큰소리 한번 안 내시고 아주 자연스럽게 무마하셔서 우리는 다시 신심을 키웠습니다.

저 또한 광덕 큰스님의 혜명(慧命)에 힘 입어 마음을 다잡고 명

원명심(고정희)

교사 교육을 마친 후 불광대학원 1기로 졸업했습니다. 나아가 명등과 선학 등을 거쳐 법등을 꽃을 피우는 데 앞장섰습니다.

불광사 중창불사를 위한 땅 매입은 물론 만불전에 부처님 모시기에도 우리 가족들과 모두 함께 동참했습니다. 그런데 불광사에 어둠의 그림자를 드리운 모 스님 사태는 너무 실망스러웠습니다. 또한 새롭게 부임해 오신 주지 스님의 처신 또한 저에게는 비수(匕首)가 되어 제 가슴을 찌르는 듯한 아픔으로 전해져 왔습니다. 심지어 무력으로 보살들을 대하여, 법정까지 가는 불상사가 일어나고 말았습니다. 이런 일들이 제가 40년을 몸 바쳐 신행활동과 수행을 해온 저의 수행처 불광사에서 일어난 일이라는 점에서 저는 가슴이 찢어지는 듯한 아픔 속에서 하루하루를 살아가고 있습니다.

그나마 이러한 악조건 속에서도 불광법회의 뜻있는 보살들의 금강경 독송이 끊어지지 않고 이어지고 있는 것이 저에게는 큰 희망이자 위안입니다.

한때 새로 부임하신 모 주지 스님께서 수행과 정진으로 불광사태를 바로잡으시려는 모습에 기대도 컸습니다. 참선방도 개방하시며 소통의 길을 열어주시려는 모습에 희망도 가졌습니다. 또 이전보다 부드러워진 사찰 분위기에 안도도 했습니다.

하지만 그 주지 스님 이후 달라진 것이 무엇인지 저는 잘 모르겠습니다. 여전히 마음 편히 수행에만 전념할 수 있는 정상화의 길은 눈앞에 있지 않아 보입니다.

어느덧 제 나이도 80세를 넘겼습니다. 80세를 넘긴 노보살이 이

제 무슨 욕심이 있겠습니까?

　제가 살아온 인생길의 반생(半生)을 함께한 저의 수행처. 앞으로 남은 인생도 운명처럼 함께해야 할 저의 수행처.

　그저 바라옵건대 남은 제 인생의 전부라고 할 수 있는 저의 수행처 불광법회, 불광사가 하루속히 정상화의 길로 들어서기를 바랍니다. 이를 통해 전법도량의 기치를 내건 불광사가 광덕 큰스님의 크신 법력처럼 불법이 널리 홍포하여 오탁악세 속에서도 부처님 법으로 광명을 찾고, 불국토가 이뤄지기를 간절히 바랄 뿐입니다. 이것이 속세 나이 80을 넘겨 살날이 얼마 남지 않은 노보살의 마지막 바람이자 피 끓는 호소입니다.

　사찰 분위기는 좀 부드러워진 듯하지만, 정상화는 아직 보이지 않고 법회도 둘로 나누어지고, 우리 노보살들은 세월이 아쉽습니다.

　불광사태의 빠른 정상화를 통해 노보살이 예전처럼 불광사에서 신행활동으로 생을 마무리했으면 하는 것이 저의 작은 바람입니다.

　마하반야바라밀!

삶의 길에서

 정인화(김정선) | 보살

　나는 지금 이 순간까지 살아오며 느껴 온 행복의 이유가 무엇일까를 생각해 본다. 그 행복의 근원은 가족이다. 사랑하는 가족들 간의 관계로 인해 행복한 삶, 나의 생명이 영위되어 왔음을 알 수 있다. 또 그렇게 살아가고 있다.

　세상사의 모든 일들은 인드라망처럼 얽혀 있다. 사회 구성원과의 일도 그렇고 가족 간의 관계도 두말할 나위 없다. 모두가 얽히고설켜 있다.
　얽히고설켜 굴러가고 있는 것이 삶의 섭리라고 생각한다. 가족 구성원과의 관계도 거미줄처럼 얽혀 있기에 내 마음과 생각이 가는 대로 함부로 할 수 없음을 불교에 귀의해서야 알게 됐다.

　앎으로 인해 괴로움을 피하면 행복이 바로 있음을 알았다.
　살아오며 느낀, 그리고 지금 행복하다고 느낀 이유는 3가지로 함축할 수 있다.

나를 앞세우는 것이 아니라 상대를 봐주고 기다려주는 것을 실천하는 것이었다.

　내 생각이 아무리 옳다고 생각해도 그것이 정답이고, 전부일 수 없다. 내 생각은 나만의 열쇠 구멍을 통해 본 나만의 세계일 뿐이다. 상대방의 옳고 그름을 말해 준다는 것조차 함부로 할 수 없다. 하물며 내 생각을 다른 사람에게 적용시키려고 하는 것은 어불성설이다. 그저 나와 다른 상대방의 생각이라고 받아들이면 그뿐이다. 바뀌고 안 바뀌는 것은 상대방의 몫이다. 나는 기다려주고 봐주고 참아주는 것을 실천하는 것이다. 이것이 내가 살아오며 느낀 행복한 삶을 사는 비법이라면 비법이다.

　다른 사람의 생각이 잘못됐다고 지적하며 내 생각을 강조할 것이 아니라 나와의 다름을 인정하고 기다려 주는 것. 이것을 실천함으로 행복의 씨앗이 싹트는 것을 느끼고 바라볼 수 있었다.

　부처님께서도 연기법을 설명하며 '이것이 있으므로 저것이 있고, 이것이 일어나므로 저것이 일어나고, 이것이 없으면 저것도 없고, 이것이 멸하면 저것도 멸한다.'고 하셨다.

　인드라망으로 얽혀 돌아가는 이 세상에서 무엇 하나 관계되지 않는 것은 하나도 없다. 삼라만상 우주법계 모두 내 생명이 하나임을 알 수 있는 자연의 이치, 사람도 자연이다. 은유를 통해서 나의 삶을 나타내는 과정으로 삶의 길 위를 걷는 지혜를 배우고, 즐거움을 배울 수 있었다.

　보시를 함으로써 감사를 배우고 봉사의 마음으로 여유를 배우고 즐거운 마음으로 행복을 배울 수 있었다. 나 자신이 가장 소중함을 알게 해주는 불광법회란 안식의 터전에서 많은 도반들이 있고, 은

유와 마음 강의를 받으며 내 삶의 모든 삶의 길에서 나타나 있는 나의 인생을 알 수 있다.

　불광법회에 다니며 부처님 법을 배울 수 있었던 것은 인생의 바른길을 살아가는 너무 좋은 경험이었다. 불법을 공부할 수 있었던 것이 너무나 감사한 마음이다. 부처님 법 안에서 불자(佛子)의 삶을 산다는 것은 정말 좋은 경험이었다.
　부처님 법은 내 삶의 인생길을 걸으며 내가 어디로 가고 있는지, 내가 서 있는 이곳이 어디쯤인지 알게 해주는 나침반이었다. 부처님 법을 만나고 불광사 대학원 과정에서 불법을 공부할 수 있었던 것은 너무 행복하고 좋은 공부였다.
　부처님 법 공부를 통해 지금, 행복의 길을 걸어가는 나를 발견할 수 있어 참 다행이고, 행복이다.
　나를 불법의 세계로 이끌어준 모든 인연에 그저 감사할 뿐이다.

황금 택시

 보현행(박경임) | 선학

　천수경을 들으며 아침 운동에 나선다. 이렇게 아침 운동을 하고 일을 하며 살 수 있는 것이 모두 부처님 가피라는 것을 잊을 수가 없다. 힘들고 지칠 때마다 법당에 앉아 눈물 흘린 일도 많았는데 이제 어느 정도 업장이 소멸되었는지 마음이 가벼워진다. 기도하다가 나태심이 날 때면 30년도 더 된 하루를 기억하며 도처에 계시는 부처님을 생각한다.

　석촌동에 살 때인데 우리 법등은 배명고 근처에 도반들이 모여 살았다. 초발심 때였고 광덕 스님은 자기 기도는 무릇 자기가 열심히 해야 한다고 말씀하셔서 도반 셋이 의기투합하여 100일 동안 새벽 기도를 하기로 원을 세웠다.
　아이들도 어릴 때라 집안일은 아침이면 너무 바쁘고 힘들었지만, 새벽잠을 반납하고 시작한 새벽기도는 하루를 시작하는 마음을 뿌듯하게 만들어 주었다.
　내가 골목 끝에서 자동차를 가지고 출발하면서 차례로 전화를 해서 태우고 불광사까지 도착했다. 그때는 대웅전이 꽉 차도록 새벽기도에 동참하는 도반들이 많아서 조금 늦으면 자리를 차지하기도 힘들었다. 열심히 하는 도반들을 보며 새내기들은 그저 따라가기도 바빴다.

봄에 시작한 기도가 백일이 다 되어갈 즈음 여름 장마철이 되었다. 새벽에 나올 때는 비가 많이 오는 편은 아니었는데 기도를 끝내고 나오니 폭포수처럼 쏟아지는 비가 무서웠다. 석촌지하차도를 통과해야 하는데 물이 약간 차 있는 것 같아서 그냥 진입했다. 그런데 생각보다 물은 깊게 차 있었고 나도 그때는 운전도 초보 시절이라 겁이 나서 우물쭈물하는 사이에 차가 물이 찬 지하차도 한가운데 서버리고 말았다. 앞뒤로 아무리 보아도 사람 한 사람, 차 한 대도 없어 우리 셋은 공포에 떨고 있었다. 그런데 어느 순간 뒤에서 커다란 목소리가 들렸다.

"자동차 기어를 중립에 놓고 발을 떼세요. 내 차로 밀어줄 테니 가만히 있으세요."

우리는 다 같이 뒤를 돌아보니 황금빛 택시가 지하차도 입구에서 번쩍거리고 있었다. 신기한 일이다. 전화도 아니고 마이크가 있는 것도 아닌데 멀리서 하는 말소리가 너무 또렷이 우리에게 모두 들리는 것이었다.

"내 차는 새 차도 아닌데요. 그 새 차가 망가지면 어떻게 해요?"

그러는 순간 황금빛 택시는 부웅 소리를 내며 내 차 뒤꽁무니를 밀기 시작해서 눈 깜박할 사이에 석촌사거리 평지에 차를 올려 놓았다. 우리는 괴성을 지르며 돌아보다가 내려서 인사하자며 차를 돌아보니 황금빛 택시는 온데간데가 없었다.

그제야 우리는 정신을 차리고 생각했다. 그 목소리가 들릴 수 있는 환경이 아니었는데 우리가 모두 그 목소리를 들었다는 것과 인사도 없이 4차선 도로 어디에서도 찾아볼 수 없는 황금빛 택시의 정체가 관세음보살님이라는 것을 눈치챈 것이다.

우리는 소름 끼치게 부처님의 가피를 체험하고 무사히 100일 기도를 마쳤다. 이렇듯 초발심 도반끼리 기도하러 다니는 모습을 예쁘게 보아 물속에서 구해 주신 부처님. 그 생각을 하며 나태심을 거두곤 한다. 열심히 기도하면 언젠가 이루어 주시는 부처님. 오늘도 기도로 하루를 시작하며 감사한 마음으로 살아가고 있다.

물처럼 바람처럼

 보현행(박경임) | 선학

　신정 연휴를 하루 앞두고 오대산 나들이를 계획했다. 불광사·불광법회에 다니는 네 명의 도반들이 새해의 안녕을 기원하는 기도를 위해 미륵암으로 달렸다. 영동고속도로를 달리는 동안 다른 사람이 운전하는 차를 탄 덕분에 도로변의 겨울 풍경에 젖을 수 있었다. 강원도로 가는 길은 언제나 바다를 꿈꾸게 한다. 하지만 이번에는 산으로 가는 길이라 잠시 바다에 대한 기대는 접었다. 잔설이 덮고 있는 산봉우리는 길가의 나목에서 느껴지는 것과는 다른 깊이가 있어 보였다. 자동차 안에서 바라보는 풍경은 너무 따스해서 봄이 온 것 같았다. 마른 들판의 모든 것들이 저 햇볕을 받아 고요함 속에서 다가오는 봄을 준비하고 있을 것이라는 추측을 하니, 차가운 겨울을 견딘 생명들이 사랑스러웠다. 나도 혈관을 타고 새로운 힘이 느껴졌다.

　몇 달 동안 사무실과 집만 오가는 생활을 하다 부처님 덕분에 이렇게 여행을 하게 되니 설레기까지 했다. 해맞이 지역 행사도 코로나 팬데믹으로 취소되어 고속도로는 예상보다 한가했다. 영하

15°C가 될 것이라는 일기예보를 듣고, 껴입은 옷이 자동차 안에서는 거북했다.

상원사 주차장에 닿으니 눈 덮인 산등성이를 가린 긴 산그림자가 비로소 강원도 산속에 왔다는 실감을 주었다. 휴게소도 건너뛰고 세 시간 만에 상원사 주차장에 도착하여 아슬아슬하게 미륵암으로 가는 마지막 셔틀을 탈 수 있었다. 높이가 낮은 자가용으로 비포장 산길을 올라가는 것은 어려워서 셔틀을 이용하는 것이 편하다. 비포장의 산길을 올라 미륵암에 내리니 오후 5시, 절집의 저녁 시간이었다. 뷔페식으로 차려진 저녁 식사를 맛있게 먹었다. 발우 공양은 아니지만, 자신이 먹을 만큼만 덜어 먹고 절대 남기는 일이 있으면 안 된다. 모두가 절집에서처럼 식사한다면 자연환경이 조금은 좋아질 것 같다. 그래서 불교신자라면 어디서든 음식을 남기는 일은 잘 하지 않는다. 자신이 먹은 그릇을 씻어 선반에 올리고 짐을 풀러 숙소로 향했다. 새로 증축한 요사채는 현대식 건물로 방에는 온돌 판넬이 설치되어 아주 따뜻하고 화장실이 실내에 있어 좋았다.

저녁 6시 30분부터 저녁 예불 시간. 연휴여서인지 우리처럼 새해를 부처님 앞에서 시작하기 위해 온 신도가 많았다. 거리 두기로 인원 제한을 둔 대웅전은 가득 차고 다른 사람들은 숙소 2층 법당에서 기도하게 되었다. 우리 일행은 다행히 대웅전에 자리를 잡았다. 스님의 독경 소리에 눈을 감고 한 해를 돌아보았다. 욕심으로 마음 아팠던 순간, 사람들과의 관계에서 이해받지 못한 서글픔도 다 내려놓고, 이 순간 이 자리에 있을 수 있다는 것에 감사하며 엎드려 절을 올렸다. 법당 밖은 그믐밤의 어둠이 산사를 감싸고 두 손 모아 숨소리조차 가늠되는 고요가 시간을 정지시킨 듯하다. 기도는 내 힘으로 해결하기 벅찬 일이 있을 때 어떤 위대함에 기대 위안받아 보려는 행동이기도 하지만, 기도에 심취하다 보면 머릿속의 잡념이 사라지고 나 자신을 들여다보는 시간이 되어주기도 한다.

미륵암은 오대산 다섯 봉우리 북쪽에 있는 암자이다. 오대산 다섯 봉우리에는 동대 관음암, 서대 염불암, 남대 지장암, 북대 미륵암, 그리고 중대 사자암과 상원사가 자리 잡고 있다. 북대 미륵암에는 오백 나한이 모셔져 있다. 나한은 아라한의 줄임말로 일체 번뇌를 끊어 깨달음을 얻은 불교의 성자를 이른다. 나한 기도는 기도하는 이에게 더욱 빠른 응답을 준다고 하여 기복의 기도를 드리는 신도들이 선호하는 기도처이다.

나 역시 새해의 가족 건강과 사업번창을 기대하며 아픈 허리에 복대를 두르고 함께하게 되었다. 나머지 세 사람 역시 신정 연휴에 가족을 뒤로하고 기도하러 달려왔으니 저마다의 바람이 절실할 것이다. 다른 일행도 가족끼리 온 사람들이 많았고. 의외로 젊은 청년들과 아가씨들도 있었다. 모든 종교가 고령화되어 가고 있어서 걱정인데 오늘 보니 그리 걱정할 일도 아닌 듯했다. 나한의 표정 하나하나를 재미있게 바라보며 가슴속으로 가만히 소원을 빌어보았다. 돈도 많이 벌고, 허리 아픈 것도 나아지고, 가족들도 화목하게 잘 지내기를 바라며 저녁예불을 끝내고 숙소에 앉으니 사방이 캄캄한 어둠뿐이어서 마치 세상과 단절된 것 같았다. 절에 가면 다른 여행과는 다르게 말을 절제하게 되는 것이 좋다.

묵언 수행! 불교의 기본 경전인 천수경에도, 나쁜 말, 지어낸 말,

이간질하는 말에 대한 참회의 문구가 연달아 있는 것을 보면, 생각을 밖으로 내놓기 전에 자신의 내면을 먼저 들여다보라는 의미인 듯하다. 내면의 소리 같은 바람 소리를 귓전에 들으며 일찍 잠자리에 들었다.

　1월 1일 새벽 2시 40분, 3시에 시작하는 새벽 예불에 참석하기 위해 찜질방 바닥처럼 달궈진 방바닥을 박차고 새벽안개 속에 섰다. 새들도 아직 깃들어 있는 새벽, 도량을 흔드는 스님의 목탁 소리가 태초의 소리처럼 산야를 감돌아 다시 내 가슴으로 파고들었다. 집에서는 깊은 잠 속에 있을 시간인데 스님은 매일 이 시간에 일어나 산을 깨우니 스님의 하루가 존경스러웠다. 졸린 눈을 비비며 법당에 앉으니 2박 3일의 새해맞이 기도에 오기를 참 잘했다는 생각이 들었다. 무엇을 위해, 누구를 위해, 이 새벽에 차가운 법당에 엎드렸을까 하면서도 새해에 부딪히게 될 어떤 난관도 지금의 각오로 견디며 부처님께 기대어 마음을 풀어놓고 싶었다. 지금, 이 순간 나는 그 무엇도 아닌 원시의 내가 되어 전생과 내생을 이어가는 찰나의 순간에 한갓 점으로 존재한다는 것을 알게 되었다. 새벽 예불 시작 전에 나지막하게 종을 치며 스님이 읊조리는 나옹선사의 시가 나를 타이른다.

　　청산은 나를 보고 말없이 살라 하고
　　창공은 나를 보고 티 없이 살라 하네
　　사랑도 벗어놓고
　　미움도 벗어놓고
　　물같이 바람같이 살다가 가라 하네

청산은 나를 보고 말없이 살라 하네
창공은 나를 보고 티 없이 살라 하네
성냄도 벗어놓고
탐욕도 벗어놓고
물같이 바람같이 살다가 가라 하네

미륵암에는 이곳에서 수행하다가 공민왕의 스승이 되어 가셨다는 나옹선사를 기리기 위해 나옹대가 조성되어 있다. 나옹대에서 하는 염불은 곧바로 하늘에 닿을 듯하다. 가만히 눈을 감고 듣는 스님의 나지막한 음성은 부처의 음성인 듯 영혼을 어루만져 주었다.

새해 아침을 이렇게 시작하다니 올해는 참 좋은 일이 많이 생길 것 같은 예감이 들었다. 물같이 바람같이 걸림 없는 삶이 되기를 염원하며, 경쟁과 아만심으로 괴로웠던 시간을 내려놓고 잠시 착한 내가 되어 본 시간이었다.

불광사와 함께 성장한 내 딸

 자성수(김남숙) | 총무

　부산에 살았던 어린 시절, 할머니와 함께 절을 자주 찾았다. 그래서 절은 법당 앞마당을 놀이터 삼아서 놀 정도로 친숙한 곳이었다. 이런 친밀감은 철이 들며 자연스레 불교에 귀의해 부처님 법을 배우며 수행하는 삶으로 이어졌다. 그러나 부산을 떠나 서울로 오면서 신행활동은 시들했다.
　부처님 법을 만나지 못한 채 삶을 살아오던 어느 날, 잠실 석촌호수 근처에 불광사라는 사찰이 있다는 얘기를 들었다. 문득 불광사를 찾아가 보고 싶다는 생각이 들었다. 그 생각이 불광사와 인연의 시작점이 되었다.

　지인의 소개로 찾아간 불광사.
　첫걸음은 서먹했지만 불광사 현관에서 만난 봉사자 보살님의 친절한 안내에 서먹했던 마음은 봄 눈 녹듯 녹아내렸다. 그리고 잘 찾아왔다는 안도의 생각도 들었다. 그렇게 불광사와 인연을 맺게 됐다.

불광사 현관에서 만난 봉사자 보살님의 안내로 신도등록을 했다. 그리고 불광교육원의 기본교육을 마치고, 이어 불광사 불교대학, 대학원 과정을 연이어 마쳤다. 불법을 공부하며 신심도 깊어져 갔다.

그 신심은 당시 중학교에 다니던 딸을 전법해 부처님의 법 안으로 이끌어야겠다는 생각으로 이어졌다. 다행히 중학생 딸 역시 전생에 불법을 공부했던 인연이 있었는지 나의 손에 이끌려 불광사를 찾았다. 딸은 그렇게 부처님 법과 인연을 맺어 불광사 중등부 목련법회에 다니기 시작했다. 딸은 대학에 입학해서도 신행활동을 이어 갔다.

대학에 입학해서도 대학생 불교동아리인 한국대학생불교연합회(약칭 대불련)에서 활동하며 대학생활을 이어갔다. 이어 중국 상해에 있는 대학교로 교환 학생을 준비하면서도 신행활동은 계속됐다. 그런 딸이 한 행동 중 대견스럽게 느꼈던 것은 교환학생 준비로 바쁜 가운데도 불광사 기본교육 과정에 입학해 전 과정을 수료했다는 점이다. 마냥 어리다고만 생각했던 딸이 불광사 불교 기본교육 과정을 수료하면서 부처님의 가르침에 눈을 뜨게 된 것이 지금 생각해도 자랑스러울 정도로 대견스럽게 느껴진다.

딸의 기특한 신행활동은 계속됐다. 중국상해에 교환학생으로 가 있으면서도 조계종 사찰법회에 참석하며 신행 생활을 이어 갔다. 훗날 딸은 신행활동을 이어 간 것이 즐겁고 행복한 중국 생활을 이어갈 수 있는 원동력이 되었다고 술회한 적이 있다.

대학 졸업 후 딸은 국내 유수의 K 공기업 입사에 도전하겠다는 포부를 밝혔다. 반드시 K 공기업에 도전해 꿈을 이루겠다는 딸의 각오는 야무지고 당차 보였다.

　K 공기업 입사를 위한 딸의 노력은 시작됐다. 입사시험 준비와 함께 절 방석을 사서 매일 108배 수행을 시작하는 것이었다. 두 번의 필기시험과 두 번의 면접과정. 그때마다 딸은 시험을 보러 가기 전 먼저 불광사에 들러 108배로 마음을 다스린 후 시험에 응시했다. 그런 노력의 결과로 딸은 그토록 염원했던 K 공기업에 최종 합격통보를 받았다.

　우리 가족은 딸의 K 공기업 합격은 부처님의 가피 덕분이라고 생각하고 있다. 부처님의 가피 덕분에 합격이라는 좋은 결과를 얻을 수 있었다며 부처님께 감사의 기도를 올렸다.

　딸은 K 공기업에 입사해 신입사원 연수 과정을 마친 후 지금까지 직장 내 불교동아리 활동으로 신행활동을 이어가고 있다. 때론 정목 스님 초청 법문, 월정사 템플스테이 등에 참여하면서 나름대로 신행활동에 깊이를 더해 가고 있다. 우리 가족은 딸이 불광사와 같이 성장해왔다고 자부하고 있다.

　딸의 오늘이 있기까지 신행 활동의 보금자리가 되어왔던 불광사가 지금 혼란을 겪고 있어 가슴이 아프다. 나와 딸, 그리고 우리 가족 모두는 불광사가 하루속히 정상화되기를 간절히 기도하고 있다. 젊은 불자들이 모여서 건전하고 활기찬 신행 생활을 할 수 있는 전법도량이 되기를 간절히 발원드린다.

나의 정법 신행 일기

 원각심(김명옥) | 명등

삼보 귀의하옵고

　친가·외가·시댁까지 모두 불교를 믿는 집안이었습니다. 초파일 불자로 살다 불광과 인연은 제 나이 33세, 삶의 무게에 넘어져 길이 보이지 않아 당혹감을 감추지 못하고 있을 때였습니다.
　1990년 11월 18일 수계식 3일 전 석촌동 거주 형님이 수계 받으러 오라는 전화로 제 사연 하소연. 수계 받기 위해 교육받고 불광법회 안내받아 옛 보광당 일요법회 첫인사. 광덕 큰스님 법문 접했고 좀 특이한 법회진행 낯설고, 관세음보살 염하고 다니다 마하반야바라밀 염송하라는데 부르기도 힘들었고 뜻도 잘 몰라 와닿지 않았어요.

　지나고 보니 많은 도반님들 격려와 기도방법 안내 받을 수 있었습니다. 앞이 뿌연 막막함에 평생 흘릴 눈물 쏟으며 옛 불광서적 판매 보살님, 직원 거사님, 전법 보살님, 여러 도반 보살님들이 친절하신 기도 방법 전수해 주셨고, 모든 미움 내려놓고 기도하면 환경이 바뀐다는 과정 들으며 꿈만 같았습니다.

나를 힘들게 하는 사람 위해 기도하라는 대목에 이해 안 되고 의문이 생겨 쉽지 않았는데 동일법성생명(同一法性生命) 가르쳐 주신 듯합니다. 청소 시 먼지나 처음은 더 힘들어질 수도 있지만 개의치 말고 꾸준히 밀고 나아가라 일러 주셨습니다. 너무 간절하여 초발심으로 용맹정진 기도하며 구도 행각을 뭣 모르고 따라 했습니다. 불광법회 법문 듣고 기도하니 밝고 긍정적으로 변해가고 이타적(利他的) 삶으로 조금씩 변해 가는 자신을 보게 됩니다.

세속적으로 욕심일 수도 있고 기도의 원력일 수 있겠지만 일과 정진 표 따라 그때부터 시작하여 도중 6개월 중단한 걸 제외하면 34년째 매일 기도 중입니다. 처음 몇십 년은 원찰 불광사를 비롯한 몇몇 사찰 법문 기도에 쫓아다니며 공부 수행, 기도 동참하고 21일 49일 100일. 기도입재, 회향 반복하여 부처님 은혜 많이 받았습니다.

광덕 대선사님 법문 중 "참된 소망은 반드시 이루어진다"는 말씀을 기도 중심에 두고 수행의 지향점, 나침반이 되기도 했습니다. 제 앞에 놓인 숙제는 제 역량 밖이라 온전히 해결하는 데 십 년 걸렸고 다 잘 마무리하는 데 불보살님 공덕으로 가능했습니다. 세월 지나고 보니 전화위복 되어 큰 성취 이뤄냈습니다.

바라밀교육, 명교사5기(불광대학) 교육을 우리 집 거사님과 함께 받고 1기 대학원생으로 같이 입학했지만 거사는 해외 출장 때문에 저만 졸업하였습니다. 거사는 제가 교육받을 때 픽업 중 청강하다가 다음 회차 바라밀 교육 등록하여 받고, 친정 부모님 수계 받으시게 해 드리고 친정어머니와 동생네 식구에게 전법하고, 자녀들, 며느리, 사위, 손주 가족들에게 전법 세뇌 중입니다. 자녀에게 부처님 은혜 절대 잊으면 안 된다고 상기시키곤 합니다.

부처님 가르침 교육받을 때, 합창 대작 등 연습 시 어찌나 환희심이 나던지 나는 전생에 무슨 복을 지어 이런 교육을 받고 있나 싶은 감사함과 더불어 부처님 재세 당시 견성(見性)하지 못하고 윤회사슬 못 끊었나 의구심이 일 때도 있었습니다.

불보살님께서 대보살 만들기 위해 돌부리 넘어지게 방편 시현(示現)하셨을 수 있다 하신 선배 도반 보살님 말씀이 위안 되기도 했고 감사했습니다.

고락(苦樂)이 반반인 사바세계(娑婆世界) 인토(忍土)의 세상에 태어나, 때론 힘든 여정이기도 했지만 지나고 보니 무수한 불보살님 곡진하신 보살핌으로 가피 듬뿍 받아 힘든 일 잘 넘겼고 자칫 캄캄한 어둠 속 헤매일 수 있었는데 부처님의 법의 등불, 횃불 받아든 든든함이 참으로 많았습니다.

수행하며 느낀 점은 기도와 보시(福德具足) 함께 해야 한다는 겁니다. 수행하여 니르바나(영원한 행복) 도달 목적이지만, 혜담 스님 말씀처럼 기도 중 현세 이익, 가피는 수행에 따라오는 보너스라 하셨는데, 저는 그 보너스 수백 퍼센트 받았습니다. 몇 년 지리멸렬하던 큰 성취도 있었고 갈 길 멀지만 이미 성취되어 있음에 감사드립니다.

대자대비 부처님이시여!
머리 숙여 엎드려 합장하고 감사, 또 감사드립니다. 다음 생에는 업력(業力) 아닌 원력(願力)으로 올 수 있기를 발원하며 정진하겠습니다.
나무 마하반야바라밀!

지금이 기도할 때입니다

 다연(이정자) | 명등

　마포구 서강대교 근처 친동생 집에 찐 옥수수를 나눠 주러 가서 하룻밤 잠자리를 청하던 중 잠을 이루지 못하고 뒤척이다 백중기도에서 사무국장님이 말씀하시던 이야기가 떠올라 지금 이 자리까지 오는 과정을 살펴보면서 나를 돌아보는 기회며 지금 처한 우리의 어려움을 극복할 소중한 기회라 생각되어 이 글을 적어보려고 합니다.

　저는 남편이 80년대 해외 사우디 근무 당시 '가족의 건강과 안전을 어떻게 하면 지킬까?' 하는 일념으로 친정어머니께서 다니시는 작은 사찰을 따라다니면서 무작정 기도를 시작하였고, 지리산 쌍계사, 국사암, 칠불사, 계룡산 그리고 월악산 등등 여러 절로 전전하며 철야기도에 하며 전념(專念)하였습니다. 당시 저는 기도의 방법도 모른 채 오직 가족의 건강과 안전이란 화두만 들고 그리 헤매고 다녔습니다. 지금도 뒤돌아보면 그때의 순수한 믿음의 시간이 매우 소중하고 그립습니다. 지금 생각해도 그 노력이 지금 저를 나름대로 건강하게 지탱하도록 하는 비법이 아닌가 생각해 봅니다.

칠십 평생 살다 보면 크고 작은 변화는 누구나 겪는 당연지사라고 생각합니다. 제 나름대로 겪었던 일을 정리해 보면 30세 때 무작정 철야기도(徹夜祈禱)로 가정과 사업 지켜냈고, 50세 때는 뇌수막염으로 8년을 고생하면서 가족과 부모님의 기도로 회복되었으나, 70세 때에는 빙판의 낙상으로, 척추골절 협착증이란 진단을 받고 걷는 것조차 힘들었습니다. 뒤돌아보면 삶의 과정이 그리 순탄하지 못했지만 현실을 바르게 보고 받아들이는 지혜가 생겼던 것 같습니다. 즉 나름대로 본인과 가족들의 기도 공덕으로 난관을 극복할 수 있었다고 생각됩니다. 덕분에 지금은 불광법회에서 책임 있는 명등 직함으로 미진하나, 나름대로 봉사하면서 건강을 회복하고 있습니다. 그래서 불자(佛子)의 한 사람으로서 깨끗한 한국불교를 기리는 마음으로 몇 자 올립니다.

이렇게 만들어진 환경을 탓하기 전에 우리 스스로가 좀 더 냉철하게 바라볼 때입니다. 그래서 저는 기도 수행을 통해 우리의 자리를 다시 한번 살피는 좋은 기회라고 생각되어 몸소 겪었던 경험을 바탕으로 다음과 같이 늘 기도하시길 바라는 맘으로 몇 자 적어봅니다.

늘 청정(淸淨)한 마음가짐과 간절(懇切)한 마음으로 자신을 다그치면서 변하지 말아야 하는 마음(始終如一)으로 기도 정진에 노력한다면 지금 우리가 직면한 암담한 현실이 반드시 밝은 정토 세계로 변하리라 확신합니다.

저도 일전에 사찰 때문에 겪었던 일이 있어 지금의 불교 현실을 다시 한번 살펴보는 기회가 되길 바라며 소개드려 봅니다.

제가 한때 다니던 절 'XX 정사'에서 큰스님'을 모시면서 스님에 대한 믿음과 장대한 불심으로 청양에 3만 3천 평 땅을 구입하여, 그곳에 사찰과 요양원, 불교 교육원을 설립하려고 불철주야(不撤晝夜) 부단히 노력했던 일이 있었습니다. 결과적으로 청정하지 못한 스님의 변심으로 큰 뜻을 접게 되었고 본인도 마음에 큰 상처를 얻은 경험담입니다.

당시 현장 공사가 한창 진행되고 있을 즈음, 절의 회장님과 현장 방문하여 공사 현장과 부지를 돌아보고 있을 때 스님께서 "회장님, 총무님, 이리 와보세요." 하시기에 가보니 석조물(石造物)이 설치된 곳을 가리키시며 '스님의 부모님 납골당을 이곳으로 옮겨왔다.' 하시더군요.

전 그때 '아차!!' 하는 생각에 걸어 나오면서 "회장님!! 우리의 불심(佛心)이 원치 않는 곳으로 가고 있는 것 같네요."라고 얘기를 드렸고, 이후에도 여러 가지 불미스러운 일들로 신도 전체 분들의 실망(失望)과 불신(不信)이 거듭되었습니다.
결국 거듭되는 일련(一連)의 일들로 인해 스님께 더 이상 뜻을 같이할 수 없음을 알린 후 스님께 신도들이 기부한 땅 구입 비용(費用)을 되돌려 달라고 요청하였습니다. 여러 변명을 하였지만 오랜 세월을 시시비비(是是非非)하여 일부라도 반환(返還) 받을 수 있었습니다.
추후 스님이 병환으로 돌아가시고 알게 된 사실(事實)은 속세(俗

世)의 자식이 있었고, 스님이 고령 70세 이상에 지병인 당뇨병으로 인하여 급(急)한 마음으로 자식에게 일부라도 남겨주려고 했던 의도(意圖)였음이 드러났습니다.

　형태는 달라도 근본적인 문제는 지금의 불광사태와 유사한 사건이며 우리 불교문화의 어두운 단면을 그대로 보여주는 실태입니다.

　이런 아픔 경험을 겪은 후 사찰(寺刹)에 함께 계셨던 노보살님들과 함께 불광사로 이적(移籍)하게 되었고, 이젠 부처님 법문에만 의지하여 불심(佛心)에 정진하리라 굳은 결심을 하고 임하였습니다. 그러나 제 기대와는 달리 불광사에서도 전 사찰과 비슷한 지홍 스님 사태를 겪게 되니 어떻게 설명해야 할지 매우 당황스러웠습니다.

　한국불교에 뿌리 깊게 박힌 부도덕한 스님들의 폐해를 언제까지 보고 있어야 하는가를 생각하면 가슴이 답답한 것이 지금 제 심정입니다.

　불광법회·불광사 정상화라는 큰 뜻을 실천하고 계시는 불광형제 여러분!

　2018년도 이전까지는 큰스님의 높은 뜻인 마하반야바라밀 수행을 삶의 목표로 삼고 오롯이 신실(信實)하고 진실(眞實)한 맘으로 함께해오던 불광법회 형제님들입니다. 그러나 어떤 스님은 유치원 공금횡령, 창건주 스님은 은처승 의혹 등 수없이 많은 각종 비리로 얽혀진 스님들의 진상을 바라보면서 참담하고 불자로서의 자긍심이 바닥에 떨어져 있는 지금입니다. 그런데도 굴하지 않고 바르게 지키겠다는 형제 여러분을 뵐 때마다 존경을 표하지 않을 수 없습니다.

불광형제 여러분!

지금은 우리들이 일심으로 함께 기도할 때입니다. 흔들리지 말고 정상화가 실현되는 그날까지 함께 기도 정진합시다. 반드시 성취됩니다.

마하반야바라밀!

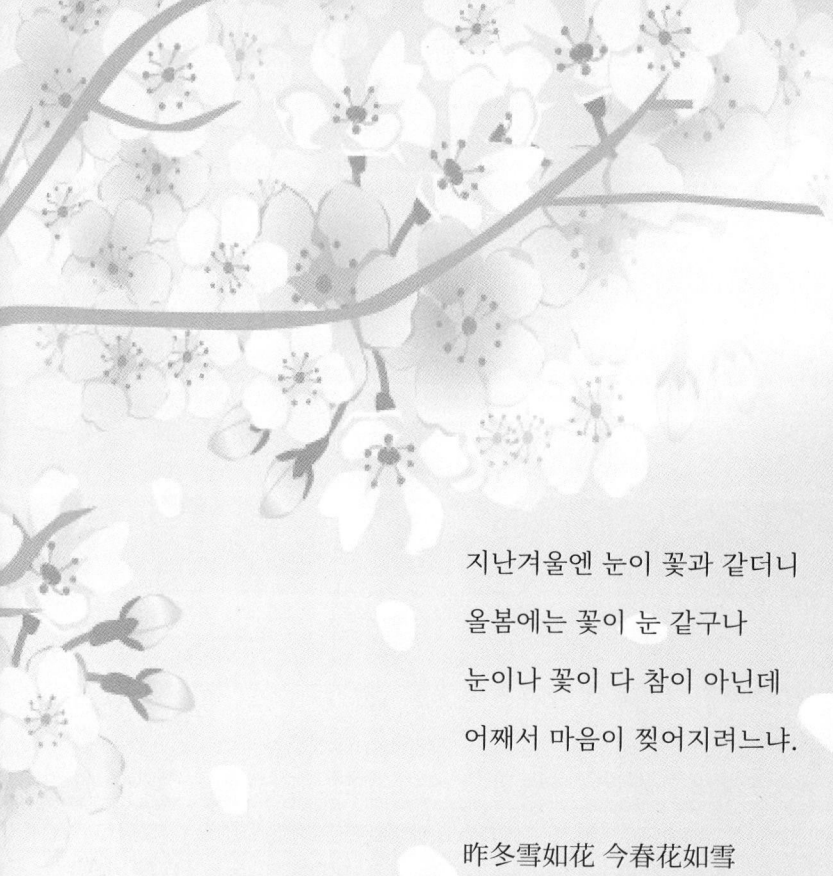

지난겨울엔 눈이 꽃과 같더니
올봄에는 꽃이 눈 같구나
눈이나 꽃이 다 참이 아닌데
어째서 마음이 찢어지려느냐.

昨冬雪如花 今春花如雪
雪花共非眞 如何心欲裂

- 만해 한용운

2

첫 발 하나됨이
끝없는 외침으로

큰스님 영전에 삼배 올립니다

 대자운(최혜경) | 전 부회장

큰스님!
청천벽력 같은 일이
불광법회·불광사에 일어났습니다.
어찌하여야 할까요?

불광형제들은
보현행자라는 자부심으로
큰스님 가르침 받들어
오직
반야바라밀이
삶의 근본이며
전법오서를 실천함이
바라밀국토 성취이며
호법하는 길이라고 믿고
수행정진하였습니다.

20대 30대에
불광과 인연하여
이젠 머리에 흰 이슬 내리고
육신은 잘 구르지 못하는
수레바퀴의 형상이 되었습니다.

큰스님!!!
이들이 무엇을 바라며
누구를 위하며
어떤 것을 성취하기 위해
가슴 쓸어내리며
아파하고 있겠습니까?
바람과
구함과
얻고자 함이 있다면
오직
법회 안정과
상구보리 하화중생과
불광형제들이 수행으로
자리이타를 실천하고자
할 뿐입니다.

큰스님!
엎드려 바라옵니다.

불광법회가
사부대중의 수행처로
거듭나게 하여 주옵소서.

덕 높으신 스승님을
사자좌에 모시고
예경하고 공부하고 정진하는
불광법회로
거듭나게 하여 주옵소서.

불광형제 모두
자비심으로 하나 되어
수희 찬탄하는
보현도량으로 거듭나게
하여 주시옵소서.

큰스님!
반야행원기도에서 일러주셨듯
"저희들은 반야법문에서
절대 물러서지 않겠습니다."

어떤 어려움도
그동안
큰스님 가르침 믿고 따르며
잘 살아왔던 세월에

보은하는 마음으로
불광법회를 지키겠습니다.

큰스님!
굽어살펴 주시옵소서.
간절한 마음으로 기도하며
또
오늘하루를 시작합니다.
마하반야바라밀.

대자운(최혜경)

이 또한 지나가리라

 자성인(이용희) | 전 사무국장

우리는 불광법회·불광사의 정상화 과정 속에서 부처님의 뜻이 어디에 있는지 미래 세대를 위해 우리가 가꾸어 가야 할 불교는 어떠해야 하는지를 성찰하고 앞서가는 불교인이 되어야겠다는 사명감을 가지게 되었습니다.

문도 스님들과 함께 이 과업을 이루어가야 하는 기대는 그야말로 한 조각 뜬구름 같음을 느끼게 되었습니다. 문도 스님들께서는 사부대중이 함께하는 청정하고 합리적인 사찰운영과 재정투명화, 그리고 무엇보다 중요한 광덕 큰스님께서 주창하신 순수불교 반야 법문을 이어갈 마음이 있으신지 저희들은 믿을 수가 없게 되었습니다. 은사 스님의 뜻을 조금이라도 느끼고 헤아린다면 그 뜻이 어디에 있는지는 아주 쉽고 쉬운 일인데 왜 그렇게 하지 못할까? 보이지 않는 그림자의 정체는 무엇일까? 불광법회 회칙과 운영규정에 따라 사찰을 운영하는 광덕 큰스님의 뜻을 바르게 이어간다면 얼마나 훌륭하고 편안한 일인 것을….

2018년 6월부터 현재까지 5년간 스님들과 종무원들로부터 온갖 상황을 겪으면서 다음 생애에는 훌륭한 출가수행자가 되어야겠다는 저의 꿈은 허망한 일처럼 느껴졌습니다. 출가를 한다는 것이 두려운 일이 되어서 이제는 그 꿈을 접고, 훌륭한 재가 수행자가 되어서 사회에 유익한 불자가 되어야겠다는 생각으로 바뀌었습니다.

큰스님께서 불교의 미래인 어린아이들을 위해 심혈을 기울여 1987년 개원한 이후 그 당시 지역사회에서 가장 신뢰받던 불광유치원을 어린이들을 위해서 현시대에 맞게 더욱 새롭게 정성을 기울여야 하는데도 특별한 이유도 없이 폐쇄하여 잘 다니고 있는 원아들을 모두 내보내어서 학부모들에게 불교와 스님들에 대한 큰 실망감과 불편을 겪게 하고, 교육관 건물도 폐쇄하여 불교대학, 경전강의 등을 듣지 못하게 하고, 불광선원도 문을 닫아놓아서 참선 정진을 열심히 하시던 분들을 뿔뿔이 흩어지게 하였고, 오카리나, 하모니카, 불화 교실, 선무도, 어르신 노래 교실 등 각종 문화강좌 프로그램도 모두 정지시켜 버리고 불광도서실 책들이 썩어가게 하는 그 악업들을 어찌하오리까?

수십 년간 저축한 호법비 등 불광형제들의 보시금으로 마련한 교육관인데 누구를 위해 무슨 이유로 문을 걸어 잠가서 3년이 지나도 열리지 않고 그 큰 건물을 스님들 공양실로만 사용하고 있으니 참으로 어이없는 상황입니다. 사부대중이 모두 이용하는 본당 지하 1층 공양실은 무쇠솥 등 각종 주방기구들이 모두 녹슬고 곰팡이가 피어서 사용이 불가하다 하니 하루속히 문을 개방하여 사람의 손길이 닿아야 일부라도 폐기를 면할 수가 있겠습니다.

불광형제님들은 각자 사회에서의 경험을 바탕으로 부처님 도량을 성숙시키는 자원봉사 보현행자가 되는 것이 자신들의 크나큰 영광으로 알고, 법등오서와 법등조직으로 이미 잘 실천하고 있습니다. 우리는 보현행원의 원력으로 회장단과 63개의 구법회, 법회사무국을 중심으로 일요법회, 봉축법요식, 창립법회, 백중기도 등등 각종 법회를 여법하게 잘 진행하고 있으며, 합창단, 연화부, 미디어팀, 보문부, 엘리베이터봉사팀, 현관안내팀, 보광당청정팀, 금강경염송팀 등등 24개의 자원봉사팀에서는 맡은 바 임무를 성실히 솔선수범하여서 법회를 일사불란하게 잘 이어가고 있습니다. 불광법회 형제님들께서는 법회를 위해서는 아주 작은 일이라도 무엇인가 힘을 보태는 것이 최상의 공덕임을 자부하고 직접 동참할 수 없는 분들은 항상 기도하면서 마음으로 함께합니다. 언제나 서로서로 격려하고 수희 찬탄하는 보현행원의 실천자들이십니다. 불광형제님들은 불광법회와의 인연을 이생에서의 최고의 인연임을 자부합니다. 광덕 큰스님의 법문을 듣게 된 인연으로 '내 생명 부처님 무량공덕생명임'을 알게 되었고 그것은 아주아주 존귀한 법문으로 우리 모두에게 훌륭한 삶의 지침서가 되어서 언제나 밝고 지혜롭게 마하반야바라밀에 의지하여 살아갑니다.

불광법회에서는 그동안 사시기도 후에 보살님들의 주관으로 금강경 독송 기도를 간헐적으로 이어오다가 2008년도에 불광 재건축 불사를 돕기 위해 금강경 독송팀을 만들어서 공휴일을 제외한 날에는 매일 독송하였는데, 2020년 1월부터는 명절날이나 공휴일도 쉬지 않고 365일 금강경 독송 기도를 합니다. 매일 금강경 독송 시에는 '불광정상화발원문'을 읽으면서 불광청정도량 원만성취의 간절한 소망을 부처님께 기원드립니다. 그리고 금강경 독송 기도에 구법회 별로 매월 두 번씩 법등모임이나 구법회모임을 병행하여서도 많이 동참합니다. 코로나를 핑계로 종무원들의 극악스런 기도 방해로 메가폰까지 동원하여 "당신들은 불자들도 아니다"라면서 법당에서 나가라고 위협적인 겁박을 당하면서 결국에는 법당에서 쫓겨나서 2020년과 2021년 여름에는 대웅전 입구 신발장 앞에서 가을 찬 바람이 불어서 추울 때까지 3개월 이상 밖에서 독송하였는데, 그 당시 스님들은 법당 안에서 그들을 지지하는 일부 신도들과 함께 기도하면서 불광법회의 금강경 독송 기도는 왜 그렇게 겁박을 하면서 방해를 했는지 참으로 어이없는 상황이었습니다. 2021년 7월 12일 월요일에는 코로나 정부 규정으로 법당에 들어가지 않고 대웅전 앞 엘리베이터 입구에서 4명의 인원으로 금강경 합송 기도를 하고 있었는데 남자 종무원들 다섯 명이 나타나서 당장 사찰 밖으로 나가라고 아주 위협적으로 소리를 질러대서 오늘은 이왕 독송하고 있으니 반독이라도 읽고 내일부터는 절에 오지 않겠다고 말하는데도 당장 나가라면서 남자 종무원들의 겁박은 멈추지 않았습니다. 그날 밤에는 청심환을 먹고도 잠을 잘 수가 없었고, 마음을 진정하는 데는 많은 시간이 걸렸습니다. 그 당시에는 정말 일제강점기 독립운동가들의 원력을 감히 떠올리며 그런 마음으로 불광법회를 지켜야겠다는 다짐을 하며 금강경 독송 기도를 이어가야겠다고 생각했습니다. 그때부터는 일주문 밖 댓돌에서 하루 이틀간 금강경 독송 기도를 이어가다가 석촌호수공원 벤치로 옮겨가서 2개월간 금강경 독송 기도를 하였습니다. 그런 극심한 상황 속에서도 그때가 마침 여름철이라 녹음이 우거진 석촌호수공원에서 가끔씩 불어오는 한줄기 미풍과 매미들의 합창을 목탁 소리 삼아 자연과 함께하는 금강경 합송기도는 이 생애에 정말 아름다운 추억의 한 페이지가 되었습니다.

매일 금강경 독송과 마하반야바라밀 정근으로 '내 생명 부처님 무량공덕 생명'임을 믿고 이미 다 이루어져 있는 그 자리에서 다만 세밀히 완전한 본래 마음을 발현시키는 과정이 필요하여서 늘 정근하면서 반야법문을 듣고 언제 어떤 상황이 오더라도 우리는 반야의 힘으로 밝고 긍정적인 부처님의 위신력을 믿으므로, 이 어려운 과정 속에서도 우리는 얼마나 많은 성장의 시간이 되었나 생각하게 됩니다. 불광형제들을 성장시켜 가는 곡진하신 부처님의 은혜임을 믿어 의심치 않습니다. 광덕 큰스님의 크신 뜻을 이어받은 천오백 명 이상의 불광형제들은 한국불교의 밝은 한 줄기 빛을 발하는 미래 세대의 희망의 터전을 마련하기 위하여, 청정도량 원만 성취를 위한 한결같은 마음으로 우리 모두 한마음으로 금강경 독송 기도를 여여하게 이어가고 있는 것입니다.

정상화의 과정 속에서 법원 방청을 위한 행차는 우리들의 또 다른 일상이 되었습니다. 평소에 한 번도 가보지 못한 법원을 수시로 다니게 되었고, 그 생소한 법 용어도 조금은 알게 되었습니다. 부처님 일로 이렇게 법원에 자주 가야 할 일이 생길 줄을 우리 불광법회 형제들은 상상도 못한 일이었습니다. 우리는 이것 또한 지나가는 과정의 아름다운 추억으로 웃으며 얘기하는 날이 곧 올 것임을 믿습니다.

주지 진효 스님이 쇠사슬로 법당문을 잠그고, 용역을 불러들이고, 기도하러 오는 저희들을 마주칠 때마다 빨갛게 상기된 눈으로 째려보는 난폭함도 오용승 종무실장 등 종무원들이 법문하시는 스님을 향해서 메가폰으로 매번 10분간씩 고성을 질러도 저희는 흔들림 없는 법회를 이어갔습니다. 그들의 심각한 법회 방해도 우리들에게는 한낱 유치한 놀음에 불과해 보였으며, 불광법회는 이 땅을 비추는 영원한 밝은 광명임을 우리는 잠시도 믿어 의심치 않습니다.

불광법회 정상화는 이미 많이 성취되었으며 곧 사부대중이 함께하는 큰 성취가 이루어질 것임을 확신합니다. 그리고 혜담 스님과 법회장님께서 저희들을 이끌어주시는 지중한 은혜에 언제나 감사와 존경을 드립니다. 혜담 스님께서는 큰스님의 법을 이어받아 저희들을 위하여 언제나 고구 정영하게 반야법문을 설해주시고 불광법회를 지켜주시는 크신 원력에 언제나 고맙고 감사합니다. 현진 법회장님께서도 수많은 어려움 속에서도 흔들림 없는 마음으로 저희들을 이끌어주신 은혜는 불보살님의 원력이라는 생각을 합니다. 두 분 모두 언제나 건강하시고 오랫동안 불광법회를 지켜주시기를 불보살님께 기원드립니다.

광덕 큰스님께서 기도는 부처님 진리에서는 이미 다 성취되어져 있으며 반드시 진리에 부합하는 기도여야 한다고 하셨습니다. 그리고 큰 원을 세우고 기도하면 작은 소망들은 저절로 이루어진다고 하셨습니다. 우리 불광법회 불광형제들은 불광청정도량 원만성취를 위한 큰 원을 세워서 기도를 하고 있기 때문에 자신들의 작은 소망들은 저절로 성취되어지고 언제나 밝고 청정한 마하반야바라밀의 진리 세계 속에서 살아간다고 생각합니다. 저희들의 기도와 보현행원은 끝이 없어서 다음 생으로 영원히 이어갈 것입니다. 이 생의 삶이 끝날 때까지 자신과 가족과 이웃과 사회를 밝히는 등불 같은 존재로 '자등명 법등명' '자귀의 법귀의'를 잊지 않고 살아가기를 발원하며 몸과 마음이 늘 깨어 있어서 언제나 자비롭고 지혜로운 불교인으로써 불법홍포에 최선을 다하기를 발원하오며 부처님께 감사 예경 드립니다.

창밖의 아름다운 새소리를 들으며 2023년 이 봄날 산하대지에 감사하며 불광형제님들 모두 성불하시길 기원드립니다.

나무마하반야바라밀.

꺼지지 않는 횃불

 반야행(김외숙) | 보살

불광법회의 50년 역사에서 무엇보다 안타까운 지홍 스님 사태가 일어난 지 6년이 지났지만 아직도 해결되지 않은 미완의 상태이다. 그동안 무슨 일이 있었는지 되돌아보며 원고를 쓰려고 하니 광덕 스님의 그 맑디맑은 얼굴에서 품어져 나왔던 순수불교의 사자후가 어제처럼 선명하게 들려온다. 스님, 현재의 이 사태는 한때의 어두운 그림자일 뿐 반야바라밀 광명은 여전히 밝게 빛나고 있는 것이겠지요?

지난 몇 년 사이에 많은 일들이 있었는데 그중에서도 특히 몇 날이 떠오른다. 지홍 스님 사태를 처음 알게 된 2018년 5월 24일, 그날은 아마 나에게 특별한 날로 기억될 것 같다. 그날 밤에 한 보살님으로부터 전화를 받았다. 불광사 일로 남편인 현진 법회장을 급히 만나야 할 일이 있는데 함께 나와주면 좋겠다는 것이다. 나는 그날 오후에 강의가 많았고 저녁에는 외부 회의가 있었기 때문에 피곤한 상태였다. 뿐만 아니라 현진 거사도 귀가하지 않았기 때문에 다음 날로 미루자고 했지만 매우 시급한 일이니 늦더라도 오늘 밤 꼭 만났으면 좋겠다고 하셨다. 밤 10시에 집 근처의 커피숍에서 세 사람이 만났다. 그 보살님이 상기된 얼굴로 심각하게 전하시는 내용은 하나같이 믿기 어려운 일들뿐이었다.

언뜻 이틀 전 부처님오신날 행사장에서 봤던 지홍 스님의 얼굴이 떠올랐다. 땅을 보며 걷는 모습이 몹시 초췌해 보였다. 큰 행사를 치르느라 고생하셔서 그러리라 짐작하며 감사함과 함께 안타까움을 느꼈었다. 아, 그런데 내가 모르는 사이에 그런 엄청난 일이 벌어지고 있었구나…. 지홍 스님으로서는 당사자로서 얼마나 곤혹스러웠을까….

너무나 놀라 당황하는 나와는 달리 현진 거사는 침착했다. 뭔가 잘못 전달되는 내용이 없는지 확인하려는 듯 몇 가지 질문을 했고, 이어지는 답들은 누구도 사실로 믿지 않을 수 없는, 그러나 믿기 싫은 부끄러운 정황이었다. 법회장 소임을 맡은 지 5달째에 너무나 큰 일이 벌어진 것이다.

충격적인 내용을 알게 된 현진 거사는 다음 날부터 몹시 바빠졌다. 지홍 스님뿐만 아니라 문도 스님들과 불광법회 전현직 임원 등 많은 분들과 이 사태에 대해 집중적으로 의논을 했다. 현진 거사는 예전부터 비구 스님들의 생활에서 여성문제가 매우 어려운 점이라고 듣고 있었고, 스님도 사람이기 때문에 누구나 실수를 할 수 있다는 관점으로 접근했기 때문에 스님께서 잘못을 뉘우치고 참회하시기만 하면 일이 순조롭게 풀릴 수 있다는 희망을 갖고 있었다.

충격적인 사실을 안 지 열흘째 되는 6월 3일도 기억에 새겨져 있는 날이다. 그날은 일요일이라 불광법회에서 일요정기법회를 진행하는 날이기도 하지만 무엇보다 남편과 함께 롯데콘서트홀에서 열리는 '정경화 바이올린 리사이틀'에 가기로 일찌감치 예매를 해두고 오랜만의 데이트를 기다리던 날이다. 그날 법회 후 남편은 정기명등회의를 하고 갈 테니 나에게 먼저 귀가하라고 했다. 그 후 회의가 늦어지니 콘서트홀에서 만나자고 전화가 왔지만 남편은 콘스트홀 입구에서 기다리는 나에게 문자만 몇 번 주고 끝내 나타나지 않았다. 궁금증과 아쉬움을 뒤로 하고 현재의 순간에 집중하며 평소 동경해 마지않던 정경화의 아름다운 바이올린 선율을 혼자서라도 즐기려고 애썼다. 그러나 뛰어난 음향을 자랑한다는 소문을 듣고 벼르다가 온 롯데콘스트홀에서 감상하는 감동적인 바이올린 선율 속에서도 순간순간 바로 옆의 석촌호수 건너편에 있는 불광사에서 무슨 일이 일어나고 있는지 걱정이 되지 않을 수 없었다.

　나중에 듣고 보니 그날 명등회의에 이어 회장단회의가 있었고, 그 후 회장단이 자문위원장과 함께 지홍 스님을 면담했다고 한다. 명등회의에서는 자신의 잘못을 인정하기보다는 사건을 음모론으로 해석하며 문제를 타인에게 전가하는 지홍 스님의 설명이 회의참석자들을 오히려 격앙하게 만들었다고 한다. 유치원으로부터의 입금이 합법적이라는 지홍 스님의 설명도 이미 그것이 부정행위라는 점을 교육지원청에서 확인한 어느 보살님의 객관적인 논박 때문에 그 기만성만 드러날 수밖에 없었다. 명등회의에 이은 회장단회의에서 지홍 스님의 사퇴가 피할 수 없는 상황임을 확인했고, 자문위원장님과 함께 지홍 스님을 면담한 자리에서 자문위원장님이 사퇴를 먼저 건의하셨고 법회장도 회장단회의의 결과를 전했다고 한다. 처음에는 여러 가지로 변명하시던 지홍 스님도 나중에는 회주직에서는 물러나고 1년 동안 참회하며 창건주직은 문도회의 결정에 따르겠다고 하셨다. 비록 좋지 않은 일이 일어나기는 했지만 신속하게 해결 방안을 찾을 수 있었던 셈이다. 명등들을 비롯하여 많은 불광법회 가족들도 이렇게 해결되는 것을 다행으로 생각했고, 과연 광덕 스님 제자로서 포교원장 스님은 다르다는 얘기들을 나누었다. 새로운 각오로 수행에 더욱 정진하자는 분위기도 퍼져나갔다.

그러나 문도회의 날짜가 가까워지면서 상황이 반전되었다. 문도 스님들의 의견을 미리 챙겨본 지홍 스님은 문도회의 하루 전에 갑자기 광덕문도회 탈퇴라는 예상치 못한 행동을 한 것이다. 직접 문자를 받고 또 신문보도로 이 사실을 알게 된 불광형제들은 망연자실했다. 세상에 어떻게 이런 일이…. 여종무원과의 부적절한 문자 교환이나 유치원 공금횡령은 불광형제들이 모르는 사이에 일어났던 일들이지만 문도회의를 통한 창건주 결정은 지홍 스님 스스로 제안했던 방법으로서 이미 불광형제들에게 공지되어 있던 것이다. 그런데 문도회의를 하루 앞둔 날에 지홍 스님 스스로 문도회를 탈퇴하겠다는 문자를 보냈으니 그 글을 받거나 신문기사를 보고 놀라지 않을 사람이 누가 있을까?

원만한 해결을 바랐던 많은 사람들은 약속을 헌신짝 던지듯 하는 지홍 스님의 대응방식에 놀라며 그의 창건주직에 대한 강한 집착을 느낄 수밖에 없었다. 문도회의에서는 지오 스님을 창건주로 결정했지만 지홍 스님이 창건주직 이양을 거부하면서 문제가 해결되지 않았다. 몇 달 후 지오 스님 대신 지정 스님에게는 이양하겠다고 했고, 지정 스님은 일요법회 법상에서 창건주직을 이양받으면 잉크가 마르기도 전에 지오 스님에게 이양하겠다고 약속하면서 지정 스님이 창건주직을 받는 것으로 협의가 이루어졌다. 그때만 해도 우리들은 지홍 스님이 약속을 어겼듯이 지정 스님도 약속을 지키지 않을 수 있다고는 예상하지 못했다. 그러나 지홍 스님이나 지정 스님에게 있어서 약속이란 아무 의미가 없는 행동이라는 사실을 그 후 수차례 경험을 통해 학습하지 않을 수 없었다.

지홍 스님 사태 이후 평화롭던 나와 가족의 일상은 큰 변화를 맞게 되었다. 현진 거사는 광덕 스님과의 각별한 인연으로 오래전부터 불광법회 일에 적극적이기는 했다. 우리나라 사찰에서는 거의 처음으로 법률상담 봉사활동을 시작하여 교계언론에 기사화되기도 했는데 서울에서 근무할 때는 말할 것도 없고 지방에 근무할 때도 주말에 일요법회 후 법률상담을 하는가 하면 광덕 스님께서 뭔가 문의하시거나 요청하시면 만사를 제치고 그 일을 우선시하곤 했다. 광덕 스님께서 큰 가르침을 주셨을 뿐만 아니라 우리 결혼식의 주례를 맡아주시는 등 우리로서는 스님께 입은 은혜가 특별했기 때문에 조금이라도 광덕 스님의 은혜에 보답하고자 하는 뜻에서였다. 그런데 지홍 스님 사태 이후에는 그 전과는 비교할 수 없을 정도로 많은 시간과 노력을 불광법회 일에 투입할 수밖에 없는 형편이 되었고, 그러다 보니 가족과 함께하는 시간은 물론이고 다른 활동을 위한 시간을 내기는 매우 어렵게 되었다.

나 역시 광덕 스님께 깊은 감동을 받았고 큰 가르침에 감사했지만 직장 생활을 하며 두 아들을 키우기에 바빠 매주 일요법회에 참석하며 법등모임에 동참하기가 쉽지는 않았다. 시어머니께서 집안일을 도와주셨지만 주말이면 할 일이 태산 같아서 많이 피곤할 때에는 남편에게 절에서 봉사할 것이 아니라 집에서 가장으로서의 의무부터 하라고 요구하기도 했다. 그러나 일주일 내내 불광법회 일에 골몰하는 지금과 비교하면 가끔 봉사하던 그 당시 남편의 법회 몰입도는 비교가 되지 않는 것이 당연하다. 그렇지만 은처승이라고 해도 허위사실로 명예가 훼손되지 않는 스님이 아니라 청정한 스님과 함께 수행공동체를 구성하고 사찰의 재정을 투명하게 운영하기 위해 힘쓰는 것을 알기에, 그리고 그것이 우리가 현재 할 수 있는 일로서 광덕 스님의 은혜에 보답하고 한국불교의 발전에 기여하는 것이라는 믿음이 있기에 이해를 하지 않을 수 없다.

돌이켜 보면 바쁜 가운데서도 1980년대 초창기 강남구 논현법등에서의 활동은 뜻깊고 즐거웠다. 광덕 스님의 법등 운영 방침에 따라 가족단위로 매월 회원 집에서 간단한 다과를 준비한 상태에서 모임을 가졌다. 우리 법등의 경우 일반적으로 거사들의 참여도가 보살들보다 좀 낮기는 했지만 부부가 같이 동참하는 집이 많았고, 우리 집 외에도 시어머니와 며느리가 같은 법등인 가족도 더 있었다. 법등가족모임에서는 식순에 따라 법회를 본 후 서로 법담을 나누며 수행방법도 공유하고 일상적인 대화도 즐기며 매우 친밀하게 지냈다. 그래서 우리 집이 송파구로 이사한 후 몇 년 동안 그 법등모임에 나가지 않을 때에도 미국 이민을 준비하던 보살님이 아드님과 함께 미국 워싱턴 D.C.에서 연수 중이던 우리 집에 숙박하며 함께 가까운 도시로 관광을 다니기도 했다.

우리 가족이 불광사에 가까운 송파구로 이사한 이후 얼마 지나고부터 시어머니께서는 매일 불광사에 새벽기도를 나가셨고 현진 거사는 거사들 법등인 대원2법등에 속하게 되었다. 나는 우리 아파트 보살들이 속한 법등으로 옮겼지만 생활리듬이 맞지 않아 어려움이 있었다. 그나마 그 법등이 다른 법등과 합해진 후에는 상당 기간을 무소속으로 지내며 일요법회에만 참석했다. 누군가로부터 송파구에 직장인으로 이루어진 법등이 생겼다고 전해 듣고 문수월 부회장님이 명등이던 시기에 현재의 법등 가족이 되었다. 예전의 가족단위 법등과는 분위기가 많이 달랐지만, 법회에서 법문만 듣고 귀가하던 때와는 달리 소속감이 커졌다. 신행이 자리잡힌 보살님들과 새내기 보살님들이 서로 밀고 당기며 신행생활을 공유하는 모습이 아름답고 든든하다. 일찍이 법등을 조직하신 광덕 스님의 혜안에 놀라지 않을 수 없다.

광덕 스님을 생각하면 대구에서 있었던 결혼식의 한 장면이 특별히 생각나곤 한다. 요즘처럼 교통이 편리하지도 않은 시절이라 스님께 주례를 부탁드리고 싶었지만 망설이다가 어렵게 말씀드리니 흔쾌히 수락해 주셔서 얼마나 감사했던지…. 스님께서는 미리 남편의 막역한 친구이자 보현사에서도 거주한 적 있는 보덕 거사에게 결혼식 날 꽃 7송이를 준비하도록 하셨다가 결혼식에서 부부의 깊은 인연을 말씀하시며 그 꽃을 내가 현진 거사에게 주고, 현진 거사가 다시 스님께 올리도록 하는 절차를 진행하셨다. 스님께서는 부처님의 전생인 선혜 동자와 구리 천녀의 연등불에 대한 연꽃공양 전생담을 말씀해 주시며 일반적으로 법당에서 결혼식을 할 때 식순에 헌화가 포함되고 그때 신랑은 꽃 5송이를, 신부는 꽃 2송이를 부처님께 공양하는 뜻이 거기에 연유하는 것이라고 설명해 주셨다.

광덕 스님께서는 우리 애들에게도 큰 불은을 심어주셨다. 스님께서는 어릴 때 불심을 심는 일이 중요하다고 강조하시며 어린이 포교에도 열심이셨다. 1987년에는 불광유치원을 개원하셨는데 둘째 아들이 제1기생으로 입학하는 행운을 가졌다. 불광유치원에서는 초기부터 당시 일반 유치원에서는 별로 없던 아버지 참여 프로그램을 선도적으로 진행해서 남편도 유치원에 가서 아버지 역할을 하느라 애쓴 모습이 사진으로 남아 있다. 부처님오신날 저녁에는 유치원생 가족들이 모두 석촌호숫가에 모여 연등 행진을 하기도 하였다. 첫째 아들은 이미 초등학교를 입학했기 때문에 불광유치원 혜택은 볼 수 없었지만 대신 여름방학에 이루어진 불광법회 어린이 불교학교 과정(5, 6회)을 1, 2학년 때 수료하였다. 어린이 포교 활성화를 위한 광덕 스님의 시대를 앞선 혜안과 실천 덕분에 자연스럽게 두 아들이 어릴 때부터 불교문화에 친숙할 수 있게 되었다. 광덕 스님의 생활불교 운동은 이렇게 우리 집 모든 가족에게 큰 영향을 미쳤다.

지홍 스님 사태 발생 이후 6년이 흘렀다. 쉽지 않은 날들이었다. 문제를 일으킨 이들이 모두 광덕 스님과 인연이 깊은 분들이라는 점에서 마음이 더욱 아프다. 우리 모두 광덕 스님의 제자로서 형제자매인데 이렇게 힘든 관계가 되어 있으니 얼마나 안타까운 일인가. 그러나 그런 날들 속에서도 다른 한편 부처님과 광덕 스님의 가피를 더욱 실감하고 있다. 석가모니 부처님께서 열반에 드신 지 2,600년이 지난 오늘날 직접 석가모니 부처님을 만난 사람은 없지만 부처님 법을 절대진리로 믿고 신행하는 불자들이 전 세계에 걸쳐 있다. 그와 같이 불광형제들 중에는 1999년 열반에 드신 광덕 스님을 친견하지 못한 분들도 많지만 광덕 스님의 가르침이 그들에게도 그대로 전해져 믿고 실천되고 있다. 뛰어난 성인들의 가피가 아닐 수 없다. 불광법회 형제들은 오늘도 광덕 스님의 가르침을 따라 기회 있을 때마다 마하반야바라밀을 염하고 "내 생명 부처님 무량공덕 생명, 용맹전진하여 바라밀 국토 성취한다."라고 다짐하며 스스로 횃불이 되어 활활 타오르고 있다. 꺼지지 않는 그 횃불이 불광을 밝히고 한국 불교계를 밝힐 것으로 믿는다.

불광 정상화에 대한 기억을 하고 싶지 않았다

 행원성(성정희) | 염송팀장

2023년 1월, 불광법회·불광사 사무국장을 회향하기까지의 시간은 천둥번개를 맞은 듯 멈추었다.

돌아보기 괴롭고 힘든 시간!
"깨끗해져라!
투명해져라!
대웅전에서 기도하고 싶다.
보광당에서 형제들과 법회를 개최하고 싶다."

2018년 5월쯤 불광법회·불광사 창건주 겸 회주인 지홍 스님이 삼귀의와 오계를 파한 것을 알게 되었고, 우리 불광형제들의 고통은 시작되었다!

불광법회 선학님들과 명등님들을 비롯한 불광형제들은 교육원 회의실에 모여 지홍 스님의 사과 혹은 유감이라도 듣고자 했으나 지홍 스님은 혜담 스님과 본공 스님이 자신을 불광사에서 쫓아내려고 모함한다며 스크린을 보여 주려 했다. 성난 보살님들이 항의하며 언성이 높아졌고, 거사님들이 나타나자 순간 회의실은 아수라장이 되고 지홍 스님은 자리를 피할 수밖에 없었다.

지홍 스님은 외출했다가 출입문 셔터를 내리고 출입을 통제하는 불광형제들에게 막혀서 불광사에 들어올 수 없게 되었다. 그는 불광법회·불광사 창건주를 지오 스님께 이양해야 하는데 꼼수를 부려서 지정 스님께 넘겼다.

지정 스님은 서류에 잉크가 마르기도 전에 지오 스님께 창건주를 넘기겠다고 법회에서 우리 불광형제들에게 약속했지만 그 약속은 4년이 지난 지금도 지켜지지 않고 있으며, 봉불사 공양주와 사이에 은처승과 은처의 개연성이 있다는 판결을 받아서 우리를 부끄럽게 하고 있다.

불광법회·불광사 창건주는 "서원이 견고하고 수행이 탁월한 청정 비구승"이어야 하건만 지정 스님은 봉불사와 자신의 아파트, 빌라, 전답과 현금, 신용카드까지 공양주에게 넘겨주는 이유를 무소유의 실천이라고 어이없는 핑계를 댔다.

이렇게 하여, 불광의 비정상화를 "불광법회·불광사 정상화"로 변화시키기 위한 우리의 여정이 시작된 것이다.

"마하반야바라밀!

불광법회·불광사 청정도량 원만성취하옵고, 호법, 전법 도량으로 한국 불교의 새 물결을 열어지이다.

변함없는 신심으로 물러서지 않으리니 시방삼세 부처님은 증명하여 주옵소서"

지정 스님은 힘들이지 않고 불광사·불광법회 창건주로 존재하며 하는 일 없이 수백만 원의 보시금과 때로 큰 수입을 챙기기 위하여 진효라는 난폭 운전의 주지를 두었다.

주지 진효 스님은 대한민국 법원으로부터 인정받은 불광법회·불광사 일요일 정기법회를 방해하고, 막기 위해, 부처님의 성전인 보광당을 폐쇄하고 경내에 경호원을 배치해서 불안감을 조성케 하며, 불광법회 사무국을 폐쇄하고, 심지어는 대웅전에서 금강경 염송을 못하게 하는 기막힌 일을 자행했다.

2019년 말, 코로나19는 발생했고, 그들은 든든한 지원군을 얻은 양 일요법회를 위한 유튜브 방송조차 할 수 없게 절 문을 잠그기도 했다.

법회장님은 죄송하게도 불광법회 선덕이신 혜담 스님께서 기거하시는 빌라에서, 또는 일주문 셔터 밖에서, 현관 로비 바닥에서까지도 불편함을 무릅쓰고 불광법회·불광사 일요일 정기법회를 진행하셔야 했다.

2020년 3월 2일 (사무국 톡방)

"마하반야바라밀!

오늘은 부처님의 아름다운 출발! 출가재일입니다.

세상은 온통 코로나19 바이러스 전염으로 불안합니다.

우리 사무국 보살님들의 안전을 위해 종무소에서 사무국 봉사를 2주간 쉬라고 합니다.

2주 후에 뵙겠습니다."

2020년 3월 17일

2주간 쉬었지만 종무소에서는 연락이 없었다.

그래도 설레고 조심스러운 마음으로 사무국 문을 열고 청소부터 하니 총무 대원스님이 오셔서 코로나 위험하니 사무국 문을 열지 말라고 하신다.

코로나가 위험하면 종무소 문도 닫아야 하는데….

2020년 3월 18일

아침에 법회 사무국에 갔더니 비번이 바뀌어서 문이 안 열렸다.

금강경 염송 마이크를 사무국에서 충전한다고 하니 종무과장이 와서 코로나 끝날 때까지 본인이 문을 통제한다고 했다.

우리 법회사무국을 자기들 마음대로 비번을 바꾸니 억울하고 괘씸한 생각이 든다.

사무국 문은 우리가 열 수 없었고, 봉사도 스톱 되었지만 일부 스님의 추종자들은 지하 1층에서 재봉사를 하고, 지하 2층 큰스님 기념관에서 연등을 만들기도 하고 종무소에서 직원인 양 책상에 앉는다.

"코로나는 해가 잘 드는 사무국에만 오고, 볕이 안 드는 종무소는 가지 않는가!
내로남불이고 적반하장이다!"

2020년 5월 19일
3월 19일부터 오늘까지 석 달 동안 법회사무국 업무는 코로나를 빙자한 강제 휴무 중~~
5월 25일부터 법회 사무국 봉사를 한다고 톡방에 올렸다.

"마하반야바라밀!
사무국 보현보살님들, 안녕하세요?
5월 25일부터 사무국 봉사 업무를 시작합니다.
담당 봉사자분들께서는 출근하셨을 때에 법우과장이 사무국 문을 열어주지 않을 시에는 복도 간이 소파에라도 앉아서 시위 겸 일을 해 주세요."

사무국장인 나의 호소에 봉사자들은 흔쾌히, 두려움 없이 사무국 앞으로 출근해 주신다.

부처님오신 날을 맞이하여 할 일이 많았다.
법회 사무국에서는 석촌호수 행진을 위한 컵등 제작을 기획하고 구법회에 제작을 의뢰하고, 부처님 탄신일에 절에 오시는 형제와 손님들을 위한 공양물을 주문하고, 특별법회를 환희롭고 신명 나게 치르도록 준비하며, 광명의 등 모연금이 잘 걷혀서 불광정상화를 위한 대비가 되도록 해야 했다.

정말 감사하게도 헌공금을 낼 때가 되면, 불광법회 형제님들은 "계좌번호 올려 주세요. 광명의 등에 돈은 부족하지 않은가요? 자금이 있어야 든든합니다."라고 재촉해 주셨다.

큰스님 추모법회와 부처님오신날, 백중기도, 창립기념 법회 등 큰일이 있을 때마다 온 마음으로 보시해 주신 불광형제분들께 이 자리를 빌려 깊은 감사의 인사를 고개 숙여서 올린다.

2020년 5월 26일

오늘도 사무국 문은 열 수 없어서 봉사하시는 보살님들께서는 복도 간이 소파에 어설프게 앉으셔야 했다.

열악한 환경이지만, 법회 사무국 봉사 겸 불광법회 지킴이를 하시겠다고 오시는 분들이 계셔서 사무국 식구들은 오히려 늘어났다.

희망적인 일이다.

"잘되는 집은 식구가 늘어난다고 하지 않았던가!!"

2020년 5월 30일
부처님오신날 !

선물처럼 보살님들께서 닫힌 사무국 앞에 테이블과 의자를 가져다가 떡과 반야심경 사경지를 올려놓으셨다.

간이 소파보다 훨씬 그럴듯해 보였다.

"항상 함께 계시는 자비하신 부처님!
부처님 높으신 덕 지키기 위하여 온갖 고난 기어이 이기오리다.
광명의 등으로 봉축의 등공양 올려 주시는 불광법회 형제님들과 인연 있는 여러 불자님들께 부처님의 지혜와 자비 충만하시기를…!"

2020년 6월 4일
"참 슬픈 일이네요. 어제 봉사한 명지행입니다. 어제 사무국 앞 테이블에 앉아 있는데 진효 스님이 쳐다보면서 '저게 무어냐?'고 하면서 직원을 불러서 혼내고, 사무국 문은 안 열어 주더군요."
"어떻게 이런 일이 있을까요? 누구를 위한 스님이고, 누구를 위한 종무원인지요?"

진효 스님은 일요법회를 방해하고, 법회 사무국을 막았지만 현진 법회장님께서는 불광법회 선덕, 혜담 스님을 모시고 불광법회 일요일 정기법회를 코로나19 기간 중에도 한 회도 거르지 않으셨고, 불광형제들의 법회 참석 인원은 나날이 증가하였으며, 법회 사무국은 닫혔지만 법회사무국 업무는 결코 소홀하지 않았다.
불광법회·불광사 형제들은 불광 정상화를 위해서 문도 스님들이 계신 어느 곳이라도 찾아뵙고, 청정하고 자애로운 지도자를 모시고, 재정이 투명한 전법 호법의 도량으로 거듭날 수 있도록 도와주시기를 요청드렸지만 스님들은 언제나 기대를 저버리셨다.

2021년 8월 19일
불광법회·불광사 차석부회장이신 지혜림 보살님께서 세상 인연을 다하시고, 부처님 나라로 가셨다.
불광법회·불광사 정상화를 위하여 일 하시느라, 하나밖에 없는 딸과 사위가 절 앞 식당에서 기다려도 반겨 나가지 못하시고, 자주 늦는 정수회의에 참석하셨던 지혜림 보살님의 극락왕생을 기원

드린다.

8월 29일 일요일

오늘도 변함없이 종무실장은 확성기를 들고 보광당에 들어선다.

우리 법회팀 보살님들께서는 그의 법회 방해를 막아 보기 위해서 온몸으로 인간 띠를 만들어 보광당 입구를 차단하지만, 그의 괴력에 휘둘리고, 다치고, 아파서 화나고 분하다!

경찰이 와서 종무원들을 나가게 한다.

9월 8일 수요일

오전 10시까지 보살님들을 모시고 지혜림 차석부회장님의 49재 중 3재를 모시기 위해서 각화사로 향한다.

각화사 대웅전을 가득 채울 만큼 많은 불광형제분들이 재에 참석하셔서 절 올리며 극락왕생을 기원 드리고, 오후 2시 동부지방법원(손해배상 소송 건) 법정에 참석하기 위해 운전을 한다.

오늘 시작한 재판은 그동안 스님들과 종무원들이 우리 불광법회를 방해하여서 우리 불광형제들이 겪은 정신적, 물질적, 신체적 고통에 대한 손해배상을 청구하는 것이며, 이 재판의 원고는 불광형제 1286명이다!

거룩하신 불보살님의 가호가 있으시기를….

9월 9일 목요일

대웅전에서 불광정상화를 위한 금강경 기도를 하고, 시간이 부족하여 점심을 거른 채 용인시 수지구 상현동에 있는 수원지방법원으로 간다.

지정 스님의 은처승 의혹에 관한 재판이다!

지정 스님은 본인의 동산, 부동산을 대부분 공양주에게 넘겼을 뿐 아니라 공양주 보살님과 해외여행도 상당히 자주 했으며 공양주 보살은 지정 스님 명의로 된 카드 사용도 하는데 이런 관계는 과연 무엇인지???

토요일 밤이면 투쟁을 준비하는 마음이 되고, 일요일 아침이면 불광법회를 지키는 전사의 마음이 되지만, 그 마음은 자비로운 마음이다.

우리는 불국의 역군! 이 땅 부처님 나라!

"우리는 횃불이다. 스스로 타오르며 역사를 밝힌다.

내 생명 부처님 무량공덕 생명, 용맹정진하여 바라밀 국토 성취하자.

보현행원으로 보리 이루리!"

2021년 11월 14일, 수능기도 회향법회, 동안거 입재

오늘 2022학년도 수능기도 회향법회를 위해서 예쁘고 맛있는 찹쌀떡을 준비했다.

운기 넘치는 붉은 쇼핑백에 찹쌀떡과 생수를 넣어서 줄을 맞추어 둔 것을 보고, 법회 방해하러 온 종무원들이 놀라는 표정!

우리 불광형제들은 수험생을 응원하는 마음으로 마하반야바라밀 염송을 하며 정성 모아 108배를 올렸다.

" 자비로우신 부처님!

바라옵건대, 수험생 불자가 부처님의 지극하신 위신력으로 이

땅에 생을 받은 것처럼, 부처님의 지혜 광명에 힘입어 이번의 수험에 우수한 성적이 되고 사회와 세계를 법성 광명으로 빛낼 수 있는 대학에 합격하게 하소서. 저희들의 발원이 부처님의 크신 위신력 속에서 성취되어져 있음을 믿사오며 다시 원하옵니다. 나무마하반야바라밀….

11월 18일, 수능 시험일
사무국 앞에서 불광형제들께 기도접수를 받을 때에는 참으로 간절한 마음이 든다.
저희들에게 기도 접수해 주신 분들의 소원을 접수하여 주시옵고 금강경의 위력 떨치어서, 부처님께 간절히 108배 올리는 마음을 받아 주시어서, 수험생들이 원하는 바를 이루어지게 하여 주옵소서.

금강경 염송팀원들은 수험생 어머니, 조모님들과 제사장의 마음으로 아침 10시부터 시작해서 저녁 5시까지 수능생 시간표에 맞추어서 릴레이 108배를 올린다.
점심시간에는 함께 김밥으로 힘을 충전한 후 무심한 마음으로 그저 육신을 반복하여 접고 또 접으며 아이들이 실수 없이 실력을 뽐내주기를 기도했다. 저녁 5시가 되어가며 시험이 끝날 시간쯤에는 하염없는 눈물이 흘렀다.
"아이들이 시험을 잘 보았겠지! 부처님 가피하셨겠지!
부처님 감사합니다. 마하반야바라밀….
우리의 간절함이 통했는지 할머니 보살님께서 기도 잘 해주어서 손주가 시험 잘 보았다고 감사 헌공금을 내신다!

2021년 12월 26일, 송년법회

2021년 마지막 송년법회를 위해서 보광당을 청결히 하고, 체온 측정, 방명록 작성, 떡국떡, 핫팩을 나누어 드린다.

작년 겨울에는 코로나 초기라서 쌍화탕을 뜨겁게 데워서 드렸는데, 올겨울엔 사중에서 보광당에 난방을 해 주지 않으니, 긴 시간 발열하는 핫팩을 나누어 드린다.

작은 핫팩에 의지해서 혹한을 견디시며 법회에 참석해 주시는 대단하신 불광형제분들께 존경과 찬탄이 절로 나왔다.

코로나 신규 확진자는 7~8천 명 정도에 도달하여 합창단은 마스크 착용한 채 24명이 참석하여 〈해를 보내며〉 찬탄곡을 올린다.

법회 후, 불광 송년법회 한마당이 열렸다!

송파32구 원명성 보살님의 무반주 〈케 세라 세라〉 열창과 거사님, 보살님들의 시 낭송, 혜담 스님의 우리를 격려하시는 노래와 법회장님의 오카리나 연주까지 이어지며 7세 어린이의 경전 독송과 유훈석 샘님의 독창은 보광당을 울리고, 불광 정상화를 격려하고, 응원하고, 찬탄하는 시간으로 아름다운 여운을 주었다.

"내 생명 부처님 무량공덕 생명 용맹정진하여 바라밀 국토 성취하자! 부처님 감사합니다."

2022년 1월 2일, 세알법회
불기 2566년 세알법회!

2022년도 1월 감사장과 선임장 수여 받으실 분이 90명 정도!

법복을 곱게 입으신 새 임원들의 모습에 가슴이 설렌다.
　무엇보다 새 여성 부회장님들(천진성, 법성행, 문수월)의 탄생에 기대와 기쁨이 충만하다!
　불광법회 정상화를 위한, 새 부회장님들이 등장하시는 선임식으로, 정상화는 이제 온 것이다!

　2022년 2월 6일, 큰스님 23주기 추모법회와 정월 조상천도입재
　금하광덕 대종사 23주기 추모법회임에도, 사무국은 여전히 폐쇄되었고, 불광법회 공간은 일요일, 보광당 사용뿐이다. 그래도 일요일 큰법회에 오시는 형제들께 드릴 공양물은 준비해야 한다.
　대원 3구 덕문 거사님의 영업장 공간을 빌려서 두유, 바나나, 천혜향 등을 법회사무국 보살님들이 넣는 작업을 하신다.
　사무국 안에 계신 큰스님 진영도 보광당으로 모실 수 없어서 대원3구 지광, 혜광 거사님께서 새롭게 큰스님 진영을 만들어 오셨다.
　보광당 안을 꽃으로 장엄하고, 큰스님 진영과, "불광법회·불광사 회원 일동 복위"라고 합동 위패를 모시고 거룩한 추모법회를 진행한다.

　오늘 코로나 신규 확진자는 38,691명이고, 누적 확진자 수는 100만 명을 돌파했다.
　코로나 방역 4단계인지라 법당 안에는 299명까지 들어가고, 보광당 밖에서 시식을 기다리시는 형제들이 안타까운데, 더하여종무원들이 확성기를 들고 나타나서 보광당 진입을 시도한다.

문수혜, 월명인, 법운지, 도명화 보살님 등 법회팀 식구들과 청명 거사님께서 경찰도 막기 전에 먼저 나서서 보광당 진입을 막는다.
오용승은 악마가 씌워진 양 말도 안되는 소리를 영혼 없이 반복해서 외우며, 이리저리 틈을 노리지만 우리 보살님들은 "내 몸에 손 대지 마!"라고 외치며 몸으로 막아선다.
오용승은 위협적으로 불전함을 던져서 귀퉁이를 부서뜨렸다.
마침내 경찰은 그들을 데리고 엘리베이터를 탔다.

보광당 밖에서 고생해 주신 형제들 덕분에 안에서는 큰스님 속가 가족분들까지 동참하셔서 추모법회와 천도재는 법다히 치러졌다.
금강경 봉송과 함께 시식 올리는 줄이 계속 이어져서 법회 시간이 많이 연장되어 늦어졌지만, 모두 감사한 마음뿐이었다.

"이차 인연 공덕으로 불광법회·불광사 정상화 원만성취하옵고, 선망 조상님들의 극락왕생을 기원드립니다. 나무마하반야바라밀.

2022년 3월 20일, 지장재일 및 일요일 정기법회
3월 20일은 지장재일이며 일요일 정기법회날이다.
분명히 일요일 보광당 사용 우선권이 불광법회에게 있건만 지장재일이 겹쳤다는 이유로 사조직들이 보광당을 사용하겠다고 한다. 그럴 수는 없는 일이다!

"마하반야바라밀!
구법회 식구들은 내일 08시까지 나오셔서 노란 띠 하시고 보광당에 착석하셔서 불광법회를 지켜 주시길 바랍니다.

많은 불광형제분들이 아침 일찍 서둘러 보광당으로 오셨고 사조직들과 피할 수 없는 대치상황이었으나 우리는 보광당을 사수하고 지장재일법회를 끝까지 진행했다.

혜안팀장님은 '마하반야바라밀!'을 구호로, 나는 나비처럼 춤추듯 손뼉치기를 유도했다.

오늘 우리는 마하반야바라밀로 박수치는 승리의 전사!

2022년 4월 16일 토요일

대원3구 강봉 거사님께서 제안하시고 혜각, 지광 거사님께서 함께 추진하신 1인 시위가 시작되었다!

"용역동원 불광법회 말살 주지 진효 물러가라!

은처 개연성, 공양주에 사찰 재산 몰빵한 지정 스님 창건주 즉각 사퇴!

유치원 공금횡령 실형확정 지홍(전 포교원장)을 종단은 영구 제명하라!"

사조직 덕우 안상민 거사가 시위용 피켓을 발로 차고, 탈취해서 불광사 내로 잠적한 것을 경찰도 못 찾고 돌아감!

2022년 4월 19일 토요일

불광법회를 위해서 노고가 크신 불광법회 선덕 혜담 스님께서 조계종단 초심호계원으로부터 공권정지 7년, 법원으로부터 징역 2년 집행유예 6개월을 받은 지홍 스님은 공권정지 1년 6개월을 결정받았다.

비상식적이다!

2022년 5월 8일, 부처님오신날!

"지극한 마음으로 온 세계 스승이며 모든 중생 어버이신 석가모니 부처님께 봉축드립니다.

꽃 피고 파랑새 울고 룸비니 동산은 춤을 추었네.

나무석가모니불…."

화창한 날씨도 부처님 탄생을 봉축하니 우리 불광형제들의 마음은 환희심 가득했다.

봉축법요식을 위해 보광당을 가득 채우고도 모자라 보광당 밖 로비까지 가득한 형제들은 마하보디 합창단의 찬탄곡과 관악 5중주, 우렁차고 멋진 테너 가수들의 오페라 〈투란도트〉 중 〈네순 도르마〉, 영화 어바웃타임 OST, 지킬앤하이드 중 〈지금 이 순간〉 열창에 가슴이 탁 트이고 한 편의 뮤지컬 음악 속에서 주인공이 되는 통쾌한 느낌을 받는다!

우리의 환호와 가수들의 멋진 열창이 천장을 뚫고 스님들과 사조직의 귀에 도달했으리라!

게임은 끝장이다!

오색의 컵등과 지화 연꽃을 손에 들고 석촌호수 행렬을 하며, 세상 시름은 다 내려놓고, 불광법회·불광사 정상화 원만성취의 희열을 느낀다! 오늘, 부처님오신날, 불광법회·불광사 정상화 원만성취하였습니다!

기쁜 마음으로 기억나지 않는 즐거운 수다와 마하반야바라밀 염송을 하다가 서호 수변무대에서 모두 함께 기념사진을 촬영하였는데 매우 아름답게, 화려하게 표현이 되었다.

존귀하신 세존이시여!
탄생하심에 예경 올립니다. 나무석가모니불….

2022년 5월 10일, 문도회의
"지정 스님 회주직을 지철 스님께서, 진효 스님 주지직을 지현 스님께서 승계하시는 것으로 정했답니다.
5월말 경 진효 스님께서 보현사 주지로 가고, 그때 새로운 회주, 주지 스님이 업무를 인수하기로 했답니다.
지정 스님 창건주 직을 지철 스님께서 승계 받아야 하는 이유를 지철 스님 지현 스님께 우리 불광형제들이 잘 설명했습니다.
이 부분은 앞으로 대책을 마련해야겠습니다.
법회장 현진 박홍우 합장."

2022년 5월 24일 화요일
법회 사무국 톡방 동영상에는 사무국 앞 간이 테이블을 오용승이 무력으로 빼앗으려 하고, 사무국 봉사자들 네 분이 빼앗기지 않으려 하시는 안타깝고 슬픈 장면이 있다!

2022년 5월 25일, 심월행 선학 보살님!
마하반야바라밀!

법회사무국 앞에 테이블을 펴고 사무국 업무를 보려 했으나 종무실장과 법우과장이 테이블과 의자를 빼앗아 던져서 보살님들은 계속 주워 오셨습니다.
보살님들께서 테이블을 빼앗기지 않으려고 테이블 위에 올라앉으셨는데 오용승, 정승열 두 사람이 힘을 합쳐서 테이블을 강제로 잡아당겨서 그 위에 앉아 계시던 심월행 보살님께서 그대로 쿵 하고 시멘트 바닥에 떨어지셔서 충격을 받고 정신을 잃으셨습니다.

정승열이 놀라서 119에 신고를 했고 구급차가 와서 제가 강동성심병원으로 모시고 갔습니다.

심월행 보살님께서는 검사를 받으시는 중이며 떨어진 충격으로 고통이 심하셔서 입원하시고 더 집중 치료를 받으셔야 합니다.

나무마하반야바라밀….

불기 2566년 8월 7일, 백중기도 회향 및, 수능 백일 기도입재
백중기도 회향의 백미는 단연코 부모은중송 공연이었다!

마하보디 합창단 자명행 단장님께서 불광법회 형제들의 결집을 위해서 백중회향식 때 큰스님의 작사곡인 부모은중송 공연을 제안하셨고, 이 제안은 곧 불광형제들의 전폭적인 지지와 성원으로 이어졌다.
김회경 지휘자가 오셨고, 부모은중송 특별 합창단원이 모집되고, 집중 연습과 함께 불광형제들의 자발적인 후원금이 쏟아져 들어왔다.
보광당에서 부모은중송 연습하는 합창 소리는 본당 건물을 울릴 정도로 역동적인 기운을 선사하고, 그만큼 사중 스님들은 위축되셨으리라!

백중회향 날!

보광당과 로비, 2층 발코니석까지 사람들로 가득 차고, 지휘자 샘님과 단원들은 뜨거운 열기로 긴장도 되었지만 관현악단의 연주와 함께 "불광 정상화 발원을 위한 부모은중송 공연"이 시작되었다!

서곡을 시작으로 부모님을 기리는 시 낭송이 울려 퍼지자, 사람들은 공연에 몰입되는 듯했고, 마침내 한 악장이 끝났을 때 어디서 시작되었는지 모를 박수와 함성이 터져 나왔다.

공연이 끝날 때까지 60분에 이르는 시간 동안 무대와 객석은 혼연일체가 되어서 금하당 광덕 큰스님을 그리워했고, 그분의 유지를 잘 받들어서 승가가 청정하고, 재정이 투명한 합리적인 사찰운영으로 전법 호법의 도량을 만들 것이며, 불광법회 정상화는 이미 우리 곁에 와 있다고 환희용약 했다.

우리는 또 한 번 보광당 천장을 찢었다!

나무마하반야바라밀….

2022년 10월 16일, 불광법회 창립 48주년 기념법회

매주 목요일 저녁 8시, 현진 법회장님과 정법수호 위원님들은 네이버 웨일을 통한 화상회의를 한다.

지난 10월 6일, 정수회의에서는 창립기념법회 준비 및 점검을 했다.

불광법회 창립 48주년을 맞이하는 감회가 특별하다.

2022년 올 한 해는 불광법회 정상화에 성큼 가까워졌다!

이만큼 오기까지 각 구법회 명등, 선학 보살님들과 법등 가족의 불광법회 정상화에 대한 크나큰 열망과 원력에 대해 감사하고 찬탄 드리고 함께 기뻐하는 축제를 즐겨야 한다.

떡케이크와 꽃바구니를 준비하고, 특별히 귀여운 동자승 캐릭터의 도자기 세트를 형제분들께 선물하기로 결정했다.

전 포교원장이셨던 혜총 스님, 우리의 혜담 스님도 생일 고깔모자를 쓰시고, 불광법회 형제들은 여기저기 재미있는 헤어 밴드 등으로 모양을 내신 채 즐거운 창립법회의 주인공들이 되신다.

존경하는 혜총스님, 혜담 스님 법문 듣고, 이미리와 팬텀듀오의 노래에 감동하고, 도자기 세트 선물이 있어서 불광법회·불광사 창립 48주년 기념법회는 불광형제로서의 자부심과 긍지를 한층 고양시켰다!

2023년 1월 1일, 임원 회향과 선임식

불기 2567년 계묘년이 밝아오면 감사하는 마음으로 사무국장 소임을 회향하리라!

나의 부처님, 자광 거사는 사무국장 임기 동안 세차와 주유를 맡아주고, 가족을 챙기면서 나를 기다려 주었다.

다행히 불광정상화의 여정은 어둡고 긴 터널을 빠져나온 듯하다.

대웅전에서 기도할 수 있고, 보광당에서 형제들과 법회를 하고 있다. 폭력적인 진효 스님과 오용승이 가고, 회주, 주지 스님이 바뀌었다.

그동안 많은 형제들이 고소 당하고, 또 고소하고, 살아오면서 겪지 못했던 법원 나들이를 자주 하고, 폭력을 당했다. 신체에 장애를 입는 아픔을 겪은 보살님도 계시다.

불광법회를 방해해서는 안 된다는 법원의 결정도 받았다.

우리는 하루도 빠짐없이 불광법회·불광사 정상화를 위한 금강경 기도를 이어왔고, 앞으로도 그럴 것이다.

2022년 여성 부회장님들께서 선임되고 회장단은 새로운 활력을 얻었으며, 불광법회의 역사는 나날이 새로운 기록을 탄생시킨다.

법회 때마다 훌륭하신 법문과 불광형제들의 많은 동참으로 옳은 일을 한다는 확신이 커지고, 백중, 부처님오신날 등의 큰 법회 날은 문화와 예술의 격이 높은 공연으로 많은 대중의 신심과 환희심을 고취시킨다.

이제 사무국장으로서의 책임은 불광법회·불광사를 위해서 더~ 열심히 정진해 주실 분에게 부탁드리고….

"오늘, 사무국장 소임을 회향할 수 있게 해 주신 거룩하신 불광법회·불광사 부처님들과 가족부처님들, 보리 도반님들께 감사의 인사로 108배를 올립니다.

훌륭하신 스님과 법회장님을 보필할 수 있어서 영광이었습니다. 불광법회·불광사 형제분들께 존경과 사랑을 드립니다.

오늘 선임 받으시는 임원님들께 진심으로 축하와 찬탄을 드립니다.

청정하고 아름답고 행복한 불광법회·불광사 영원히 번영하라!

나무마하반야바라밀.

불광 운동 45년 (광덕 스님 전집 1권 요약)

 현수(송용철) | 명등

— 목 차 —

1. 불광 운동의 이념과 그 목표
(1) 불광의 의의와 이념적 지향
   - 불광의 의의
   - 순수 불교의 이념적 지향
(2) 불광 운동의 이념적 목표
   - 각(覺) 중심의 바라밀 운동
   - 인간 중심의 대중 불교 운동
   - 마하반야바라밀
   - 전법 중심 법등 운동
   - 순수 불교의 이념
2. 불광 운동의 전개 과정
(1) 불광 운동의 모체
   - 불광회

(2) 1기 (1974년~1982년): 개척기
　　　　 - 불광법회
　　(3) 2기 (1982년~1999년): 성장기
　　　　 - 불광법회·불광사: 불광 바라밀운동의 잠실 법당
　3. 불광 운동의 다양한 활동 양상
　(1) 월간 「불광」
　　　　 - 월간 「불광」 25년의 흐름
　(2) 불광법회 25년
　　　　 - 불광법회 25년의 흐름
　　　　 - 불광법회의 특성적 활동
　　　　 - 불광법회의 역사적 의미
　4. 에필로그

1. 불광 운동의 이념과 그 목표

　(1) 불광의 의의와 이념적 지향
　　　 - 불광의 의의; 부처님의 반야 광명으로 인간의 마음과 삶을 밝게 비춤으로써 인간과 사회의 성공과 행복, 번영 발전을 실현하려는 것이고 불광 운동의 이상이며 궁극적인 목적인 것이다.
　　　 - 순수 불교의 이념적 지향; 1974년 11월 1일 불광회 법주 광덕 스님은 첫 등불인 월간 「불광」 창간호 권두언에서 '순수 불교 선언'을 공포하셨다. '불광'은 순수 불교 이념을 추구한다. '불광 운동'은 순수 불교 운동이다.

(2) 불광 운동의 이념적 목표

　　- 각(覺) 중심의 바라밀 운동; 순수 불교 선언 첫머리는 '부처님께서 보신 바에는 인간은 누구의 피조물(被造物)이거나 상관적(相關的) 존재가 아니다. 사람의 참 모습은 절대의 자존자(自存者)이며 무한자며 창조자'라고 시작되고 있다. 이것은 불광의 순수 불교 운동 —불광 운동이 첫걸음부터 석가모니 부처님을 근거하여 부처님의 각(覺), 반야를 중심 삼고 있다. 따라서 불광 운동은 철저히 석가모니 부처님의 각, 반야, 그 구체적 내용인 담마(Dhamma)를 신앙하고 부처님 법을 등불 삼고 부처님 법을 배우고 실천하여 전파하는 것이 제일의 이념적 지향으로 삼고 있다. 그런 의미에서 불광 운동은 각(覺) 중심주의며 법(法) 중심주의라 할 수 있을 것이다.

　　순수 불교의 큰 의미인 각 운동은 광덕 스님에 의하여 반야바라밀 운동으로 반야행원 운동으로 이념화 되고 있는 것이다. 그래서 불광의 형제들은 언제 어느 때나 어느 곳이든지 '마하반야바라밀', '보현행원으로 보리 이루리.'를 외친다.

　　- 인간 중심의 대중 불교 운동; 순수 불교 선언에서 불광은 신성과 절대 가치를 선언하고 나온다. 인간이 곧 불성(佛性)임을 선언하고 나온다. 따라서 불광 운동은 철두철미 인간 중심의 가치를 드높이고 있다. 인간이 불성이며 신성(神性)임을 전파하고 있다.

　　- 마하반야바라밀; 불교의 순수 불교 운동은 인간 존엄, 국토 청정을 구현하는 바라밀 운동을 지향한다. 불광 운동은 곧 불광 바라밀 운동인 것이다. 그래서 불광형제들은 이렇게 '반야 활구'를 주장하고 있다. '마하반야바라밀, 보현행원으로 보리 이루리.', '내 생명 부처님 무량공덕 생명, 용맹 정진하여 바라밀 국도 성취한다.'

인간 중심, 인간 존중의 바라밀 운동이 추구하는 목표의 하나는 사부대중이 평등한 주체성의 확인이다.

- 전법 중심 법등 운동; 부처님의 마지막 유훈인 '자등명, 법등명' 법으로 등불을 삼는다는 것이 무엇인가? 곧 법의 등불을 밝힌다는 것이다. 이 세상의 어둠 가운데서 법을 등불을 밝혀 모든 사람들과 모든 국토, 모든 세계를 진리의 빛으로 환히 밝히는 것이다. 진리의 등불을 밝혀 어둠 속의 중생들을 구하여 살피는 것이다. 따라서 법등은 곧 전법으로, 전법도생으로 정의된다. 법등 운동은 곧 전법 운동이다.

불광의 바라밀 행자들은 이렇게 매일 법등 오서를 맹세하고 있다.
○ 전법으로 바른 믿음을 삼겠습니다.
○ 전법으로 정정진을 삼겠습니다.
○ 전법으로 무상공덕을 삼겠습니다.
○ 전법으로 최상의 보은을 삼겠습니다.
○ 전법으로 정토를 성취하겠습니다.

- 순수 불교의 이념; 평범한 세속에서 사부대중들이 스스로 주인이 되어서 부처님의 각(覺)에 입각하여 반야바라밀의 법등을 집집마다 마을마다 전파하여, 중생들의 행복을 이끌어내고 이 땅 위에 평화와 번영의 바라밀 국토를 성취하기 위해 끝없이 다함없이 보현행자의 길을 가는 것, 이것이 순수 불교의 이념이며, 이것이 불광 운동의 이념적 목표인 것이다.

2. 불광 운동의 전개 과정

(1) 불광 운동의 모체 – 불광회(佛光會)

1974년 9월 1일 광덕 스님께서 '불광회'를 창립하였다. 이 불광회는 스님과 불광 대중들이 전개하는 모든 불광 활동, 불광 운동을 하는 데 있어서 그 모체가 되는 것이다. 불광회의 목적; 반야(대지혜) 사상으로 우리의 마음과 생활을 밝게 하고 성공과 행복, 발전을 이루어 우리 사회의 광명을 도모한다.

(2) 1기 (1974년~1982년): 개척기

1974년 11월 1일 월간 「불광」을 창간함으로써 불광은 이 세상에 몸을 나투었다. 캄캄한 혼돈의 어둠을 뚫고 한줄기 짙푸른 녹색 신호등이 커진 것이다. 월간 「불광」은 창간호에서 다음과 같은 강령을 제시하고 있다. ①본지는 '순수 불교'에 의거한 인간 정신의 정립과 가치의 구현을 기약한다. ②본지는 인간을 불행에 빠뜨리고 있는 일체 정신적 독소를 제거하고 본연 인간(本然 人間)의 재현을 추구한다. ③본지는 민족과 국가와 세계와 중생을 관류하는 '구원 생명'의 존엄성과 신성을 존중하고 그 권위와 가치를 보장할 사회적 이념을 개발한다.

  - 불광법회, 밀물처럼 밀려드는 사람, 사람들; 월간 「불광」 창간 이후 수많은 독자들이 불광 법문을 듣기 위해 밀물처럼 모여들었다. 1975년 10월 13일 월간 「불광」 창간 1주년 기념 '한국 사상사 강연회'를 계기로 법회 창립이 구체화되어, 1975년 10월 16일 대각사에서 '불광법회'가 창립법회를 열고 그 몸을 세상에 드러냈다. 불광 운동을 주도할 불광 역군들이 마침내 첫 결사에 성공한 것이다. 43명의 보현행자들로 시작한 불광법회가 1년 뒤인 1976년 10월 18일 창립 1주년 기념 법회에는 480명이 모여들었다. 1

년 사이에 벌어진 이 현상의 특징은 다음과 같다.

① 순수 구도 법회에 이렇게 많은 대중들이 모인 것은 한국 불교사에서 초유의 일이다.

② 기복 위주의 여성 대중들로부터 정법 중심의 남녀 대중들로 현대적 시민 법회의 구조로 전환되어 갔다.

③ 새 시대 새 포고의 모습이 분명히 드러내고 있었다.

대각사 좁은 법당이 차고 넘쳐 노천 법당을 만들었고, 그마저 가득차서 법등을 둘로 나누어, 목요일법회와 금요일법회를 열었다. 1978년 6월 29일 드디어 '불광법당 봉납 발원 법회'를 열어 불광법회 잠실 법당 창건의 서막을 알렸다.

불광법회가 해낸 가장 큰 일은 종래의 사찰 풍토, 신도의 풍토를 크게 극복하고 대중 평등의 공동체를 형성해 낸 것이다. 그리고 이것은 '열심히 공부하세요.'가 아니라 '우리 함께 열심히 공부해 봅시다.'라고 할 수 있는 광덕 스님의 활짝 열린 보현의 자세가 선행했기 때문에 가능했던 것이다. 자유롭고 평등한 분위기, 어느 때고 법을 문답할 수 있는 불광의 이 자유롭고 평등한 법회 풍토, 바로 이것이 사람들이 불광으로 밀물처럼 모여든 제일 큰 원인이다.

광덕 스님이 이루어 낸 가장 큰 일이 바로 맹목적 권위주의와 차별 의식을 타파하고 대중 평등 대중주의의 법등을 이끌어 낸 것이라고 생각한다. 불광에는 권위 의식이 없다. 차별 의식이 기생할 수 없다. 스님이나 재가자 모두가 법 형제들이며 서로 공경하는 도반들이다. 그래서 스님은 법문 첫 머리에 반드시 "형제 여러분, 감사합니다."라고 하는 것이다. 그리고 모든 활동은 법등을 중심으로 대중들이 주체적으로 이끌어 가는 것이다. "형제여, 우리 함께 공부합시다." 화장실에 쫓아가셔도 문답할 수 있는 이 자유롭고 평등한 법회 풍토, 이것이 불광법회 성공의 원인이며, 이것이 불광 정신이라고 생각한다.

(3) 2기 (1982년~1999년): 성장기

- 불광법회·불광사: 불광 바라밀운동의 잠실 법당. 1982년 10월 24일 불광법회의 독자적인 도량을 확보하고 본격적인 활동을 전개할 수 있는 새로운 전기를 맞게 되었다. 불광법회가 독자적인 도량을 확보하고 본격적인 활동을 전개하기 위하여 불광법회 대중들은 1978년 6월 법당 봉납 발원 법회를 계기로 법회 때 1,000원 내기, 1인 1평 사기(10만원), 회원 간부들이 시장 바닥을 돌며 화주를 하기도 하였다.

잠실 법당은 이렇게 하여 불광법회 대중들을 비롯하여 전국의 불자 2만여 명이 화주가 되어 쌓아올린 '대중들의 공든 탑'인 것이다. 이 대화주의 명단이 '법당 봉헌 축원문'에 기록되어 있다. 700원을 낸 이들로부터 수천만 원을 낸 이들까지 빠짐없이 기록되어 있다. 여기서 특히 주목되는 것은 불광사가 처음부터 '불광법회 잠실 법당'으로 규정되어 있는 사실이다.

'불광법회 잠실 법당 불광사', '불광 바라밀 운동의 근본 도량 불광사'

인간의 무한 권능을 구속하는 어둠이 남아 있는 곳이라면 어디든 찾아가서 부처님의 등불, 법의 등불을 밝혀 광명화하려는 것이 불광 바라밀 운동의 본질이고, 이 운동의 주체가 불광법회이다. 불광사는 불광법회의 대중들이 피땀으로 세운 최초의 법당이다. 이것은 불광법회라는 단순한 신도회가 아니고, 불광사는 단순한 사찰이 아니라는 것을 의미하고, 제2, 제3의 불광법회 법당 불광사가 연이어 세워질 것이라는 것을 의미하는 것이다. 실제로 스님을 비롯한 불광형제들은 이때 1호 잠실, 2호 화곡동, 3호 수유리, 4호 불광동에 법당을 건립할 계획을 구체적으로 계획하고 있었다.

1982년 10월 잠실 법당 불광사 건립을 계기로 1987년 3월 불광유치원을 개원하였고, 월간「불광」도 이 시기에 접어들면서 경영 자립을 이루고 편집 체계를 쇄신해 나갔다. 불광법회의 활동 즉 합창단, 연화부, 다도반, 보문부, 사경반, 법륜부, 자원봉사단, 바라밀 전화상담실, 도서실 등 다양한 활동이 전개 되었다.

3. 불광 운동의 다양한 활동 양상
(1) 월간「불광」25년의 흐름

① 70년대 산고와 정착의 시기; 1974년 11월 광덕 스님의 원력과 현대적인 포교 의지로 창간되었다. 신흥인쇄소 박충일 사장(법명 하산)과 창간 후 쌍용그룹 김석원 회장의 모친이신 김불국행 보살의 직접적인 재정 도움을 많이 받았다. 월간「불광」창간 이후 그야말로 전법, 신행지로서 역할을 충실히 해 나갔다. 교리 문답이나 포교 전략 등에 대한 특집 기사를 다루기도 하고, 경전을 현대적으로 풀이해서 연재하기도 했다. 이는 '불광 잡지가 어떠한 방향으로 나아가야 하는가?'라는 질문에 대한 대답이 되기에 충분했다. 창간부터 70년대 말까지를 월간「불광」제1기로 본다면, 이 시기에 월간「불광」은 전법, 포교지로서 역할과 보편적인 대중매체로서 교양지 성격을 잘 조화해 내면서 불자 대중에게 확실하게 뿌리내린 시기였다.

② 80년대 자립과 내실의 시기; 경영 자립을 이루고 안정화를 꾀한 시기였다. 모든 매체들이 다양성을 추구하고 내용의 심도보다는

얼마나 많은 정보를 충족시켜 주느냐에 따른 독자들의 관심을 모으느냐에 대한 나름대로의 대응이 필요했다. 84년부터는 전면 가로쓰기를 실시하고 사진 원고의 질이 좋아졌다. 그리고 연재물의 연재 기간이 늘어났다. 성철 종정스님을 비롯하여 많은 선지식, 석학 및 전문인들의 옥고로 채워졌다.

③ 90년대 성숙과 경쟁의 시기; 90년대에 들어선 월간「불광」은 한 호도 거르지 않고 발행되었고, 신행 수기 모집, 전국 어린이 부처님 그리기 등으로 사찰 법회 중심에서 일반 독자로 영역을 확대해 나갔다. 또한 인터넷 시대에 맞춰 월간「불광」홈페이지 개설(99년 9월)과 웹진 형태의 월간「불광」을 무료로 제공하였다. 월간「불광」을 통하여 연재되거나 선보인 주옥같은 글들이 단행본으로 출간되어 스테디셀러로써 독자들에게 꾸준히 사랑을 받고 있는 것이다.

(2) 불광법회 25년

- 불광법회 25년의 흐름

① 종로 대각사 개척기 (1기; 1995년~1982년); 광덕 스님의 법회 활동은 1954년 부산 좌천동 사랑방 법회부터 1956년 원각회 창립, 1963년 대불련 창립 지도, 그 후「대한불교청년회」로 이어졌다. 1974년 9월 1일 불광회를 창립하여 순수 불교 광명회의 원력을 세우고, 그 첫 사업으로 1975년 11월 월간「불광」을 창간하였다. 1975년 10월 13일 월간「불광」창간 1주년 기념 법회를 계기로 1975년 10월 16일 43명의 대중들이 대각사 법당에 모여 불광법회를 창립하였다. 법회는 매주 목요일 저녁 6시 30분 광덕 스

님은 체계적이고 지속적인 설법을 하였다. 이때 교재는 소천 스님의 「금강경 강의」였다. 불교 법회의 대중들이 가장 심혈을 기울인 수행인 매월 1회씩의 구도 정진 법회였다. 매월 둘째 주 토요일 저녁 구리 갈매리 보현사에서 철야정진으로 열리던 구도 법회가 1976년 11월 20일부터 매월 셋째 주로 옮겨 현재까지 계속되고 있다. 또한 불광법회가 주력한 역점 사업 가운데 하나가 법등 운동이다. 1976년 7월 22일 "나/무/마/하/반/야/바/라/밀"의 10개 법등을 창설한 이후 여러 형태로 변화되었다. 사리불법등(대학생 법회), 신달법회(중고교생), 연꽃법회(어린이) 그리고 구법회 등이 그것이다.

1981년 2월 11일 연화부가 조직되어 불광의 자비봉사행은 새로운 역사를 열어가기 시작했고, 1978년 9월 7일 불광바라밀 합창단이 창단되어 찬불가 운동의 외로운 개척자로 나섰다. 1978년 6월 29일 법당 봉납 발원 법회를 연 이후 불광 대중들은 '불광법당'으로 관심과 정열이 집중되었다. 1979년 3월 8일 법회 주보인 '불광법등'을 창간하고 불광 대중들은 하나되어 기금 모으기에 나섰다. 몇 차례 백일기도를 열고 땅1평사기, 1통장만들기, 그들은 이 일을 위하여 신명을 던졌다. 이렇게 9천여만 원을 모아 잠실벌에 560평을 구입하고 (평당 285,000원), 1981년 11월 1일 기공식을 거행하였다.

② 2기 (1982년~1999년); 잠실 불광사 성장기: 1982년 10월 24일 불광사 준공법회가 열렸다. 이는 불광법회가 대규모 대중 전법의 주체로 나서게 되었다는 사실을 의미한 것이다. 불광법회가 불광사라는 광활한 도량을 중심으로 교육을 통한 인재 육성으로 전법 역군을 육성하고 그들을 통해 적극적인 전법, 포교를 시작하

였다. 1994년 9월 4일 불광교육원이 개설되면서 교육 활동은 더욱 활성화 되었다. 1981년에 결성된 연화부는 불광법회가 한국불교사에 기여한 가장 큰 성과 가운데 하나다. 불자 상례조문을 목적으로 출발한 연화부는 결과적으로 이 나라 불교도의 상례 풍속도를 크게 바꾸어 놓았다. 연화부의 활동은 광덕 스님이 의도했던 대로 스님들을 사제의 속박으로부터 상당 부분 해방시켜 전법 수행의 본연의 자리로 돌아가도록 도우며 봉사와 전법의 측면에서 크나큰 성과를 이끌어냈다.

1979년 3월 29일 '바라밀다 합창단'에 이어 1982년 11월 5일 창립한 '마하보디 합창단'은 불광법회를 음악적인 풍토로 장엄하는 데 크게 이바지했을 뿐만 아니라, 한국 불교에 찬불가 시대를 불러오는 데 주도적 역할을 하였다.

- 불광법회의 특성적 활동

① 법등 활동; 법등은 붓다의 담마(Dhamma; 법)를 나 자신을 등불로 믿고 받아들이며, 담마를 세간에 전파하는 것이다. 곧 법등은 스스로 법을 수행하고, 이웃에 전파하여 함께 수행함으로써 이 세상을 광명화 하는 것이다. 그런 까닭에 불광이란 곧 법등이라 정의한 것이다. 사람의 존엄한 주체성의 실현, 이것을 위한 법형제들의 공동체적 수행 전법, 이것이 법등의 생명인 것이다.

② 호법 활동; 호법은 반야바라밀을 배우고 실천하여 겨레의 생명을 지키고 국토를 지키며 안녕과 번영을 다지는 호국 사상과 맥을 같이 한다. 불광의 호법 운동은 전래의 호국불교가 지녀왔던 맹목적인 권력편향주의의 어용성을 청산하고 불자 자존의 순수성과 대중적 주체성을 확보하였다.

1983년 11월 2일 '호국 발원 법회보'를 창간하고 1985년 1월 9일 호법 발원 법회를 매월 첫째 수요일에 열었다. 호법 발원 법회는 성황을 이루고 호법발원금은 착실히 적립되어갔다. 그 재원으로 불광법회는 일일이 기록하기 어려울 정도로 수많은 전법, 호법 불사를 지원하였다.

③ 교육-법사 육성 활동; 불광 운동은 첫 출발부터가 대중을 일깨우려는 대중 교육 운동이다. 그래서 '법등'을 내세우고, '광명화'를 표방하며 '마하반야바라밀'의 깃발을 높이 든 것이다. 광덕 스님께서는 교육을 통하여 재가 법사 양성의 길을 넓게 열어 놓으셨다. 유능한 재가 법사들을 많이 배출하여 이들이 전국 방방곡곡으로 퍼져나가 바라밀 운동을 전국화하려는 것이 스님의 원대한 이상이었다.

불광법회는 대중법사의 이념을 그대로 실천해 나갔다. 1986년 3월 30일 김경만, 송석구 두 분을 1기 전법사로 임명하고 이들을 포함해서 재가 법사들이 대중법회에서 설법을 맡도록 제도화하였다. 스님 자신도 건강이 허락하는 한 법석에 앉아서 대중들과 함께 법사의 설법을 경청하였다. 이것이야말로 반야 정견이며 보현대행이 아니겠는가! 이 제도가 굴절되지 않고 계승 발전되었다면 불광의 역사, 한국 불교의 역사가 크게 달라졌을 것이다.

- 불광법회의 역사적 의미

순수 불교, 마하반야바라밀, 보현행원을 45년간 줄기차게 표방해 온 불광법회는 한국 불교에서 어떤 역할을 담당한 것인가? 불광법회 45년의 역사적 의의는 무엇인가?

첫째, 불광법회는 대중 평등의 근본 담마를 실현함으로써 순수 불교의 이념을 실현하였다. 역사적으로 고찰할 때 사부대중의 평등 관계는 끊임없이 왜곡되고 차별되어왔다. 그러나 광덕 스님은 불광법회를 통하여 철두철미 대중 평등을 실현해왔다. 출가와 재가가 서로 본분을 엄연히 하면서 서로 존중하고 함께 일함으로써 대승가(Maha-sangha)의 이념을 성공적으로 실현하였다.

둘째, 불광법회는 함께 수행하고 전법하는 역동적인 불교도 공동체를 이끌어냈다. 2천6백 년 불교사에 자체적이며 주체적인 불교도 공동체는 거의 없었다. 인도 불교가 실패한 원인도 조선시대 불교가 하루아침에 나락으로 전락한 것도 이러한 구조적 결함, 민중들의 자생적 불교도 공동체가 존재하지 않았던 것이 그 원인일 것이다. 불광법회는 법등 운동을 정착시킴으로써 이 문제에 대한 실제적 해답을 제시하였다. 불광법회의 불교도는 그들의 일상적 현장에서 그들의 고통과 문제를 함께 극복하고 불법을 전법 호지할 수 있는 힘을 구체적으로 지니게 된 것이다.

셋째, 불광법회는 대중들을 기반으로 삼아 물적 토대를 확보할 수 있는 대중적 자립 경영 방식을 확립하였다. 기존 사찰의 경영은 특정 독지가의 호의에 의존하는 경영 방식이었다. 이것은 사찰, 법회의 발전을 어렵게 만드는 현실적 결함 및 불교와 민중들을 단절시키는 구조적 취약성이기도 하였다. 불광법회는 호법 운동을 전개하고 호법 발원 방식을 발전시킴으로써 법회, 사찰 경영을 대중적 자립 경영 방식으로 전환시키는 데 성공한 것이다. 이제 불교도 민중적 물적 토대를 확보하고 나설 수 있는 경쟁력을 가진 것이다.

넷째, 불광법회는 21세기 열린 무대에서 생존하고 경쟁할 수 있는 새 불교, 순수 불교의 모델과 패러다임을 창출해 냈다. 불광법회는 모든 인간, 모든 생명의 절대적 자존성과 주체성을 현발하는 반야바라밀 사상과 보현행원의 실천 원리를 표방함으로써 새 불교, 순수 불교의 이념을 정립하고, 법등, 호법발원금, 대중 교육 제도, 대중 법사 방식을 정착시킴으로써 순수 불교의 현실과 미래의 역사 속에서 실현할 수 있는 실체적 모델과 패러다임을 성공적으로 제시하였다. 불광법회를 도심 포교의 선구자로 일컫는 것도 이 때문일 것이다. 그러나 불광법회가 입증하고 선구해낸 것도 도심 포교가 아니라 순수 불교, 미래 불교 그 자체인 것이다.

4. 에필로그

진리는 타협의 대상이 아닙니다. 또한 진리는 양보의 대상도 아닙니다. 승가우월적 자만은 훗날 조계종단의 대 참사로 이어질 것입니다. 승려우월적 지위는 승려 자신이 우월하다고 생각해서 우월해지는 것이 아닙니다. 삼보를 떠받들고 있는 재가자가 인정을 하여야 비로소 우월할 수 있습니다. 삼보중 '불'과 '법'은 진리입니다. 변하지 않는 영원불멸의 진리입니다. 그러나 작금의 '승'은 어떠합니까?

승려의 음주, 도박은 일상이 되었고 은처에다가 신도 폭행 등, 승려의 일탈은 도를 넘어 종교계에 심각한 문제를 야기하고 있습니다. 우리 불광에도 스님의 이런 일탈이 일어나고 있지 않습니까! 여종무원과의 부적절한 문자 대화, 유치원 공금 횡령, 공양주에게 전 재산을 증여하여 은처의 개연성이 있다는 법원의 판결, 그리고 용역을 동원하여 불광형제들을 핍박한 일 등, 실로 종교 지도자가 해서는 안 되는 행위들만 골라서 하지 않았습니까! 제 정신이면 이런 승려에게 귀의하지 않을 것이며 우월하다고 하지 않을 것입니다.

그러나 일부 불자들은 제 정신이 아닌 모양입니다. 이런 스님에게 귀의하고 있으니 말입니다. 이런 스님을 공양한다고 승보공양팀을 만들었으니 말입니다.

삼보에 귀의한다는 것은 불보, 즉 부처님이 세상의 보내이니까 귀의한다는 것이고 법보, 즉 부처님의 가르침이 세상의 보내이니 귀의한다는 것이며, 승보란 승가라는 단체가 세상의 보배이니 귀의한다는 뜻입니다. 우리 불자가 거룩한 승가에 귀의하는 것이지 승려에게 귀의하겠다는 뜻은 아닙니다. 그들이 선택한 몇몇 스님에게 공양하겠다는 것은 승보공양이 아니라 선택적인 승려공양일 뿐입니다.

2019년 6월 재가와 승가가 13차례 협의하여 개정한 불광법회 회칙과 운영규정을 불과 6개월만에 무효로 만들어 버렸습니다. 아무리 출가자가 재가자보다 우월하다며 재가를 낮게 본다고 하더라도, 승가와 재가가 한 약속을 헌신짝처럼 버리려 한 것은 후안무치의 전형입니다. 출가가 재가를 낮게 보고 있는 것은 승려우월주의에 기반한다고 볼 수 있습니다.

2018년 6월 지홍 스님의 승려답지 못한 행위로 촉발된 불광사태는 벌써 6년이 지나고 있습니다. 대다수 문도 스님들은 스님 잘못으로 불광사태가 발생하였다고 인정하고 있습니다. 그러나 일부 스님들은 승려답지 못한 행위로 촉발된 사태를 불광형제들의 탓으로 돌리고 반불교적, 반광덕사상적 행위를 보이며, 불광형제들의 염원인 재정투명화 등을 방해하고 있습니다. 그래도 불광형제들은 일부 스님들의 온갖 방해에도 불구하고 광덕 스님의 불광법회를 굳건히 지키고 있습니다. 난공불락입니다. 도저히 무너뜨릴 수 없는 요새입니다 광덕 큰스님의 사상과 원력을 몇 문도들은 도외시하고 심지어 스승이 이루어 놓은 것을 계승 발전시키려는 불광형제들을 핍박하고 심지어 없애려 하고 있습니다. 이러한 만행을 널리 알리고자 광덕 스님 사상과 원력을 공부하게 되었습니다.

이번 불광 문집을 발간함에 있어 광덕 스님 전집1권을 요약하여 광덕 스님께서 이루고자 했던 모든 것을 공부하여 불광형제들에게 널리 알리려 합니다. 그래서 세세생생 불광법회를 지켜 나가자는 생각으로 위 요약문을 문집에 싣게 되었습니다. 두서없는 글 혜량하여 주시길 바랍니다.

"우리는 횃불이다. 스스로 타오르며 역사를 밝힌다."

내 생에 잊지 못할 일들

 천진성(이희숙) | 부회장

불광사와의 인연

결혼을 하고 시골에 있는 시댁에 내려갈 때마다 보는 풍경이 있었다.

시어머니는 추운 겨울에도 매일 저녁이면 목욕재계 후 장독대에 정안수를 떠 놓고 기도를 하셨다. 뜨거운 물이 나오는 욕실이 갖춰진 도시에서 매일 저녁 목욕을 하는 것은 쉬운 일이다. 그러나 뜨거운 물은커녕 목욕을 할 수 있는 시설조차 변변치 않은 시골에서 추운 겨울에 하루도 거르지 않고 매일 목욕을 하고 기도를 한다는 것은 지극한 정성이 아니고는 할 수 없는 일이다.

시어머니께서 돌아가신 지 20년 가까이 되지만 아직도 그 모습이 눈앞에 생생하다. 또 그 정성이 나에게 감동으로 전해져 왔다. 때문에 나는 시어머니께서 살아생전 "살아보니 부모로서 자식에게 해줄 수 있는 것이라고는 기도밖에 없다."라고 하신 말씀을 항상 마음속에 새기며 살았다.

시어머니의 자식 걱정과 사랑은 그뿐만이 아니었다.

해마다 부처님오신날이 되면 시어머니는 시댁 근처 사찰에 가셔서 자식들을 위해 등을 달아주셨다. 어리석었던 나는 시어머니께서 등을 다는 것으로 우리 가족 모두의 기도가 다 되는 줄 알고 있었다.

그렇게 세월이 흘렀다.

우리 집 큰아이가 고3이 되던 해. 아이의 대학합격을 간절히 바랐던 나는 조바심이 나기 시작했다. 급기야 마음이 급해지면서 아이의 대학 합격을 위해 내가 직접 기도를 해야 되겠다는 생각이 들었다.

궁하면 통한다고 했던가.

절에 다니려면 석촌호수 옆에 있는 '불광사'를 가라 하시던 어느 노보살님 말씀이 문득 떠올랐다. 그때가 2000년 3월경쯤으로 기억된다. 나와 '불광사'와의 인연은 그렇게 시작됐다.

불광사에 다니기 시작하며 먼저 불교 기본교육 수강을 위해 교육원에 등록했다. 또 매주 일요일이면 일요법회에 참석해 법문을 듣게 되었다. 그렇게 불광사 형제들과 어울리며 신행 활동하는 시간이 흘러갔다.

불광사에 첫발을 내디딘 후 광덕 스님에 대한 얘기를 많이 듣게 되었다. 광덕 스님의 정신과 사상, 전법에 대한 얘기를 듣고 "어쩌면 이 시대에 환생하신 부처님이요, 활불(活佛)이 아닐까" 하는 생각이 들었다. 그러나 안타깝게도 광덕 큰스님께서는 내가 불광사와 인연을 맺기 1년 전에 입적하셨다는 얘기를 들었다. 지금도 광덕 큰스님을 한 번도 뵙지 못한 것이 늘 아쉬움으로 남는다.

명등 부촉 받던 날

2018년 6월 3일. 이날은 나에게 참 의미 있는 날이다. 바로 송파 11구의 명등부촉을 받는 날이었다.

가슴을 옥죄어 오는 명등 소임의 부담감으로 전날 저녁 잠을 설치며 아침을 맞았다. 설렘 반 걱정 반으로 마음이 혼란했다. 그동안 선학보살님들께서 열심히 봉사해주시고 잘 이끌어 왔던 송파11구를 맡아 명등으로 소임을 제대로 할 수 있을지 걱정이 먼저 앞섰다. 법당에는 나의 명등 부촉을 축하해 준다며 구법회 30여 분의 보살님들이 자리를 함께해 주셨다.

정신없이 구법회 보살님들에게 인사를 마치고 첫 명등회의에 참석을 했다. 첫 명등회의 참석에서 나는 큰 충격에 빠졌다. 마치 악몽을 꾸는 듯한 기분이 들었다. 명등회의 장소인 교육원 2층으로 올라가니 지홍 스님이 오늘 중대 발표가 있으니 좀 넓은 3층으로 옮기라 한다. 많은 법우 형제들이 3층을 꽉 채우고 심상치 않은 분위기 속에 충격적인 일이 벌어졌다.

지홍 스님이 마이크 들고 차마 입에 담고 싶지도 않은 발언을 하신다. 참으로 기가 막힐 노릇이 아닌가? 상상도 하지 않았던 일이 벌어졌다. 여기저기서 욕설이 터져 나오고 보살님들도 고성을 지르고 회의장 분위기는 금세 난장판으로 변했다.

와~~ 회주 지홍 스님. 부끄러운 줄도 모르고 얼굴색도 변하지 않고 따박따박 말씀도 잘 하시는데, 난 할 말을 잃었다.

스님들의 욕망 가득한 추하고 더러운 뒷모습을 알게 된 계기가 되었으니까. 마음속으로 "아닐 거야, 내가 무엇을 잘못 들었을 거야"를 외치며 정신을 가다듬었다. 신임 명등 인사하고 분위기 파악도 제대로 못하고 있는데, 이런 일이 벌어져서 정말 난감했다.그날의 그 충격적인 모습은 불자로 살아가는 동안은 아마도 평생 잊지 못할 것이다.

지흥사태의 시위하던 날

그때부터 시작된 불광의 지흥사태.
그해 여름은 유난히도 더웠던 것 같다. 매주 있었던 조계사 앞에서 시위로 몸도 마음도 모두가 다 힘들고 지쳐 있었다. 그해 여름 어느 날, 그날은 보신각 앞에서 집회가 있던 날이었다. 점심 공양 후 구법회 선학보살님들 차를 타고 보살님 네 분과 다섯 명이 보신각으로 출발했다

출발 전부터 속이 좀 안 좋아서 신경이 쓰이기는 했다. 도착하면 늘 얼음물을 준비했다가 한 병씩 나눠주고는 했는데, 물 한 병을 받아서 너무 더우니까 1/3정도 마셨던 것 같다.하루 종일 뜨거운 태양에 달궈진 콘크리트 바닥의 지열은 상상 그 이상으로 뜨거웠다. 등산용 돗자리 한 장 깔고 자리 정돈하고 목청껏 소리 높여 노래 부르고 구호 외치고, 조금 지났는데 배가 사르르 아파왔다. 도저히 참을 수 없어 같이 간 보살님께 잠시 화장실 다녀온다 해놓고 난 화장실로 향했다. 화장실 간 내가 한참을 기다려도 안 오니까 이상하다고 걱정이 됐는지, 보살님들이 나를 찾아왔다. 그러나 난 화장실 안에서 도저히 일어서서 나올 수도 없을 만큼의 고통을 겪고 있었다.

"천진성보살님! 천진성보살님! 천진성보살님!"

보살님들이 나를 부르는 소리에 겨우 대답을 하니 문이 열렸다.
"무슨 일이냐?"

큰일 난 거 같다고 손 따고 정로환을 먹였다. 그래도 차도가 없자 급기야 119구급대를 불렀다. 얼굴은 백지장처럼 하얗고 머리부터 속옷까지 땀으로 흠뻑 젖어 있었다. 급체였다. 구급차를 타니 이젠 살았구나, 라는 안도감이 들었다.

정상화를 간절히 발원하며 법원으로

난 내가 살아생전 법원 갈 일이 없을 줄 알고 살았는데, 지흥사태로 인하여 안 가 본 법원이 없을 정도로 동부지방법원으로부터 고등법원, 대법원, 수원지방법원, 성남지원, 의정부지방법원 등 많은 법원으로 불광법회 관련 사건을 경청하러 다녔다.

재판결과가 잘 나와 하루빨리 불광법회가 정상화가 되기를 간절히 바라면서 단 한 번의 재판도 빠지지 않고 법원으로 쫓아다녔다. 성남지원에서 지정 스님 관련 사건 재판 있던 날은 유난히도 추운 겨울, 그것도 마지막 재판 자리가 없어 차 안에서 벌벌 떨며 재판결과를 기다리며 엄청 고생을 했던 기억이 주마등처럼 스쳐간다.

명등 2년에 선학으로 어찌하다 보니 부회장 소임까지, 아무것도 모르고 무작정 찾아왔던 인연들, 그동안 행복했던 순간들도 많았다. 몇 년 동안 겪고 있는 이 사태가 언제 끝나려는지는 모르지만 불광정상화는 반드시 올 것이고, 이 또한 지나가리라 난 믿는다.

우리 절 청정도량에서 청정한 스님 모시고 편안한 마음으로 기도할 수 있는 그날이 하루빨리 오기를 오늘도 두 손 모아 간절히 기도합니다.

마하반야바라밀.

꽃비가 내리는 불광법회

 대법안(이명희) | 마하

　법상에 앉으신 진효 스님은 눈이 빨갛게 충혈되어 불자들을 향하여 크게 소리칩니다.
　"나는 죽을 때까지 이 자리에 앉아 있겠습니다!"
　"죽어서야 이 자리에서 내려가겠습니다!"

　법단 아래 법회 참석하려고 온 오백여 명의 불자들은 한 시간 넘게 불광법회를 인정하지 않고, "불광법회를 해체시키려고 하는 진효 스님을 인정할 수 없습니다!" "진효 스님은 그 자리에서 내려오십시오!"라고 외치면서 '마하반야바라밀'을 염송합니다.
　그 사이 사이에 진효 스님은 법상을 치며 "나는 절대로 이 법상을 내려가지 않을 것입니다!" 하고 소리쳤습니다.

　그때 몸체가 자그마하신 노보살님이 용감하게 고개를 숙이고 합장하면서 법단에 올라가십니다. 진효 스님께 이제 그만 내려오시라고 빌었습니다. 결국 진효 스님은 법상에서 내려오시고 바로 보광당을 나가버렸습니다.

우리는 환호했고, 불광법회는 절대 해체될 수 없다고 다짐했습니다.

이른 봄 오후 2시부터 문도 스님들이 회의가 있다는 소식을 듣고, 불광법회는 절대 해체될 수 없다는 우리의 뜻을 전달하기 위해 1층 로비에 모이기 시작했습니다. 아직 코로나가 퍼지기 전이라 모임에는 지장이 없었습니다. 지하 3층 광덕 스님 기념관에서 문도 스님들이 모여 회의가 진행되었는데, 우리는 기념관 앞 의자에서 조용히 결과를 기다리고 있었습니다. 저녁 7시쯤 기념관 문이 열리고 스님들이 모두 나오셨습니다. 한 거사님이 "다 끝난 겁니까?" 하고 물으니 갑자기 진효 스님이 거사님의 목덜미를 잡으시면서 "당신이 뭔데 그래?" 하시면서 큰소리로 화를 내셨습니다. 이를 지켜보던 우리는 너무 겁이 났습니다. 그때 스님 모습은 법상에 앉아 절대 내려가지 않겠다고 소리치던 그때보다 더 무섭게 변해 있었습니다.

그날 이후 코로나가 심해져 새벽기도, 법회 등 모두 정지되고, 불광사에 들어갈 수조차 없었습니다. 다행히 종교기관은 각 층마다 100명씩 들어가도 된다는 정부의 방침이 있었지만 불광사 종무원들은 전체 건물당 100명이라고 우기면서 인원을 제한하고 못 들어가게 했습니다. 보광당, 공양간 등 법회를 열 수 있는 공간은 모두 자물쇠로 잠그기까지 했습니다. 그렇게 많은 제한과 압박에도 불구하고 불광법회는 열렸습니다. 다름 아닌 1층 현관 로비에 서였습니다.

혜담 스님이 법문하시고, 불자들은 현관 바닥에 깔판 깔고 쭈그려 앉아 법문을 들었습니다. 갑자기 종무소 쪽 출입문에서 소란스럽더니 우르르 스님들이 현관 로비 쪽으로 오셨습니다. 법회를 못 하게 하기 위해서 오신다는 것을 거사님이 눈치채시고, 황급히 문을 잠그니 총무 스님 이하 여러 스님들이 유리 출입문을 두들기며 시끄럽게 하며 법문이 들리지 못하게 방해하였습니다. 혜담 스님은 신경 쓰지 않고 계속 법문을 하시니 다시 앞쪽 정문 쪽으로 와서 출입문을 두드리기까지 했습니다. 총무 스님과 여러 스님들이 소란 피우는 행동은 도저히 봐 줄 수가 없었습니다.

그동안 불광사 측에서는 대웅전과 보광당에도 못 들어가게 용역을 내세워 막고, 나아가 자물쇠로 채워 놓았지만 일요법회를 중단할 수 없었던 불광법회는 공양간에서나마 일요법회의 일환으로 광덕 스님 법문(녹음된 것)을 들었습니다. 그러나 이를 목격한 종무원 측에서 고용한 용역들이 무전기로 연락하면서 광덕 스님 작은 영정을 가로막고, 소란행위 등으로 법회를 방해하였습니다. 그렇지만 불자들은 굴하지 않고 법회를 마쳤습니다.

.

진효 주지 스님과 불광사 측의 행패는 이 외에도 너무 많았습니다. 위와 같은 일들은 제가 현장에서 본 일들입니다.

스님들의 탐욕심과 그에 따른 법적 다툼이 아직 끝나지 않았지만 이제는 원하는 대로 보광당에서 오롯이 법문은 들을 수 있게 되었습니다. 법회가 시작되면 어김없이 종무실장이 마이크 들고 나타나 큰소리로 10여 분씩 방해하던 일도 없어졌습니다.

이런 혼란한 와중에도 재작년부터 불광법회에서 불교 교육 과정이 개설되었는데 '영어로 배우는 경전 강의'를 공부하게 되었습니다. 처음에는 부처님 명칭부터 사홍서원, 찬불가, 천수경, 반야심경, 금강경 등 점점 범위를 넓혀가며 공부하고 있습니다.

문수보살은 Manjusri Bodhisattva of Wisdom으로, 약사여래불은 Medicine Buddaha, Buddha of Healing 등 영어로 배우는 명칭이 더 정확하게 뜻을 알게 해줘서 재미있습니다. 절에 들어가지 못하여 강의실이 없을 때는 On-Line (Zoom or Whale-On)으로 공부했고, 석촌호수나 송파주민휴게소 옥상에서도 공부했습니다. 덕하 강홍길 선생님은 강의실이 여의치 않을 때는 본인 집에서 공부하자고 하셔서 많이 감동했습니다.

영어 경전 공부를 하면서 지난 2022년 12월 법회 장기자랑에서 우리는 반야심경을 영어로 발표하였고 3등까지 했습니다. 덕하 강홍길 선생님과 회원들의 공부 열정은 뜨겁고 대단하신데 3등을 차지한 것은 더 큰 재미고 기쁨이었습니다. 영어 반야심경 발표가 끝났지만 반야심경을 할 때마다 저는 영어 표현이 연계됩니다. 무명도 무명이 다함까지도 없으며 (No Ignorance and also No Extinction of it) 고집멸도도 없으며 (No Suffering, No Origination, No Stopping, No Path,) 등 제가 좋아하는 구절의 영어 표현이 입에서 한글 읽듯 외워집니다. 영어에서 반야심경의 뜻을 더 알게 되는 기쁨이 새록새록 일어납니다. 영어 경전 공부를 계기로 경전에 대한 새로운 눈이 뜨였고, 더 심도 있게 이해할 수 있었습니다.

혜담 스님께서 지난 2023년 3월 5일 열반시현일에 자등명 법등명 (自燈明, 法燈明), 자귀의 법귀의 (自歸依, 法歸依) 즉 법을 등불로 삼고, 법을 의지로 삼으며, 그 법은 자기 속에서 보는 것이고, 그래서 자기 자신을 의지로 삼고, 자기 자신을 등불로 삼아야 한다고 설하셨습니다. 불교는 타력(他力)의 신앙이 아니고, 자력(自力)의 신앙이니 끊임없이 수행하여 나 자신이 법이고, 진리인 자기로 살라고 하시며, 수행은 게으름이 없어야 부처님 진리를 지키며 살 수 있다고 하셨습니다. 법회에 참석하거나, 영어로 경전을 읽는 일련의 일들이 더욱 귀하게 느껴졌고, 불광사태가 있는 동안 불자들은 경전 공부와 수행이 더욱 깊어졌습니다.

각 구별로 2주에 한 번씩 12시가 되면 대웅전에서 금강경 독송을 하는데, 문득 "어떠한 곳이든 이 경이 있는 곳이면 일체 세간의 천상과 인간과 아수라 등이 마땅히 공양하는 바가 되리니 마땅히 알라. 그곳은 곧 탑이 됨이라. 모두가 응당 공경하고 절하며 에워싸고 가지가지 꽃과 향을 그곳에 흩트리게 되리라." 이 구절이 내 가슴에 팍 들어오면서 '우리 불광법회·불광사가 바로 그곳이구나!' 하는 느낌이 왔습니다. 아직도 불광법회의 문제는 해결되지 않았지만 그동안 우리가 겪었던 고통이 확 사라지면서 그 순간 더없이 환희롭고 이 자리에 같이 있어서 기뻤습니다. 불광사의 스님들이 불광법회를 해체하고 스님들의 탐욕심을 채우려 해도 부처님 법을 확실히 알고, 수행하는 불광법회 불자들 앞에서는 영원히 불가능한 일일 것입니다. 불광법회 불자들은 앞으로도 불광사 측의 부당한 압박에 굴하지 않고 이를 수행의 일환으로 삼아 불광법회 발전에 기여할 것입니다.

우리는 일요일 법회 때마다 혜담 스님의 법문을 들으면서 회장님 이하 회장단과 임원들의 헌신적인 법회 진행으로 수행의 힘이 더욱 강해졌고, 그동안 일련의 고난이 약이 되었습니다.

창건주 지정 스님과 회주 스님, 새로 바뀐 지홍 스님 상좌 종명 주지 스님께서는 현 불광사태 원흉 지홍 스님이 불광사를 본인의 사찰로 만들려는 계략에 앞장서서 하는 행동들을 멈추십시오. 동명 주지 스님께서는 참된 도를 이루고자 하신다면 불광법회 천여 명의 불자들의 바른 행동에 앞장서 주십시오. 그러지 않으면 어둠 속에 계속 빠져 도를 이루지 못할 것입니다.

"우리는 바른 행동으로 수행하시는 참된 스님을 원합니다."
"불광법회를 정상화시키십시오."
"불광사의 재정을 속히 투명화하십시오!"
"우리는 대한민국 불교를 바르게 서게 하는 불자들이며 정상화되는 그날까지 정진하겠습니다!"

오늘도 꽃비가 내리는 불광법회 법당에 들어서니 환희심이 나고, 나의 탐진치 삼독심이 다스려집니다.

더불어 불심 깊고 따뜻한 도반님들이 항상 곁에 계셔서 즐겁습니다.

불광법회가 더욱 강건히 대한민국 불교의 지표가 되기를 기원합니다.

마하반야바라밀!

마하반야바라밀 그 본래 자리를 향하여

광명행(최계순) | 선학

　제가 광덕 큰스님을 처음 뵈온 때는 1972년인 듯합니다.
　단짝 친구 이모님이 스님이셨는데 안양에서 수원 내려가는 중간 쯤에 백운산이 있는데 그 중턱 지나 백운암이라고 작은 암자가 있습니다. 그 시절 친구가, 우리 이모님 스님 절에 무슨 행사가 있는데 가보자고 권했습니다.

　그래서 당일 단짝 셋이서 백운암엘 갔지요. 지금처럼 교통이 좋지 않던 시절이라 버스를 갈아타고 산길을 한 시간쯤 걸어 도착한 백운암. 가운데 부처님 모시고 양쪽을 요사채로 쓰는 그런 암자인데 법당문은 열려 있었고 신도분들이 꽤 많이 오신 듯했습니다.

　축대에 올라 툇마루 앞에 선 저는 앞에 펼쳐진 광경에 온몸이 전율에 휩싸이고 말았습니다.
　법상에 앉으신 어떤 스님. 뒤에 모신 부처님은 아예 보이지도 않고 그 모습 자체로 빛을 발하시던 분. 그때 번개같이 들이친 제 생

각. '아 사람이 저렇게도 되는구나!'였습니다

그날은 그 절 수계를 하는 날이었나 봅니다. 본래 광덕 스님께선 작은 비구니 스님 절에서도 뭔가 요청을 하면 달려가셨나 봅니다. 연비를 제대로 해서 지금도 연비 자국이 선명히 있습니다. 장궤합장을 행했던 수계의식은 좀 힘들었던 기억이 납니다.

그 후 친구가 "너는 그때 수계를 받은 거고 네 법명은 광명행이다"라고 했습니다. 수계첩도 전해 받질 않았지만 그냥 그 이름 지금껏 쓰고 있습니다. 그 후 1977년부터 불광법회와 인연되어 지금까지 불광은 제 삶의 전부입니다.

2018년 그 일이 터진 후 가슴 미어지는 나날이었습니다. 일을 저지른 당사자에 대해선 차마 입에 담을 수 없는 해괴한 소문도 들리더군요. 불광사태는 해결되지 못하고 몇 년이 흘렀습니다. 코로나를 핑계로 절 문을 폐쇄하던 그날은 법등모임을 하기로 한 날이었습니다. 그날 법등모임 기도 후 마하반야바라밀을 염송하며 불광사 도량을 우측으로 도는 우요삼잡을 하기로 되어 있었습니다. 그러나 절 문을 닫아 법등모임도 할 수가 없었습니다. 할 수 없이 저 혼자 동문 주춧돌에 앉아 금강경 7편을 독송하고 기도한 청정수를 뿌리며 도량 바깥쪽으로 세 번 돌며 절절한 마음으로 마하반야바라밀을 염송했습니다.

종무소 종무실장은 집요하게도 우릴 방해했지요. 금강경 독송 못하게, 대웅전도 못 들어가게 하고, 대웅전 뜰에서 하는 기도도 못하게 했지요. 암만 그들이 온갖 짓을 다 해 방해해도 불광보살님들 참으로 대단했습니다. 염송팀장님을 윽박지르던 종무소 종무실장, 지금도 눈앞에 선하네요.

석촌호수 벤치에서 금강경을 독송할 때도 고정 멤버들은 매일매일 나왔었지요. 소리내어 목청껏 금강경 독송하는 날을 그리며…. 그 못된 사조직들이 염송팀장님을 말도 안 되는 소리로 폄훼하고 비난해도 불광 보살님들의 굳건한 신심을 저들이 어찌할 수 있으리오. 저들이 쫓아내지 못하는 새벽 시간에 가서 일심으로 올리던 백중기도 무상계. 동문 주춧돌, 남문 주춧돌서 독송했던 금강경. 큰스님께서 제정하신 로고를 마음대로 바꾸어 버려 한마음 화합을 하지 못하게 해둔 부분에 대한 아픈 마음. 동문, 남문 두 군데 다 불광법회는 쏙 빼버린, 중창할 때부터 철저한 계산이 외면에서도 다 보이게 해놓은 일, 많이도 아팠습니다. 허나 지금은 마음이 편합니다. 이런 대단한 불광법회를 감히 누가 어찌하리오. 수행 일과정진을 다시 철저히 하고 있습니다.

하루 50분 이상 정좌하여 바라밀 염송을 하는 것이 쉽진 않네요. 끝없이 일어나는 번뇌, 그러더라도 진리를 향한 긴 그리움을 안고 살아온 억겁의 세월, 금생 사람 몸 받았고, 부처님 정법 만났으니 한번 해 봐야지요. 상근기가 아니라서 참선은 어렵고 내 소리 내가 듣는 바라밀 염송으로 생각이 끊어진 자리 무심의 경지를 맛보아야지요.

우리 함께
나무마하반야바라밀.

불광의 어제와 오늘 그리고

 혜각(강세장) | 전 재무

1. 불광법회 창립

- 광덕 큰스님께서 불광회를 창립하신 것은 1974년 9월 1일 세속 나이로 48세가 되던 때였으며, 이를 확대 개편하여 1975년에 불광법회를 창립하였고 불광법회 회원들이 스스로 회주가 되고 십시일반으로 모연하여 1982년 마침내 잠실벌에 불광사를 창건하였다.

불광법회는 광덕 큰스님께서 재가 불자들의 원력과 의지를 결집하여 창건한, 말 그대로 사부대중 공동체 그 자체다. 불광법회는 광덕 큰스님이 주도하시고 스님을 따르는 신도(재가불자)들이 합심하여 창립한 수행, 정진, 전법도량으로써 첫 번째로 불광법당을 잠실벌에 세우시고 두 번째는 불광동, 세 번째는 미아리 등 여러 곳에 전법도량을 더 세우려고 구상하고 계셨던 것이다.

- 광덕 큰스님을 법주로 모시고 스님들은 지도위원 역할을 하며 재가불자들이 다양한 역할을 맡도록 하는 구조로 설계된 것이 창

립 당시 불광의 본모습이다. 일반적인 사찰 신도회와는 달리 사회와 인례 또는 연화부의 활동을 재가자들이 담당하도록 한 것이 구체적 사례다. 출가자와 재가자들이 함께 서로 협력하여 불국토의 건설을 하는 것이 바로 불광법회이다.

2. 불광사태의 경위
가. 지홍 스님의 문제 발생

불광사 창건주 겸 불광사·불광법회(이하 불광법회라 함) 회주였던 지홍 스님(당시 조계종 포교원장)은 2018년 3월 16일 밤에 여종업원과 특별한 관계가 있는 것으로 의심되는 문자를 주고받았고 수년간에 걸쳐 산하 불광유치원에 상주하지 않으면서도 상근하는 것처럼 서류를 꾸며 급여 1억 8000만 원 정도를 횡령한 것이 밝혀져 2021년 5월 대법원에서 징역 8개월에 집행유예 2년을 확정 판결받았다. 지홍 스님은 위와 같은 문제에 책임지고 2018년 6월 3일 회주직에서 물러났고 창건주 직은 광덕 스님 은법상좌로 구성된 문도회의 결정에 따르겠다고 불광형제들과 약속하였다. 그러나 문도회 소집된 하루 전날 지홍 스님은 문도회 탈퇴를 선언하고 창건주 직을 고수하겠다고 말을 바꾸었다.

나. 창건주 직 이양문제 및 지홍 스님 대각회 이사 연임

문도 및 불광형제는 지홍 스님과 사이에 발생한 3개월 정도의 극심한 갈등을 해결하기 위하여 2018년 9월 24일 문도 대표 지정 스님, 불광법주 지오 스님, 불광법회장 박홍우 거사가 사태 해결을 위한 합의문을 작성하며 우선적으로 지정 스님한테 창건주를 이양하되, 지정 스님은 받아서 잉크도 마르기 전에 바로 지오 스님한테 넘기겠다며 지정 스님 스스로 불광형제들 앞에서 굳게 약속하였으나 그 약속은 현재까지 지켜지지 않고 있는데 이런 상황에서 조계종단은 법원에서도 은처승 의혹으로 밝혀지고 공양주에게 삼보정재을 몽땅 넘겨버린 지정 스님을 2024년 4월 대종사 품서를 내리는 참으로 어처구니없는 일이 발생하였다. 이에 불광형제들은 수차례 걸쳐 약속 이행을 촉구하고 지킬 것을 권유하였으나 이에 불응하고 있는 지정 스님의 대종사 품서 취소 요청 탄원서를 우리 불광형제 팔백여 명의 서명을 받아 조계종단과 범어사 총림에 발송하였다. 또한, 지홍 스님의 대각회 이사 연임을 결정하는 이사회의 개최가 2024년 7월 10일 목동 법안정사에서 있는바, 불광형제들 100여 명이 법안정사 앞에서 지홍 스님은 이사 자격이 없다고 시위를 대대적으로 하였으나 우리들의 호소를 무시하고 연임을 결정하고 말았다. 이날에 이런 상황을 불교닷컴 등에서도 상세히 보도 기사에 실어 널리 알리었다.

다. 불사금 감사 거부

불광사 본당 건물을 2013년 400억가량의 공사비로 재건축을 하였는데 자금 운용이 투명하지 않았기 때문에 감사의 필요성이 제기되었다. 그러나 현재까지 재정투명화와 합리적 사찰운영을 위한 불광법회 회칙과 운영규정을 준수하지 않을 뿐만 아니라 불사공사비 감사도 현재까지 거부하고 있다.

라. 불광법회 파괴공작

지홍 스님은 문도회 의결도 없이 대각회 이사장(보광 스님)을 통하여 자기 상좌인 동명 스님을 불광사 주지로 임명케 하였으며, 또한 불광법회를 부정하고 사조직으로 구성된 토요법회를 계속하고 있는 상태다.

3. 향후 방향
가. 보현행원 실천

금하당 광덕 큰스님께서는 물질주의적 현대 문명 속에서 야기되는 사회문제를 추잡한 이권 다툼만 하는 불교 내부의 갈등에서 이 민족, 이 나라를 구할 수 있는 유일하고 바른길은 부처님의 참된 가르침(마하반야바라밀 사상)에 의한 인간 본성의 회복에 있다고 하셨다.

나. 불광형제들의 과제

우리는 광덕 큰스님의 유지를 받들고 계승 발전시키고자 어언 3년여 동안 지속적으로 불광사, 조계사, 봉은사, 동명사, 화광사, 봉불사(지정 스님 주석) 등에서 우리 형제들이 합심하여 불광 정상화를 달성하기 위해 시위를 하고 있는 것은 재정투명화와 합리적인 사찰운영을 통하여 청정한 스님들과 함께 광덕 큰스님의 반야바라밀 사상을 실천하여 모두가 행복한 불국정토를 건설하기 위함이다. 그러므로 불광형제들은 힘들고 어려운 시기일수록 기본으로 돌아가 일과에 충실해야 한다. 그리하여 바른 믿음을 굳건히 하고 정정진으로 전법과 신행 활동에 흐트러짐이 없도록 하면서 불광이 정상적으로 회복되는 그날까지 적극 모두가 함께 참여함이 마땅하다.

"우리는 횃불이다 스스로 타오르며 역사를 밝힌다."

문도 스님께 올립니다

 관음심(김명옥) | 선학

2021년 7월 어느 날 일기장에 이렇게 쓰여 있었습니다. 삼복더위 열대야, 코로나19 델타 변이 바이러스까지 엎친 데 덮친 격으로 사람들은 제정신을 지니고 살 수 없게 만든다고 아우성들입니다. 그러나 이 모든 현실이 불자인 저로서는 2018년 5월부터 지금까지 불광사태가 벌어지고 있는 것보다는 크지 않다고 말하고 싶었습니다.

불광법회·불광사는 번잡한 도심에 자리하고 있음에도, 마하반야바라밀 전법도량 수행처로 거듭나고 있었습니다. 불광법회·불광사 형제라는 자부심과 긍지는 대단하다 못해 당당하게 느껴질 정도였습니다. 그러했던 재가자와 스님들과의 갈등이 지속되면서 소통의 장은 투쟁의 장으로 갈 수밖에 없는 현실이 더 마음을 짓누릅니다.

불광법회·불광사가 이 지경에 이르게 된 사태는 재정투명화가 실종돼 벌어진 사건이라 봅니다. 보시에는 세 종류의 보시가 있다고 배웠습니다. 재물로 베푸는 재시, 부처님 가르침의 법시, 어려움과 두려움에서 구제해 주는 무외시, 무엇보다 무외시에 대해서 스님들께서는 말씀을 아끼십니다. 어려움과 두려움이 없어지고 건강한 몸과 정신에 삶이 녹록해지면 재가자들은 법시와 재시에 앞장서서 보현 행자의 길을 자처할 것입니다. 그런데 절 집에서는 재물로 베푸는 재시를 스님들께선 으뜸으로 목소리에 힘주어 말씀하십니다. 불자라면 누구나 스님을 대할 때 부처님과 같은 위신력을 갖추신 분으로 여기고, 불자들은 스스로 육하원칙을 말하듯이 개인사와 가정사를 큰 스승으로 여기고 진언합니다. 과연 감당할 만한 도력과 방편력과 법력을 지니시고 오계를 지키시는 분이 얼마나 계시는지 문도 스님들께 묻고 싶습니다.

사찰의 이미지를 떠올리면 부처님 말씀과 주변이 청정하고 잘 정리된 공간으로 있어야 할 터인데, 백화점에 상품을 진열해 놓고, 가격대를 붙여 놓은 것처럼 서까래 얼마, 대웅전 중앙 등 얼마 등등 가격대의 양식을 만들어 놓고 권장하고 있는 것이 사찰환경으로 변화돼 자리매김하고 있습니다. 언제부턴가 "이것은 얼마? 저것은 얼마에요."라고 재가자들이 먼저 묻습니다. 참으로 안타까운 현실입니다. 부처님 법을 전하는 것과는 관계없는 물건들을 사고파는 공간으로 변해간다는 사실이 두렵습니다. 그래서 저는 부처님 말씀과 자비가 넘치는 공간, 신성한 기운은 멀어지고 있다는 사실 앞에서 두 무릎을 꿇고 참회하고 있습니다.

재가자들께서 자신의 명리와 영리를 위해 보시를 한 것이라면 두말할 나위 없습니다. 그러나 그들이 삼보정재를 위해 보시한 것이라면 보시가 어떻게 사용됐는가를 사부대중들께 알려야 한다고 봅니다. 관심을 두는 것은 당연한 일이라 생각하며, 그리고 운영의 목적을 세운 자는 권했으면 알려야 할 의무가 있다고 봅니다. 스님들께서 과거에도 현재도 어디선가 한결같은 말씀으로 법상에 올라 법문하시며, 육바라밀 가운데 보시바라밀을 행하는 것이 가장 큰 복을 짓는 일이라고 말씀하십니다. 육바라밀 가운데 제1의 실천 덕목을 보시로 삼아라, 라고 말씀하고 계신다면 출가하신 수행자이신 문도 스님들께서 부처님의 가르침이신 참 보시가 무엇인지 본보기로 최상의 보시가 이러한 것이다라고 보여 주시면 더없이 감사하겠습니다. 不二(불이) 하나라고 하시면서 절대 평등의 경지를 스님들과 재가자들을 둘로 보시고 받아들이지 않으신다고 의문을 품게 만듭니다. 부처님께서 가르치신 참 보시에 대해서 다시 가르침이 필요한 때라고 느낍니다.

　불광법회·불광사가 지금의 상황으로 된 것은, 불광법회·불광사가 마하반야바라밀 보현행원으로 사부대중이 함께했던 공동체 공간이었는데, 광덕 큰스님 열반에 드신 후, 상좌 스님들께서는 출가 서열을 따지고, 수행을 게을리하시고 계율을 멀리하시고 정견을 바로 지니신 분이 많지 않으시고, 잿밥에만 눈멀어, 부처님 가르침과 광덕 큰스님 뜻을 실천하시는 스님은 많은 상좌 가운데 한두 분밖에 없다는 것에 기인한다고 봅니다. 그나마 문도 스님들께서 불광을 위해 문도회의에 동참하셨더라도 개인의 안위만 먼저 생각하시고, 재가자들에게 믿음을 줄 만큼 신행에 도움이 될 법문을 펼치실 스승이 계시지 않다는 것입니다. 문도 스님들께서는 한 분 한 분 스스로 불광사를 이끌 수 있는 적임자라고 생각하고 계시지는 않는지요. 그런데 정작 관심은 다른 것에 있다는 것이 문제입니다. 자신의 세력을 키우고 영역을 굳히는 데 힘을 쏟고, 참다운 스승으로서의 보살행을 멀리하고 있지 않으신지요?

재가자들은 삶의 두려움과 아픔이 있을 때 절엘 갑니다. 작은 암자일지라도 풍경 소리와 독경 소리만으로도 고통의 시름이 사라진 듯하고 그늘이 깊은 산그늘 아래에서 쉬었다 돌아오는 발걸음은 천국과 지옥이 둘이 아님을 느끼고 사바세계가 바로 천국임을 깨닫고 일상으로 돌아와 수행하듯 하루를 살아갑니다. 옛 큰스님들께서는 절에 오지 말고, 네 집 살림이나 잘하고 아이들 잘 기르라고 가르치십니다. 그것이 부처님의 가르침이라 말씀하십니다. 그래도 신도들은 절엘 찾아갑니다. 부처님을 찾아갑니다. 부처님 곁에 늘 항상 하시는 스님께서 알고 계실 거라고 믿기 때문입니다.

나무에 나뭇잎이 풍요롭지 않으면 그늘이 없듯이, 풍요로운 그늘이 자비라고 봅니다. 큰 나무 밑에 그늘은 깊고, 초연해서 온갖 무리들이 쉬었다 가고 또 찾아와도 풍요로워서 걸림이 없는 곁을 내어 줍니다. 재가들의 삶은 화려함 속에 빈곤이 늘 찾아들어 사바세계 찌든 시름을 풀기 위해, 알 수 없는 처음 듣는 부처님 법문 듣고도 기뻐하고 에너지를 충전해서 가정에 돌아가서 다시 사유하고 더 나아가 사회와 국가를 위해 제 역할을 하려고 노력한다고 봅니다.

스님들께서 말씀으로만 불자들께 오계를 말씀하십니다. 스님들께서 계를 파하는 일에 선두에 있습니다. 자비하시고 서릿발 같은 수행력을 지닌 대도인 스님까지는 바라지 않습니다. 부처님을 모시는 공동체 공간을 잘 이끌어 주시는 청정한 스승이 필요합니다.

불자에게 봉사심을 내라고 가르치고 강요하기보다 스스로 수행자로서 약속을 잘 지키시고 솔선수범하시면 신뢰하지 않고 따르지 않을 자가 있겠는지요!

광덕 큰스님께서 일구어 놓으신 마하반야바라밀 전법 도량 불광법회·불광사를, 지난 25년 불광을 운영해 오신 스님들께서 재가자들과의 소통 부재로 30년 퇴행시켰습니다.

스님과 신도 관계는 설법하는 자와 듣는 자, 나누어져 있었기 때문으로 봅니다. 종무소 실장, 직원까지도 대웅전 금강경 기도 동참자, 일요 법회에 참여하는 불광법회 불자들을 보고, 비웃기라도 하듯, 혀를 차며 마하반야바라밀을 아는 보살들이 맞냐고 묻습니다. 사찰 직원이 불자들을 대하는 모습과 이런 말을 하는 것은 불광사를 관리하는 주지 스님이 불광형제님들을 깡그리 무시하는 것이 지금도 횡행하고 있기 때문입니다. 불광형제들은 절대 물러서지 않을 것입니다. 불광법회·불광사는 전법도량, 바른 믿음, 바른 기도 하라, 라는 광덕 큰스님의 천명을 내린 신성한 공간에서 불미스러운 다른 일을 꾀하는 자는 누구 할 것 없이 절에 머무르게 해서는 안 됩니다.

비유를 들자면 세상에 대가를 바라고 부모 노릇을 하는 자가 계실까요? 부모가 되는 교육을 받지 않아도 부모 노릇을 잘합니다. 그렇듯이 참 불성은 배우지 않아도 스스로 발현합니다. 스님들께서 부모와 같은 마음으로 자비심으로 재가자를 반기고 맞이하신다면, 그때 불광사가 지난날의 포교1번지 불광법회·불광사로 거듭 나아갈 것입니다. 삼보정재 공덕을 바르게 실천하는 것은, 사부대중이 함께하는 사찰 살림살이의 사명이라고 생각합니다. 부모가 자식에게 무한한 사랑으로 베풀고 감싸 안듯이 말입니다. 자비하소서. 부처님은 중생의 어버이이십니다. 그래서 삼배를 올립니다. 불광사 운영에도 마찬가지입니다. 스님들께서 여태까지 사부대중에게서 공양을 올리라고만 하십니다. 불광사에 계시는 스님들께서 공양을 손수 지으셔서 진심으로 대중 공양을 올리신 일이 있었다면 지금의 사태는 일어나지 않았다고 여겨집니다. 스님들께서 수행은 게을리하시고, 공양받아 삼보정재에 사용하지 않으시고, 개인 소유물처럼 착복하시고, 신도들을 빈부 격차로 취사 선택하시고, 스님들의 인연만을 구축해 가고 있었기 때문으로 얻어진 결과입니다.

불광법회·불광사 형제들에게 문제점을 찾기보다 문도 스님들께서 화합이 먼저라고 저는 감히 생각하고 말씀 드립니다. 그다음 재가자들의 잘못된 점을 고치도록 죽비를 쳐 주십시오.

불광사·불광법회가 이대로 계속된다면 불신의 골만 깊어지고, 한 지붕 두 가족이 될 것입니다.

감히 수행하시는 스님들께 말씀 올린 것은, 불광법회·불광사 사부대중 공동체의 공간으로서 안정과 수행처로서의 공간으로 거듭나기를 간절히 바라는 마음에서입니다.

재가자로서 부끄럽지 않은 자, 오계를 지키고, 팔정도를 실천하는 재가 수행자가 되겠습니다.

회칙과 운영규정 개정과정에서 보여준 스님들의 불광법회에 대한 관점

보관(이광우) | 감사

불광법회 회칙(약칭 회칙)과 불광사·불광법회의 운영에 관한 규정(약칭 운영규정)의 개정 작업은 불광법회를 바로 세우는 주춧돌과 기둥을 튼튼하게 만드는 일로 비견될 수 있다. 직전 회주 지오 스님과 합의하에 개정하였던 회칙과 운영규정이 이미 효력을 발휘하고 있었으나, 이전 회칙과 운영규정에 대한 회주 지정 스님과 주지 진효 스님의 불만이 계기가 되어 회칙과 운영규정에 대한 재개정이 불광법회의 중요한 과제로 대두된 것이었다. 2019년 3월 초순에 시작되어 3개월간 무려 13차례 회의를 통하여 회칙과 운영규정의 개정을 위한 협상을 진행하였고, 마침내 그해 6월 16일 명등회의에서 회주 스님이 개정된 회칙과 운영규정을 최종적으로 공포하기에 이르렀다.

이글에서는 회칙과 운영규정의 개정 배경, 협상 과정에서 쟁점이 되었던 사항들, 쟁점에 대한 스님들의 관점, 그리고 각각의 쟁점들에 대한 설득 과정을 정리하여 후대의 나침반으로 삼고자 한다.

1. 지오 스님 퇴진 압력의 명분으로 작용한 회칙과 운영규정

2018년 12월 30일! 지홍 스님 사태 이후 불광사·불광법회 회주 스님으로 계시던 지오 스님이 불광을 떠나셨다. 지난 2018년 10월경 지홍사태를 마무리하면서 지정 스님은 지홍 스님으로부터 불광사 창건주를 인계받으면 즉시 잉크도 마르기 전에 광덕문도회에서 회주로 뽑힌 지오 스님에게 바로 넘기겠다고 법상에서는 물론, 사적인 자리에서도 여러 차례 반복해서 언급하였다. 그런데, 그 약속은 허언이었고, 지정 스님은 문도 스님들을 핑계로 들면서 창건주 직을 넘겨주지 않고 버티고 있었다. 이에 지오 스님은 창건주에게 휘둘리는 회주 직은 수용할 수 없다는 입장에서 회주 직을 던져버린 것이다.

지오 스님의 사퇴 압력의 중심은 회칙과 운영규정의 개정에 있었다. 지오 스님은 2018년 지홍 스님 사태의 재발 방지를 위해서는 재정을 투명하게 운영해야 하는 것은 필수조건이고, 불광사·불광법회는 불광형제들의 뜻에 부합되도록 불광법회 회장단과 긴밀하게 협의하여 운영되어야 한다는 것을 지론으로 삼고 있었다. 이러한 지오 스님의 지론은 명등회의의 최종 의결을 거쳐 회칙과 운영규정에 온전히 반영되었다.

그런데, 지오 스님이 개정에 찬성한 회칙과 운영규정이 광덕 문도회의 직접적인 반발을 불러일으켰다. 지명 스님과 학륜 스님이 그 선봉에 섰다. 지명 스님은 불광법회의 정통성을 유지 계승한 지오 스님이 개정에 합의한 회칙과 운영규정을 "소견 없는 바보의 작품"이라고 맹폭격하였다.

이처럼 겉으로 드러난 것은 창건주 이양 약속 불이행이지만, 불광법회의 회칙과 운영규정을 부정함으로써 결국은 불광법회의 정체성을 흔들어 파괴하는 것이 그들의 숨겨진 속내였음이 잘 드러나는 대목이다.

2. 지정-진효 체제의 첫 과업 : 회칙과 운영규정의 새로운 제정 요구

2019년 초 지정 스님은 "불광법회 신도들이 거세서 쎈 사람으로 주지를 임명해야 하겠다."라고 여러 번 말씀하신 적이 있다. 그 쎈 사람이 과연 누구인가에 대해 우리 모두는 많이 궁금해하고 있었다. 2019년 3월 주지로 임명된 진효 스님과 회주 지정 스님은 그 첫 과업으로 들고나온 것이 회칙과 운영규정의 완전히 새로운 제정이었다. 지정 스님은 회장단과의 회의에서 2018년 7월 지오 스님이 계실 때 개정한 회칙과 운영규정은 광덕문도회 스님들 입장에서 문제점이 많다고 지적하면서 완전히 새로 제정하자는 억지 주장을 하였다.

이에 대해서 회장단에서는 상호 합의하에 현행 회칙과 운영규정의 개정은 가능하나, 기존 회칙과 운영규정을 무효로 하고, 완전히 새로운 회칙과 운영규정을 만드는 것은 불가능하고 상식에도 어긋나는 것이라고 설득하였다. 그 결과로 스님 측(일명 사측)과 불광법회 측(일명 법회측)은 쌍방이 대표를 뽑아서 회칙과 운영규정 개정을 위한 협상을 하기로 합의하였다.

3. 협상을 위한 사전 준비

2019년 3월 11일(월) 회장단에서는 회칙 및 운영규정 개정과 관련하여 불광형제들의 의견을 종합하여 이를 주지 진효 스님에게 전달하였다.

그 주요 내용은 다음과 같다. 첫째, 광덕 스님만 법주로 칭하고 그 외는 회주로 칭하기로 하고, 그 내용을 회칙에 반영하는 것에 동의한다. 둘째, 최초로 임명된 감사는 기간의 제한 없이 과거 연도의 업무 및 재정을 감사할 수 있는데, 이는 불광의 과거사에 대한 감사를 통하여 재정투명화의 기틀을 마련하고 전법도량의 토대를 더욱 굳건히 하기 위한 것이었다. 이 규정 중 감사 대상을 일부 수정하는 데 동의한다. 그밖에 운영규정 관련 사항으로 스님의 위의와 위상 문제, 주지의 권한과 책임의 부조화 문제 등에 관한 내용도 일부 개정하는 데 동의한다는 내용이 있었다.

4. 회칙과 운영규정 논의 상 쟁점들

2019년 3월 24일 일요법회를 마치고 본관 3층 회의실에서 제1차 회의가 진행되었다.

첫 회의에는 사측 3명, 법회측 3명이 참석하였는데 법회측에서는 현진 법회장과 원각 수석부회장, 보관 감사가 참석하였고, 사측에서는 지정 회주 스님, 진효 주지 스님, 종무실장 진오 거사(이윤주)가 참석하였으며, 서기로 최헌수 종무차장이 참석하여 회의록을 작성하였다.

쟁점 1 : 문도 스님의 사측 대표자 수용 여부 등

첫날 회의에서 회의 참석 대상을 놓고 주지 진효 스님은 광덕 스님의 문도 스님 중 한 분이 대표로 참석해야 한다고 강력하게 주장하며 이를 관철시키려 노력하였다. 이에 대해 현진 법회장은 불광법회 회칙과 운영규정은 문도 스님들과 아무런 이해관계가 없고, 만약 문도 스님 대표가 회의에 참석하게 되면 그 스님의 주장 등이 회의에 어필(appeal)될 가능성이 많이 있기 때문에 회의의 원만한 진행이 어렵다고 주장하고 이를 거절하였다.

현진 법회장은 전 회주 지홍 스님이 계실 때 문도 스님들 중 누가 불광사·불광법회 운영에 관여한 적이 있느냐? 없지 않느냐? 그런데 지금 와서 문도 스님이 불광법회 운영에 관여하게 되면 선례가 남게 되고 외부에 있는 스님들이 '불광 운영에 감 놓아라. 대추 놓아라.'라고 하면 불광법회가 산으로 갈지, 바다로 갈지 모른다고 설명하면서 문도 스님 대표의 회의 참석을 반대하였다.

이에 대해 진효 스님은 사측을 대신하여 변호사를 회의에 동참하게 하자는 색다른 주장을 하였는데, 사측에서 변호사가 필요하면 자문을 받는 것은 무관하지만 외부인인 변호사가 불광법회 회칙과 운영규정을 개정하는 회의에 직접 참석하는 것은 동의할 수 없다고 거절하였다.

이에 따라 결국은 회칙과 운영규정 개정 회의에 문도 스님 대표나 외부 변호사의 참석은 없이, 사측과 법회측 대표들로 회의를 진행하게 되었다.

2019. 3. 30.(토) 10시 제2차 회의가 열리는 날이었다.
회의가 시작되자 사측에서 회의를 하면서 쌍방의 의견이 다를 수도 있으니 이를 중재할 수 있는 원로 혹은 외부 전문가를 두자고 제안하였으나 법회측에서는 이를 받아들일 수 없다고 했다.

대신에, 현 구성원으로 회의를 진행하면서 회칙과 운영규정에 대하여 조문별로 하나하나 짚어 가면서 축조심의를 하되, 쌍방의 의견 대립이 치열한 사항에 대해서는 별도의 논의 절차를 마련하여 검토하기로 합의하였다.

제3차 회의는 스님들의 불참으로 무산되었다. 우리는 회의에 갔다가 헛걸음만 치고 헤어졌다.

쟁점 2 : 불광법회 회칙과 운영규정은 불광사와는 관계없다?!

2019.4.17.(수) 18시 제4차 회의가 열렸다.
제4차 회의부터 법회측 협상 대표의 변동이 있었다. 현진 법회장이 건강상의 이유로 대표에서 물러나고 법전 김동조 부회장이 대신 들어왔다.

사측이 제4차 회의에서 불광법회 회칙과 불광사·불광법회의 운영에 관한 규정의 개정안을 가지고 왔다.

사측이 제시한 회칙개정안의 주요 내용은 다음과 같다.
회칙 관련 사항은 불광법회(신도 조직)에 대한 규정이기 때문에 불광사 개별 회칙(종단의 사찰규약) 혹은 불광사 및 불광법회를 아우를 수 있는 회칙 제정이 필요하고, 최초로 임명된 감사가 과거년도에 대하여 기간을 정하지 않고 소급하여 감사를 진행하는 것은 과도한 월권행위이며, 감사가 외부기관 혹은 불광사에 대해 감사를 진행하는 것도 부당하다는 것이었다.

운영규정과 관련해서는 스님 위의와 위상의 문제, 즉 각종 위원회에서 불광형제들이 위원으로 참여하는 것, 주지 스님 결제 전 사무국장의 확인을 받는 문제, 종무원의 징계 문제 등을 문제점으로 지적하였다.

제5차 회의는 2019년 5월 8일(수) 18시 30분 본관 3층 회의실에서 열렸다.

이날 회주 지정 스님은 역사에 길이 남을 중요 발언을 하였다.
회주 지정 스님은 "법회장님은 불광법회가 주인이며, 법회가 돈을 내어 불광사를 설립하여, 불광법회가 주도권을 잡아야 한다고 생각하는 것 같은데 나는 여기에 굴복할 수 없다."라고 말씀하였다.

이어서 주지 진효 스님은 "주지로 임명받은 첫날 법회장님을 저녁에 뵈었는데 회장님께서 시작이 절이 먼저가 아니라 법회가 먼저 만들어졌다 그렇게 말씀하시면서 절이 있고 신도가 모인 것이 아니라 신도들이 모여 절이 만들어졌다고 이야기하는 것을 들었다. 만나는 첫날 이런 말을 회장님한테 들으니 상당히 불쾌하였다"고 감정을 표현하였다.

두 분 스님의 이런 얘기를 듣고 "불광법회는 신도들만의 단체가 아니라 스님들도 불광법회 구성원이고 불광법회는 신도들 것이 아니다. 인적 자산으로는 스님과 신도들로 구성되어 있고, 물적 자산으로는 불광사가 포함되어 있다. 법회가 먼저인 부분은 역사적으로 맞는 말씀이고 큰스님께서 불광법회를 만드셨다. 불광법회 속에는 큰스님, 스님들 모두 포함되어 있다."라고 설명하였으나 귀담아듣는 것 같지는 않았다.

쟁점 3 : 감사 대상과 회장 선출 방법 등 개선

제6차 회의는 부처님오신날(5월12일) 행사가 끝난 후인 5월 14일(화)에, 7차 회의는 5월 26일(일)에 열렸다.
사측과 법회측이 논의한 내용은 사측에서는 감사 대상이 너무 범위가 넓다. 불광사·불광법회가 일부라도 출연 또는 재정지원한 기관·단체, 불광사 말사인 보현사, 용인 관음사가 모두 포함되어 있어서 문제가 많다고 개정하자고 하였고, 또 명등회의를 주재할 수 있는 명등단장 선출 문제와 종무원 징계규정 삭제 문제 등을 들고 나왔다.

우리 측에서는 이번 기회에 회장 선출 문제를 민주적인 방향으로 개정하자고 제안하였다. 왜냐하면 종전 회칙에서는 '회장단과 감사는 법주가 임명한다'라고만 규정되어 있어서 회주 스님 마음대로 회장을 임명하는 비민주적 관행이 그대로 남아 있었기 때문이다.

쟁점 4 : 회칙과 운영규정의 적용 범위

제8차 회의는 2019년 6월 1일(일) 18:00 본관 3층 회의실에서 시작되었고, 회칙과 운영규정 조문 하나하나를 짚어 가면서 축조 심의 하였다.

심의 과정에서 쟁점으로 부각된 것은 회칙의 적용 범위(제3조)에 관한 것이었는데 논의된 내용은 다음과 같다.

보관 감사 : (회칙의 적용 범위를 재차 확인하기 위하여) 제3조 적용 범위에서 불광사를 넣지 않은 것은 어떤 의미인가?
주지 스님 : 불광법회 즉 신도조직에 한정하는 것을 의미한다.
보관 감사 : 제1조에서 불광사·불광법회(이하 '법회'로 약칭한다.)라고 규정되어 있기 때문에 그 이하 조문에서 '법회'라는 단어가 나오면 그 뜻은 제1조와 같이 불광사와 불광법회를 포괄하는 의미이다.

진효 스님 : 적용 범위는 다르다. 적용 범위는 불광법회를 의미하고, 첫 회의에서도 이야기했고 이 법이 적용되는 부분에 있어서 쟁점이 되는 부분까지 동의가 된 것으로 알고 있다.

보관 감사 : 2019.4.17. 제4차 회의에서도 제3조 적용 범위를 논의하였는데 그때 주지 스님께서 "제1조에 불광사가 포함되어 있으니 제3조에는 불광사를 넣지 않아도 된다고 말씀하셨다"라고 반박하고, 종전에 종무원 중 어떤 사람이 불광사는 회칙 적용 대상이 아니라고 주장한 사실도 있어서 이를 명확하게 해 두기 위해서 제3조에 불광사를 넣어야 한다.

진효 스님 : 제1조에 포함한다고 이야기한 것이다.

이런 치열한 토론 끝에 결국은 회칙 제3조에 불광사도 회칙의 적용 범위에 포함된다고 결론을 내렸다. 이 부분에 대해서는 2019년 6월 13일 회칙 및 운영규정을 개정하기 위한 명등회의에서 감사가 설명하였고, 회주 스님과 주지 스님도 이의가 없었다.

쟁점 5 : 불광법회 의사결정 구조의 설계

불광법회의 의사결정 구조를 설계하는 일은 매우 중요하다. 회주와 주지 스님은 일관되게 기존의 체제를 뒤집어엎으려고 시도하였다. 주지 진효 스님은 명등단장을 선출하여 명등회의를 주재하게 하여야 한다고 주장하였고, 회주 지정 스님은 명등회의가 의결기관이라고 하면 의장이 필요한데 명등단장을 뽑아서 의장으로 하여야 한다고 주장하였다. 두 분 스님이 주장하는 명등단장은 그 당시 명등을 맡고 있었고 스님들 편을 들고 있던 어느 불자가 주장하던 것인데, 명등단장을 뽑아야 한다는 것은 법회장이 명등회의를 주재하는 것을 막아보려는 속셈이고 법회장의 힘을 빼려고 하는 두 분 스님의 마음속이 훤히 들여다보이는 주장이었다.

제9차 회의부터 제12차 회의까지 회칙과 운영규정을 조문별로 심의하였다.

법회측은 법회장과 감사의 선출 방법, 임기 등에 대하여 제안을 하였다.

우선 법회장과 감사의 선출은 회주가 후보자를 추천하여 명등회의에서 과반수 찬성의 동의를 받아 임명하는 것으로 제안하였는데, 회주 지정 스님이 반대하였다. 주지 진효 스님이 이를 중재하기 위하여 회주 스님이 추천위원회를 만들어서 후보자를 추천하는 과정을 거치자고 수정 제안하여 법회측과 회주 스님도 동의하였다. 합의된 법회장과 감사의 임명 절차는 회주 스님이 추천위원회를 구성하여 후보자 각 1명을 추천하고 후보자를 명등회의에 회부하면, 명등회의에서 재적위원 과반수의 동의를 받아야 회주 스님이 임명할 수 있다는 내용이다.

또 법회장 업무의 영속성을 지키기 위하여 후임 법회장이 임명될 때까지 법회장이 그 직무를 수행한다는 규정을 신설하자고 제안하였는데 스님 측에서 동의를 하지 않아서 명등회의에서 결정하기로 하였다.

감사의 업무 중 피감사기관에서 보현사, 관음사를 제외하고, 다른 법률에 의하여 감사를 받는 기관인 유치원과 송파요양센타도 제외하기로 하였다.

또 종전 회칙에서는 명등회의를 법주의 재가를 얻어 회장이 소집하도록 규정하고 있었으나 개정안에서는 회주 또는 회장이 명등회의를 소집할 수 있고 명등회의 구성원 1/3이상의 요청이 있을 때 회장이 소집한다고 개정하였다.

운영규정에서는 사찰운영위원회, 재무위원회, 인사위원회, 교육위원회등에서 스님의 위상을 강화하는 방향으로 개정하였고, 종무원의 채용과 관련한 규정도 신설하였으며, 종무원의 징계사유와 징계의 종류 등을 신설하였다. 종무원의 징계 관련 규정에 대해서 주지 스님은 계속 반대하다가 명등회의에 올려서 결정하기로 하였다.

부칙에서 회주 스님이 명등회의 의결을 거친 후에도 공포를 하지 않을 경우를 대비하여 회칙과 운영규정의 개정 의결을 거친 다음 날로부터 7일이 경과하여도 공포하지 아니하는 경우에는 7일이 경과한 다음 날부터 시행한다는 규정을 신설하여 어떤 경우에도 회칙과 운영규정이 제대로 시행될 수 있도록 하였다.

쟁점 6 : 명등회의 의결을 통한 쟁점 조항 일괄 타결 합의
제13차 회의는 2019년 6월 9일에 열렸는데 회칙과 운영규정을 심의하는 과정에서 합의를 이루지 못한 조항에 대해서는 사측과 법회측 개정안 모두를 명등회의에 상정하여 다수결로 최종 개정안을 확정하기로 하였다.

쌍방이 합의를 도출하지 못한 쟁점은 다음 세 조항이었다.

첫째는 법회장(감사 포함) 임기 만료 후 후임자 임명 때까지 직무수행 문제,

둘째는 명등단 관련 조항 신설 문제,

셋째는 종무원 징계 관련 규정 삭제 여부 문제였다.

이렇게 압축된 것을 사측 안을 제1안으로 하고 법회측 안을 제2안으로 하여 명등회의에 올리기로 합의함으로써 회칙과 운영규정 개정 협상은 제13차 회의로 대단원의 막을 내렸다.

5. 94%의 절대적 찬성으로 회칙과 운영규정 개정안 확정, 공포

전통적으로 관례에 따라 명등회의 안건 표결 방식은 대부분이 거수로 찬반을 물어서 결정해 왔다.

그러나 이번의 의결 방식은 달랐다. 주지 진효 스님이 회칙과 운영규정 제1안과 제2안을 명등회의에 올리되 무기명·비밀투표를 하자고 제안하였다. 스님은 명등회의 직전까지도 스님측과 가까운 일부 극소수 명등 보살들의 얘기를 전해 들었는지 무기명 비밀투표를 진행하면 사측 개정안인 명등단 신설 및 종무원 징계규정 삭제 등이 단일안으로 확정될 것이라는 기대를 놓지 않고 있었던 것 같다.

그러나 명등회의 투표 결과는 주지 스님의 기대와는 어긋나도 한참 어긋났다.

2019년 6월 16일 명등회의 투표 결과

관련 조항	구분	제1안	제2안
회칙 제12조 (임원의 임명과 임기)	내용	종전과 같음	회장 선출 방법 개정
	투표인 수	11명	51명
회칙 제8조·제11조 (법회조직·임원)	내용	명등단 조항 신설	현행과 같음
	투표인 수	11명	51명
운영규정 제37조~제40조 (종무원 징계 관련)	내용	종무원 징계 삭제	현행 징계 유지
	투표인 수	12명	50명

명등회의 투표 결과, 회장 선출 방법 관련 규정, 명등단 관련 규정, 종무원 징계 관련 규정 모두 제2안에 찬성표가 많이 나와서 결국 법회측안으로 최종안이 결정되었고 이를 단일안으로 하여 명등회의에 회부하였다.

단일안으로 결정된 회칙과 운영규정은 회주 스님과 회장단 연명으로 발의되어 명등회의에 상정되었고, 투표결과 재적위원 75명 중 58명이 찬성하여 개정안은 통과되었고, 회주 스님이 이를 직접 공포함으로써 회칙과 운영규정은 마침내 제자리를 잡게 되었다.

6. 회칙과 운영규정의 협상 소회

회칙 제12조에서 법회장의 임기를 명확하게 규정한 것은 정말 다행이라고 생각한다.

아직까지도 불광이 정상화되지 않는 현실을 보면 회칙 제12조 관련 규정을 "법회장 임기 만료 후 새 법회장이 임명될 때까지 법회장 업무를 계속한다."라고 개정한 것이 얼마나 다행한 일인지 모른다. 만약 회칙 제12조가 개정되지 않았더라면 지금 상황에서 우리는 스님들의 행패에 가까운 처사에 어떻게 대처할 수 있었을까?

상상해 보면, 회주 스님이 법회장 임기 종료 후 새 법회장을 임명하지 않는 사태가 발생할 수도 있었을 것이고, 또 명등회의에 통과되지 않을 사람을 추천하였다가 거부되면 그다음은 추천도 하지 않을 수 있었을 것이라고 감히 생각해 본다. 그러면 법회장이 공석이 되었을 것이고 우리는 구심점을 잃어버리고 스님들이 하자는 대로 끌려다니지 않았을까?

끝으로 회칙과 운영규정이 만들어진 과정을 상세하게 그리려고 하였지만 세월이 많이 지나서 그런지 기억도 가물가물하고 표현력도 생각처럼 되지 않아서 제대로 기술하지 못하였음을 자책한다. 그리고 이 글을 끝까지 읽어주신 여러분께 진심으로 감사드린다.

나무 마하반야바라밀.

내 모태 신앙의 반란

 법광 (최훈경) | 부회장

어머니의 배 속에서부터 내소사 절에 가서 무엇을 빌었는지는 몰라도 나도 모르게 부처님과 인연이 되어 버렸다.

어릴 적, 절에 가면 사천왕상의 웅장하고 위압스런 표정에 기가 죽기도 하였지만 사찰 경내로 들어가면 바깥세상에서는 느끼지 못하는 세상 평화가 있었다. 부처님의 인자하신 미소 띤 모습으로 나를 내려다보시는 것이 너무 포근하여 안기고 싶은 충동을 받기도 했다. 부처님을 정확히는 잘 모르면서도 세상 누구에게나 사랑을 베푸시는 부처 같은 사람이 되고 싶었다. 또한 스님들의 인자하신 모습 속에서 스승으로 참 존경하고 따르고 싶은 충동도 받았다.

성인이 되어 1998년경부터 불광사와 인연을 맺어 광덕 큰스님의 법문을 들으며 살아 계시는 부처가 아닌가, 라는 생각을 하며 나도 불자로서의 역할을 다하는 삶을 살게 되었다.

광덕 큰스님께서 입적하시고, 뒤를 이어 지홍 스님이 불광사를 이끌 때도 열성으로 사찰 행사에 적극 참석하고 불자로서의 도리를 다 하려고 노력했다.

　불광사 절에 가면 정말 환희가 솟고 열정이 일어, 하던 일도 순탄하게 잘 이루어지고 법우형제들과의 관계도 가족 같은 관계가 되어 즐겁게 생활했다. 불광사가 새로이 법당을 신축하게 되어 나름대로 최대한 헌공을 하며 물심양면으로 불자의 도리를 다했다. 송파요양원에 매주 토요일 목욕 봉사를 법우들과 하면서도 즐거움으로 가득 찼으며, 대원3구 법우들과 사찰 순례 등으로 불심을 키워 갔다.

　훌륭하고 멋진 법당이 탄생되는 것을 보며 환희가 솟던 때, 뜻하지 않은 지홍 스님의 비리가 폭로되었다. 내가 생각했던 것과 정반대의 상황으로 변하여 아수라의 감정을 느끼며 내가 어떻게 해야 하나, 고민도 하게 되었다. 믿었던 스승님의 일탈들이 자꾸 꼬리에 꼬리를 물고 나와, 법우형제들과 함께 상황을 반전시켜 불광사를 정상화하자는 결의를 하고 잘못된 부분을 제거하고 새로운 불광사를 만들기로 각오를 다졌다.

　2018년 6월 3일 지홍 스님 퇴출 운동을 전 법우형제들이 하나가 되어 전개하기로 하였다. 그때는 모두가 하나가 되어 일사불란하게 행동하고 돕고, 잘못된 불교를 정상화시켜 종교로서의 역할을 다할 수 있게 하겠다는 각오를 다졌다. 법우형제들은 누구나 그런 마음으로 동참을 하였다. 잘못된 스님을 퇴출시키기 위해 조계종 앞 도로에서 2달간의 항의 시위를 하기 위해 관광버스 4대에 법우형제들과 타고 가서 시위도 하고 홍보 전단도 배포하고, 노력을 했으나 바위를 계란으로 치는 것 같은 허탈감을 느끼기도 했다.

　그런 와중에도 지오 스님께서 법주 스님으로 부임하시어 한 가닥 희망이 있었다. 문도회의 끈질긴 탄압과 제동에 지오 법주 스님 마저 법주 직을 내려놓고 범어사로 되돌아가신 후 불광법회에 고강도의 탄압과 제약을 가해와 일요법회를 보광당에서 하지 못하게 폐쇄시키는 등 궁여지책으로 지하1층 공양간에서 부처님도 모시지도 못하고 일요법회를 진행하는 등 이루 말할 수 없는 핍박을 가해왔지만 법우형제들의 마음은 더욱 불광정상화에 강인한 불심으로 들불이 일어나듯 타올랐다.

종무소 직원들의 일탈도 더욱 심해져 법회사무국을 폐쇄하고 보살들에게 상해를 입히는 등 종교인으로서 할 수 없는 행동을 서슴지 않고 저질러 10여 건의 고소 고발이 이어지고, 차마 눈 뜨고 볼 수 없는 사찰 내에서의 폭력이 난무하는 상황이 불광사를 휘감고 돌아가는 초유의 사태로 진전되었다.

우리의 요구가 절을 뺏기 위한 거라는 내용으로 법보신문에 게재된 잘못된 내용에 대하여 법보신문사 앞에서 정정 항의 시위도 여러 번 하고 법보신문과 인터뷰도 했지만 신문 내용은 엉뚱하게 편집되어 보도되는 참담한 일도 당했다.

지홍 스님 지지자들이 불광사를 빼앗으려 할 때는 구별, 법등별 조를 편성하여 한 달간을 지키기도 하였으며, 대각회에서 문도회의를 하는 날은 아침부터 목동에 있는 대각회에 가서 참석하시는 대각회 임원 스님들께 애원도 해보고 실상을 홍보도 하고, 제대로 가는 불교가 될 수 있도록 미력하나마 노력했다. 현재 잘못된 종교지도자들에게 경종을 울리는 역할을 하고 있다는 것에 자부심을 느끼며 잘못된 것은 반드시 개선시켜 종교가 사회의 첨병으로서 정의롭고 자비가 넘치는 불국토를 만드는 데 미력한 힘이나마 불광정상화

운동에 보탤 수 있었던 것이 가장 떳떳하고 보람찬 일이라 생각한다. 앞으로 불자로서 최선을 다하려고 다짐해본다.

그리운 광덕 스님

 현진 (박홍우) | 법회장

　지홍 스님과 지정 스님 사태를 겪으면서 이들과는 달리 일생을 청정하게 수행하시면서 전법에 평생을 바치신 광덕 스님이 참으로 그립다.

　광덕 스님과의 인연은 이미 숙세에 있었겠지만, 이번 생에서는 50여 년 전 잠깐의 스침에서 시작되었다. 대학 2학년생이던 1973년 3월 말 어느 토요일에 서울대총불교학생회(약칭 총불회)에서 불암산에 있는 흥국사로 1박 2일의 간이수련대회를 갔다. 당시에는 흥국사에 가려면 불암산 인근의 시내버스 종점에서 산길을 한참 걸어 올라가야 했다. 그날 회원들과 함께 산길을 따라 흥국사를 올라가는데 둥근 털모자를 쓰고 흥국사 쪽에서 내려오시는 중년 스님 한 분과 마주쳤다. 어느 선배가 광덕 스님이라고 우리에게 소개하여 스님께 인사를 드리니 스님께서도 미소를 지은 채 합장하고 지나가셨다. 이것이 광덕 스님과의 첫 만남이다. 당시 인자하면서도 깔끔한 인상을 받았다.

　그해 가을 총불회 행사에 법문을 부탁하려고 도반들과 함께 갈매리 보현사로 찾아뵈면서 스님과 직접적인 관계를 갖기 시작하였다. 저녁 늦은 시간에 보현사에 도착하여 대웅전 아래 평상에서 선선한 가을바람을 맞으면서 스님과 대화를 처음으로 나누었다. 당시 스님께서는 주위 배밭에서 수확한 배를 내놓으셨는데 아주 달고 맛이 있었다. 다음 해 11월 초순에는 보현사의 광덕 스님을 개인적으로 찾아뵌 적이 있는데 스님께서 만면에 미소를 머금으시고는 "이번에 이런 책을 출간하게 되었어요." 하시면서 『불광』 창간호를 보여주셨다. 스님의 얼굴은 시험에 백 점을 받은 초등학생이 성적을 자랑하는 모습처럼 순수한 기쁨이 가득했다. 그 불광 잡지가 올해로 창간 50주년을 맞이하게 되었다. 지금도 내 서재에는 광덕 스님께서 그때처럼 환하게 미소를 띠고 계신 모습의 사진이 걸려 있다. 이 사진을 볼 때마다 긍정적인 생각과 행동을 강조하신 광덕 스님을 생각하게 된다.

나의 불명 현진(玄震)은 광덕 스님으로부터 받은 것이다. 내가 총불회 회장을 맡고 있던 1974년 여름, 총불회는 부산 범어사에서 1주일간 수련대회를 개최하였다. 그때 광덕 스님의 상좌 지환 스님께서 행사 진행을 도와주셨고, 마지막 날 수계법회에는 바쁘신 광덕 스님께서 서울에서 범어사까지 오셔서 수계법사를 맡아주셨다. 나는 1972년 총불회의 여름 동화사 수련대회에서 경산(慶山) 스님으로부터 이미 불명을 받았기 때문에 이를 표시하였는데도 광덕 스님께서는 나에게 새로운 현진이라는 불명을 적은 계첩을 주셨다. 현진의 한자 뜻을 생각하면서 불명의 의미를 궁금해했는데 그해 가을에 서울의대 불교학생회를 창립하던 날 궁금증이 해소되었다. 그날 창립 기념 법문을 해주신 광덕 스님을 만났는데, 불법을 널리 펴라는 취지에서 현진이라는 불명을 주었노라고 설명해주셨다. 어쩌면 광덕 스님께서는 오늘의 불광사태를 예견하셨는지도 모르겠다.

광덕 스님을 생각하면 데모 현장에서 우리를 보호하려고 애쓰시던 모습이 엊그제 일처럼 떠오른다. 1972년 10월에 국회가 강제 해산되고 대학이 문을 닫으면서 소위 유신 시대가 시작되어 젊은 이들은 권위주의적인 독재 유신체제에 대한 불만이 많았다. 총불회는 1974년 11월 창립기념일에 광덕 스님과 법정 스님을 모시고 종로 대각사에서 창립기념행사를 진행하였는데 이날 두 스님의 법문이 끝난 후 우리는 유신헌법철폐를 주장하는 유인물을 낭독하고 종로거리로 나가 시위를 하려고 준비해두었다. 그런데 종로거리로 나가려고 할 무렵 어떻게 알았는지 대각사 앞에는 이미 데모 진압 경찰이 대기하고 있었다. 법정 스님께서는 법문을 하신 후 봉은사 다래헌으로 돌아가신 뒤였고 남아 계시던 광덕 스님께서는 대각사 문 앞에서 우리가 밖으로 나가지 못하게 두 팔을 벌리며 막으셨다. 가느다란 몸매이시지만 폭넓은 장삼의 두 팔을 힘차게 뻗으시고 단호하게 우리를 막아서셨다. 젊은 학생들을 보호하기 위해서였다. 결국 경찰이 대각사 안으로 진입하였고, 대부분의 학생들은 법당 안으로 대피하여 서로 껴안은 채 추운 밤을 새웠다. 그날 밤 또는 다음 날 모두 종로경찰서에 연행되었다가 대부분은 풀려나고 일부는 즉결심판에 회부되어 구류를 살기도 하였다. 당시 불교단체 최초의 유신체제 반대 시위인 만큼 사회적 관심이 컸던 것으로 기억한다. 이 사건은 당시 보현사에서 대학을 다니던 보덕 거사가 회장일 때 발생하였는데 광덕 스님께서는 가끔 이날의 내 모습을 묘사하며 웃으시곤 하셨다.

젊은 시절에 많은 스님들을 찾아뵈었지만 광덕 스님과 가장 깊은 관계를 맺게 된 것은 스님의 반야바라밀 가르침과 스님의 청정한 수행자의 모습이 내 마음에 크게 와닿았기 때문이다. 지금도 그런 경향이 있지만 당시에도 스님들의 법문은 대개 우리가 어리석은 중생이므로 이를 벗어나기 위해 수행하여야 한다는 내용이 많았다. 이에 반하여 광덕 스님께서는 우리 자신이 본래 부처이므로 이를 믿고 실천하기 위해 노력해야 한다고 강조하셨다. 삶에 대한 인식 방식에 큰 차이가 있는 것이다. 광덕 스님의 이러한 가르침은 "내 생명 부처님 무량공덕 생명"이라는 말로 요약할 수 있겠다. 이러한 광덕 스님의 가르침은 어려움에 처했을 때에도 꿈과 희망을 갖도록 하기 때문에 나에게는 특별한 의미가 있다.

내가 사법연수원에 다니던 1980년에 불자모임인 '반야회'를 조직하여 광덕 스님을 지도법사로 모시고 반야심경 강의를 듣기도 하였는데 모임 명칭을 반야회로 한 것은 광덕 스님의 가르침이 영향을 미쳤다. 이 반야회는 사법부 내 최초의 불자 모임이라고 할 수 있다. 그 후 1989년 서울지법 남부지원(현재의 서울남부지방법원)에 근무할 때도 불자 모임인 '반야회'를 결성하였는데 혜담 스님께서 지도법사로서 매달 한 번씩 법문을 해 주셨다. 1995년 서울고등법원 재직시에 만든 '서초반야회'는 지금도 활동을 하고 있다. 광덕 스님의 가르침에 따라 우리가 항상 염불하는 마하반야바라밀이 모임 명칭에서 연결되었다고 할 수 있다.

광덕 스님은 식사하실 때 오신채를 철저히 피하시고 육식도 일체 하지 않으시면서 청정한 수행자의 길을 걸으셨다. 젊은 시절에 조계종 총무원 총무부장을 역임하셨지만 그 후 종단 일에는 관여하지 않으시고 오로지 전법활동에 전념하셨다. 이를 위해 1974년 9월 1일 부처님의 깨달음에서 비롯되는 지혜광명의 빛으로 우리 자신과 사회를 밝게 비추는 사회운동을 위해 불광회를 창립하셨다. 이어서 문서를 통해 이러한 운동을 전개하기 위해 1974년 11월 1일 월간 『불광』 책을 창간하셨다. 1975년 10월 16일 불광회를 확대 개편하여 김경만 회장님을 비롯한 불광형제들과 함께 불광법회를 창립하셨다. 나는 대학생 시절과 졸업 후 사법시험을 공부할 때 가끔 목요일 저녁에 대각사에서 열리는 불광법회에 참석하였다. 결혼 후에는 어머니, 아내와 함께 참석하기도 하였다. 광덕 스님의 희망찬 법문은 불교에 관심이 있는 많은 젊은이들로 하여금 법회에 참석하도록 하여 나중에는 대각사 마당에도 인산인해를 이루었다. 불교의 새로운 역사가 시작되었다고 할 수 있다.

대각사를 빌려 법회활동을 하는 데는 한계가 있었기 때문에 불광법회는 1977년 6월 29일 '불광 법당 봉납발원법회'를 열고 독자적인 법당을 건립하기 위한 발걸음을 내디뎠다. 그 결과 불광법회는 1982년 10월 24일 잠실 불광사에 입주를 하였다. 광덕 스님께서는 1981년 대각회에 제출한 사찰설립승인신청서에 '불광법회의 중앙도량으로 불광사를 창건한다'는 사실을 친필로 명시하셨다. 불광형제들의 모연금으로 광덕 스님 개인 명의로 매입한 불광사 토지를 대각회에 출연하시면서 재산출연서에 토지의 실제 소유권자가 불광법회라는 사실도 명확히 하셨다. 이처럼 불광사는 불광법회를 위해 불광법회 회원이 주축이 되어 창건되었다는 점에서 일반 사찰과 매우 다르다고 할 수 있다.

이러한 사실에 비추어 볼 때 2018년 6월 12일 광덕문도회를 탈퇴한 지홍 스님의 상좌가 2023년 6월경부터 주지를 맡고 있는 불광사가 최근에 불광사·불광법회1)를 상대로 하여 불광사·불광법회가 올해 부처님오신날에 불광사를 사용하지 못하도록 법원에 가처분신청을 한 점은 참으로 어처구니없는 처사이다. 이 사건에서 법원은 가처분신청을 기각하였고, 그 이유로 불광사·불광법회의 활동을 위해 불광사가 창건된 사실을 명시하였다. 비록 사찰에는 제도로서 창건주가 있고 통상 스님을 창건주로 표시하여 종단이나 법인에 등록을 하는 경우가 많지만, 불광사의 경우 실질적인 창건주는 불광법회인 것이다.

불광법회의 활동과 관련하여 특별한 점은 법등조직을 들 수 있다. 나는 불광사 창건 초기에는 강남구에 살고 있어서 강남구법회 논현법등에서 활동을 하였는데 당시 매달 한 번씩 구식구들의 가정을 돌아가면서 법등가족 모임을 하였다. 광덕 스님께서 가족단위 활동을 권하셨기 때문에 거사와 보살이 함께하는 법회여서 어머니, 아내가 모두 같은 법등식구였다. 1988년 송파구로 이사한 이후에는 한동안 구법회 활동을 하지 않다가 현선 전 법회장께서 명등을 하시던 시기에 대원2구에서 새로 활동을 시작하였다.

광덕 스님께서는 재가자들의 개별적인 상담도 해주셔서 많은 분들이 가정사까지 스님께 상담을 하곤 했다. 이런 상황을 지켜보면서 내가 불광 식구들을 위해 봉사할 수 있는 일이 무엇일까 생각하

---

1) 불광법회는 2008년 불광사와 결합하여 '대한불교조계종 불광사·불광법회'로 명칭을 개정하였다. 이하에서는 불광사·불광법회로 칭한다.

다가 성남지원에 근무하던 1986년경부터 일요일 법회 후 무료 법률상담을 시작하였다. 이러한 법률상담은 사찰의 특별한 활동으로 교계신문에 기사화되기도 하였다. 법률상담은 법원에서 판사들의 외부인과의 접촉을 보다 엄격하게 제한하기 시작한 1997년경까지 계속하였다. 광덕 스님께서는 평소 인재양성에도 큰 관심을 갖고 계셨다. 이리하여 1996년 말에 광덕 스님께서 장학회를 만들고 싶다고 하시며 나에게 준비실무작업을 맡기셨다. 당시 장학회의 명칭은 '재단법인 광덕'으로 정하였고, 지환 스님이 이사장을, 내가 상임이사를 맡는 것으로 하여 1997년 1월 30일 강동교육청에 재단법인 설립인가 신청서를 접수하기까지 하였다. 그런데 인가가 나기 직전에 광덕 스님께서 갑자기 재단법인 설립 의사를 접으셨다. 그 사유는 정확히 알 수 없으나 그렇게 해서 장학재단 설립이 무산된 바 있다.

광덕 스님께서는 승가우월주의를 뒤로하시고 사부대중 평등이라는 입장을 유지하셨다. 이리하여 언제나 "신도 여러분"이 아니라 "불광형제 여러분"이라고 말씀하셨고, 법문 중에도 '우리 모두 함께' 공부하자는 말씀을 즐겨 하셨다. 특히 불광사 운영과 관련해서는 불광형제들을 신뢰하고 불광사가 불광법회의 중앙도량인 사실을 전제로 하여 회장단에게 큰 역할을 부여하셨다. 이는 1995년 개정된 불광법회 회칙에도 잘 나타나 있다. 당시의 불광법회 회칙은 불광법회의 지도위원인 스님들을 회장단이 제청하여야 법주인 광덕 스님께서 임명할 수 있도록 규정하였고, 법주가 후임자를 정하지 아니한 상태에서 유고가 되었을 때에는 대각회 이사장이 회장단과 협의해서 법주를 추대하고 그 법주를 불광사 창건주로 정하도록 규정하였다. 이는 당시 광덕 스님과 불광형제들 사이에 청정한 법주 스님의 지도하에 재가자 중심으로 불광사를 운영하는 데 대한 합의가 있었음을 알 수 있게 한다.

1999년 2월 광덕 스님께서 열반하실 당시 불광사 창건주는 막내 상좌인 지암 스님으로 등록되어 있었지만 후임 법주가 지정되어 있지는 않았다. 그러므로 당시의 불광법회 회칙에 의하여 대각회 이사장이 회장단과 협의해서 법주를 추대하였어야 했고 그 법주가 불광사 창건주 직을 물려받았어야 했다. 그런데 당시 그러한 절차가 무시되고 상좌 스님들이 합의해서 맏상좌 지정 스님을 법주로 삼고 창건주인 지암 스님으로부터 창건주 직을 이양받게 하였다. 광덕 스님의 뜻이 담겨져 있는 당시의 불광법회 회칙이 무시되는 것을 방임한 것은, 이후 불광사 창건주 직을 문도들 마음대로 결정할 뿐만 아니라 규정을 무시해도 된다는 의식을 형성하는 데 일조를 하였다고 생각된다.

2018년 5월에 불광사·불광법회 회주 겸 불광사 창건주였던 지홍 스님께서 야밤에 젊은 여종무원과 특별한 관계에서나 가능한 문자를 교환한 사실이 드러나고, 이어서 불광사·불광법회 산하의 불광유치원 공금을 횡령한 것이 문제 되면서 지홍 스님 사태가 발생하였다. 지홍 스님 사태로 2018년 6월 13일 지오 스님께서 광덕문도회의 결정에 따라 지홍 스님의 회주직을 이어 받으셨다. 원래 불광법회의 지도 스님은 법주라는 용어를 사용하였는데 2004년 지홍 스님이 지정 스님으로부터 법주직을 물려받으면서 법주 명칭을 회주로 변경하였다. 그런데 지오 스님 때에는 광덕문도회에서 다시 법주로 변경하였다. 지오 스님께서는 불광사·불광법회의 법주로서 불광사의 재정운영을 투명하게 하기 위해 제도를 정비하고자 불광형제들과 함께 뜻을 모아 2018년 7월에 '불광법회 회칙'을 개정하고 '불광사·불광법회의 운영에 관한 규정'을 제정하셨다. 지오 스님께서는 사찰의 재정투명화가 평소의 소신이라고 말씀하신 바 있는데, 불광사의 재정투명화를 위한 제도정비는 지오 스님께서 불광법회에 남기신 매우 중요한 업적으로 생각된다.

2018년 6월 13일 광덕문도회는 지오 스님에게 지홍 스님의 불광사 창건주 직도 이양하기로 결정하였다. 그런데 지홍 스님은 이를 거부하고 지정 스님에게 양도하겠다고 주장하였고, 지정 스님은 9월 어느 날 법상에서 지홍 스님으로부터 창건주를 이양받으면 '잉크도 마르기 전'에 이를 지오 스님에게 이양하겠다고 불광형제들에게 약속하였다. 그러나 10월 2일 지홍 스님으로부터 불광사 창건주를 이양받은 후 그 약속을 지키지 않았다. 한편 지오 스님은 법주로 계시는 동안 주위의 부당한 압력을 이기지 못해서인지 2018년 12월 30일 법주직을 내려놓으셨다. 그러자 맏상좌 지정 스님이 2019년 1월에 불광사·불광법회의 법주직도 갖게 되었다.

법주가 된 지정 스님은 개정된 불광법회 회칙과 위 운영에 관한 규정에 대해 불만을 표시하였다. 이에 지정 스님과 새로 2019년 2월부터 불광사 주지가 된 진효 스님은 2019년 3월부터 13회에 걸쳐 불광형제 대표들과 회의를 거듭한 끝에 6월 16일 회장단과 법주 지정 스님이 공동 발의하여 불광법회 회칙 및 위 운영에 관한 규정을 개정하였다. 그런데 2019년 8월 하순에 지정 스님의 은처승 의혹이 제기되고, 10월경부터 스님들에 의해 재정투명화에 관한 부분이 제대로 준수되지 않았다. 이리하여 지정 스님 사태가 발생하였다.

지정 스님은 2021년 2월 법원으로부터 1999년 이후에는 지정 스님이 은처승이라고 한 표현이 허위사실로 인정되지 않는다는 판단까지 받았다. 한편 지홍 스님도 법원으로부터 업무상횡령죄 및 사립학교법위반죄로 징역 8월에 집행유예 2년의 판결을 선고받았고, 그로 인해 2022년 4월 조계종 호계원에서 공권정지 1년 6월을 선고받기도 하였다. 하지만 지정 스님이나 지홍 스님이 이에 대하여 공개적으로 참회하거나 부끄러워하는 모습은 별로 보이지 않고, 광덕문도회 스님들도 이에 대하여 공개적인 비판은 잘 하지 않는다. 승가의 도덕·윤리 수준이나 기준이 재가자들과는 매우 다른 것은 확실한 것 같다. 승가의 화합이라는 가치를 범계행위에까지 적용하는 것이 과연 거룩한 승가를 유지 발전시키는 데 도움이 되는지 모르겠다.

근래 광덕 스님의 일부 상좌들의 모습은 청정한 수행자이셨던 광덕 스님과 너무나 대조적이다. 그래서 광덕 스님이 더욱 그립기만 하다. 광덕 스님의 상좌로서 청정하게 수행생활을 하시는 분들과 함께하면서 재정투명화와 합리적인 사찰운영을 이루고자 하는 우리 불광형제들의 노력을 어느 누구도 꺾을 수 없을 것이다. 우리들은 이 길이 청정한 스님들을 올바르게 외호하고 부처님의 가르침이 영원하도록 할 수 있다고 믿기 때문이다. 의식 있는 재가자들은 청정한 승가와 사찰의 재정투명화가 반드시 이루어져야 할 시대적

과제로 인식하고 우리에게 적극적인 격려와 도움을 주고 있고, 스님들 중에도 우리를 격려해주시는 분들이 적지 않다. 이분들께 깊이 감사드린다. 무엇보다도 불광의 정상화를 위해 기도하고 수고를 아끼지 않는 불광형제들을 보면 우리의 꿈과 희망이 이루어질 수밖에 없겠다는 믿음이 더해진다. 이들이야말로 이 시대의 보현보살이고, 광덕 스님의 말씀처럼 횃불이 되어 스스로 역사를 밝히는 주역이라고 하겠다.

그리운 광덕 스님!
스님의 가르침 속에서 우리의 참된 꿈과 희망이 이루어질 것으로 믿습니다. 저희들에게 환한 웃음과 정진력의 가피를 주시옵소서!

나무 마하반야바라밀.

광덕 큰스님의 온기가 살아 있는데

 보성화(이병례) | 부회장

    1992년 보현행원 송을 세종문화회관에서 했을 때 크게 감명을 받은 나는 그 길로 바로 합창단에 입문을 했습니다. 그 당시 불교계에선 가장 으뜸가는 최고의 합창단으로 다른 사찰에서 모두가 부러워할 만큼 규모가 대단했습니다.

    보현행원 공연 날 큰스님께서 매우 기뻐하시던 모습을 나는 잊을 수가 없습니다. 모든 대중이 함께 보현행원으로 보리 이루리를 외쳤고 또 외쳤습니다. 그 무렵 큰스님께서는 우리 합창단을 매우 자랑스러워하셨고 사랑해 주셨습니다. 우리는 불교계에 큰 공연이 있을 때는 항상 마하보디 합창단이 참석을 했고 우리 자체 내에서도 많은 공연을 했습니다.

    나는 큰스님께서 우리 곁을 떠나시기 83일 전에 있었던 일을 잊을 수가 없습니다.

    1998년 12월 6일 이날은 나에게 매우 뜻깊은 날이었습니다. 내가 명등으로 부촉 받는 날이었거든요. 여느 때와 같이 나는 일찍 준비하고 집을 나섰습니다. 절에 도착하여 합창단에 오르니 모두

들 시무룩하기에 무슨 일 있냐고 물어보았습니다. 그때 옆에 보살 님께서 큰스님께서 갑자기 많이 편찮으셔서 119로 응급실에 모시 고 갔다고 했습니다. 그날은 법회 내내 모두 조용하고 무거운 마음 이었습니다.

　나는 예정대로 착잡한 마음을 가지고 부촉을 받았습니다.

　마침 이날은 대원2구 거사님들께서 송년회를 하시기로 약속된 날이기도 했습니다. 잠시 참석한 나는 당시 현선 회장님으로부터 큰스님께서 많이 호전되어서 일반병실로 옮기셨으니 병문안 인사 를 가도 되십니다, 라는 말에 내가 허겁지겁 급하게 불광사로 다시 왔을 때는 후원보살 몇 분과 인왕수 보살과 묘연성 보살님께서 큰 스님 병문안 가려고 나서는 중이었습니다. 우리는 모두 택시를 나 누어 타고 아산병원 현관 앞에서 만나 함께 5층 큰스님 병실로 들 어갔습니다. 병실엔 지철 스님과 지혜월 보살이 병실을 지키고 있 었고 우린 일렬로 서서 큰스님께 인사를 드렸습니다.

　그때 갑자기 큰스님께서 손짓으로 나를 부르셨습니다. 내가 조 용히 스님 앞에 다가서니 한 손엔 링거를 꽂으시고 다른 한 손을 나 에게 내미셨습니다. 나는 얼른 두 손으로 스님의 손을 꼭 잡아 드렸 습니다. 그때에 따뜻했던 큰스님의 온기가 내 손은 물론이고 온몸 에 따뜻이 흐르는 느낌이었습니다. 그리고 스님께선 무어라 말씀 을 계속 하시는데 산소마스크를 하고 계시어 무슨 말씀을 하시는 지 전혀 알아들을 수가 없었습니다. 그때 나는 열심히 하겠습니다. 스님 걱정하지 마시라는 말씀만 드렸습니다. 그날, 명등 부촉을 받 았거든요!!! 인사를 드리고 물러서니 이번엔 인왕수를 부르시어 또 많은 말씀을 하셨습니다.

　우리 모두가 인사드리고 나오려는데 다시 스님께서 나에게 손짓을 하셨습니다. 내가 다시 스님 앞으로 다가서자 또 많은 말씀을 하시는 것이었습니다. 그때 우리가 큰스님의 뜻을 잘 알았더라면 지금쯤 좀 덜 힘이 들지 않았을까요?

말씀해 주신 스님의 속 깊은 뜻이 무엇이었을까요?

우리는 큰스님의 뜻을 전혀 알지 못했습니다. 지금의 불광을 어찌 모르셨겠습니까? 그동안 많은 세월이 흐르고 나서 이제와 돌이켜보니 큰스님께서 그리도 걱정하셨던 것이 무엇인지를 잘 알게 되었습니다.

1999년 1월 12일(음력) 큰스님께서 입적하시던 날에도 우리는 리틀엔젤스 회관에서 공연을 하던 중 큰스님께서 입적하셨다는 소식을 접하였으나 우리들은 공연을 끝까지 잘 마무리하였습니다. 매우 슬픈 마음으로 불광에 도착했을 때 스님께선 이미 범어사로 벌써 떠나시고 안 계셨습니다. 며칠 후 큰스님 다비식에 참석하기 위해 범어사에 도착하니 다비식에 참석하려고 모인 수많은 사부대중들의 슬퍼하는 모습에서 우리 큰스님에 크나큰 위상을 짐작할 수 있었습니다. 스님께서 떠나신 지 어언 25년, 현재의 불광을 들여다보니 안타깝게도 일부 상좌 스님들은 우리 불광을 생각하고 큰스님을 위하는 마음을 도대체 조금도 찾아볼 수가 없습니다. 만약 큰스님을 위하는 마음을 조금이라도 가지고 있다면 불광을 이렇게 힘들게 만들지는 않았을 것이라는 생각을 했습니다.

스님께서 떠나신 지 어언 25년이 지난 지금
"현재의 불광"
우리 문도 스님들께 묻습니다.

보성화(이병례)

왜 출가를 하셨습니까?

왜 큰스님의 상좌가 되셨습니까?

도대체 문도 스님들의 업적은 무엇입니까?

몇몇 당신들은 왜 불광법회를 무너트리지 못해 안달이십니까?

그럴수록 우리 법회는 더 단단히 뭉쳐지고 있다는 것이 아니 보이시던가요?

요즈음 와서 우리 스님의 빈 자리가 왜 이리도 크게 느껴지는지 비록 저만의 생각이 아니겠지요.

불광사태가 일어난 지 6년이란 세월이 흘렀건만 문도 스님들은 먼 산만 바라보고 무슨 때만을 기다리는 것인지 도무지 알 수가 없네요.

스님이 떠나신 지 어언 25년이 지났건만, 상좌 스님들의 상은 언제나 무너질까, 부처님 가르침을 언제나 실천할까, 하세월이 지나면 가능하게 될까요? 아무리 생각해 보아도 도대체 답이 없습니다.

어느 문도 스님께서 하시는 말씀이 불현듯 생각이 납니다. "문도 스님들이 3명만 똘똘 뭉쳐도 이 지경까지는 오지 않았을 것입니다."라는 말씀을 듣고 큰스님을 향한 상좌 스님들의 생각이 이렇게 다를 수 있는지 놀라울 따름입니다.

금강경에 부처님께서 누누이 '보살은 아상, 인상, 중생상, 수자상을 여의어야 참된 보살이라'라고 말씀하셨고 끝내는 법상까지도 다 내려놓으라고 하셨건만 먹물 옷을 입은 스님들의 모습에서 우리는 무엇을 배워야 하는 것인지 참으로 묻고 싶습니다.

어느 사찰에 성지순례 갔을 때 주지 스님께서 우리의 사정을 아시고 "생애 광덕 스님 같은 큰스님을 만났다는 것만으로도 큰 행운입니다. 큰 복을 받았으니 그것으로 만족하시면 좋겠습니다"라고 하셨습니다. 그 주지 스님께 우리의 사정을 자세히 말씀드렸고 우리쪽 일요법회에는 400~500명이 모여 법회를 여법하게 하고 있으며 전에 없었던 스님쪽 토요법회에는 30~40명이 참석하고 있다고 말씀드리면서 큰스님께서 일구어 놓으신 훌륭한 일요법회를 끝까지 우리는 꼭 지켜 나아갈 것이란 말씀을 드렸습니다.

안타깝게도 한두 분의 문도 스님에 의하여 불광사태 해결이 안 되는 것은 정말 슬픈 일이 아닐 수 없습니다. 정말 통곡할 일입니다. 결국 우리 모두가 하나가 되어 하나하나 헤쳐 나가야 할 큰 숙제입니다. 불철주야 항상 너무 애 많이 쓰시는 회장님을 비롯하여 모든 우리 불광형제님들께 감사한 마음을 전합니다.

불광형제 여러분!
우리는 6년이라는 세월을 어렵게 어렵게 지켜왔습니다.
모두들 너무 힘들고 지치셨겠지만 큰스님을 향한 우리의 굳건한 마음은 끝까지 변함없이 영원할 것입니다. 우리는 참 좋은 인연입니다. 우리가 모두 함께 조금만 더 힘내어 큰스님의 깊고 훌륭한 뜻을 이어 불광 정상화를 위해 이 어려움을 반드시 헤쳐 나가야 합니다.
우리 불광형제 여러분, 늘 즐거우시고 행복하시길 바라오며 항상 건강하시길 부처님 전에 기원 드리옵니다.

마하반야바라밀.

광덕 큰스님이 보여주신 세 번의 미소

 강봉(승병근) | 전 마하

제가 광덕 큰스님을 처음 뵌 시기는 1975년쯤입니다.

회사에 다니며 종로 조계사에 있는 서울불교청년회에서 불교와 처음 인연을 맺고 초발심의 마음으로 불교 교리를 열심히 공부하고 있었습니다. 그러던 어느 날 서울의 3대 명법사로 알려진 무진장 스님과 김경만 법사님이, 종로 대각사 광덕 큰스님께서 불광법회 창립법회에서 '금강경' 법문을 시작하시니 꼭 참석해서 공부하라고 알려 주셨습니다. '금강경'은 우리 조계종의 소의경전으로 평생 공부해야 할 필수 경전이라 이번 기회에 제대로 공부를 해볼 각오로 몇몇 청년 불자들과 함께 대각사를 찾아갔습니다. 첫날, 그다지 큰 법당은 아니지만 불자들이 많이 오셨습니다. 드디어 예불을 마친 후 광덕 큰스님께서 법상에 오르셨습니다.

첫 번째 "염화시중의 미소"

"여시아문 일시불 재사위국 기수급고독원…." 스님께서 금강경의 제1분 법회인유분을 읽어 주시고는 법문을 멈추시고 잔잔한 미소를 지으시고 잠시 동안 그대로 계셨습니다. 그러고는 "이와 같이 내가 들었다. 한때 부처님께서 공양하실 때라 큰 옷 입으시고…. 공양을 마치신 뒤 의발을 거두시고 발을 씻으신 다음 자리를 펴고 앉으셨다."라고 법문을 해설하셨습니다. 그리고 "이 평범한 일상생활의 과정 즉 행주좌와 어묵동정이 바로 도이고 불법입니다. 이 대목의 설명으로 법문은 모두 끝난 것입니다. 이 대목을 온전히 이해했으면 불교를 다 아는 것이고 불성을 깨달은 것입니다."라고 설명하시고 잔잔한 미소를 지으시는 것이었습니다.

처음 뵙는 광덕 큰스님은 많이 야위셨지만 너무 맑고 깨끗한 얼굴에 깊고 충만한 미소는 우리 범부로는 헤아리기 어려운 깊은 여운을 남겼습니다. 깨달은 분의 미소가 이런 것이구나, 하고 느낄 수 있는 잔잔한 미소였습니다. 오랜 세월이 지난 지금도 처음 뵈었던 그 당시 광덕 큰스님께서 보여주신 염화시중의 미소는 저의 뇌리에 남아 영원히 지워지지 않습니다.

두 번째 "활짝 웃으시는 호방한 미소"

스님의 금강경 강의가 약 1년여 정도 진행되던 어느 날 처음으로 우리 불광법회에서 경기도 삼막사로 야외법회를 갔습니다. 그다음 주 대각사 정기 목요법회에서 금강경 강설을 마치고 법등모임을 하였습니다. 젊은 불자가 대부분인 우리 법등에 큰스님이 오셔서 이번 야외법회에 다녀와서 불광형제들이 느낀 바가 무엇인지 각자 소감을 말해보라는 것이었습니다. 대부분의 법우들이 야외에 나가니까 너무 좋다고 자주 가자고 하였습니다. 제 순서가 돌아왔을 때 "우리 불교가 먼 산속에만 있을 것이 아니고 시내에 들어와서 많은 대중들에게 불교를 가까이서 쉽게 접할 수 있게 큰스님의 법문을 자주 들을 수 있도록 했으면 더 좋겠습니다."라고 간단히 말씀드렸습니다. 그러자 스님께서 정확히 지적했다고 칭찬하시면서 활짝 웃으시고 함박웃음을 보이셨습니다. 그리고 스님께서 곧바로 "불교는 산속의 절이나 소수의 스님들만의 종교가 아니고 일반 대중, 특히 젊은 불자들이 동참해서 같이 공부하고 더 높은 곳으로 발전하고 포교를 해나가야 합니다. 우리 불광법회가 앞장서서 도심 속에서 현대 불교를 꽃피우는 데 앞장서야 합니다."라고 힘주어 말씀하셨습니다. 스님께서 도심 한복판에서 법석을 펴시는 것도 처음부터 대중불교, 현대불교를 일으키시겠다는 사명감과 원대하고 뚜렷한 목표를 갖고 시작하신 것입니다.

광복 후 그리고 6·25 전쟁의 어려운 시기에 광덕 큰스님은 범어사에서 깊은 공부를 하시던 중, 한 소식을 깨달으시고 오도송을 남기시면서 계속 정진을 하시던 중에 조계종의 부름을 받고 중앙에 진출하시면서 한국 불교의 장래에 나갈 길을 찾으셨습니다. 먼저 정법불교의 기틀을 만드시겠다고 일제의 잔재인 대처승 척결 운동으로 대처승을 정리하는 사업에 온 힘을 기울여서 현 조계종의 호법 정책에 큰 힘을 쓰셨습니다. 그리고 바로 우리나라 불교의 대중화의 기틀을 만들기 위해 당시로서는 상상할 수 없는 몇 가지 혁신적인 개혁을 시작하신 것입니다.

첫째, 문서 포교의 중요성을 파악하시고 한국 최초로 월간 『불광』이라는 정기간행물 책자를 발행하시었습니다. 월간 불광이 전국으로 퍼지면서 전국의 불자 누구나 언제 어디서나 바쁠 때는 집에서도 불교를 쉽게 접하고 공부할 수 있고 관공서나 심지어 경찰서, 교도소 등에도 보시를 해서 불교의 대중화에 첫발을 내딛는 큰 역할을 했습니다.

둘째, 큰스님께서 직접 시내 중심가에 진출하셔서 많은 불자들이 산속이나 멀리 절에 가지 않고도 정법 불교를 쉽게 공부할 수 있도록 가까운 종로의 대각사에서 직접 법문을 시작하신 것입니다. 당시는 교통이 너무 불편하여 도심의 젊은 불자들은 불교를 공부하기가 어려웠는데 광덕 큰스님께서 직접 시내에 오셔서 가까이서 쉽게 법문을 듣고 공부할 기회가 생겨 불교의 대중화에 크게 기여하셨습니다.

셋째, 너무 난해한 한문 때문에 불교의 깊은 뜻을 이해하기 어려워서 불교를 제대로 공부하지 못하는 관계로 단순하게 부처님께 복만을 비는 기복신앙에서 헤어나지 못하는 안타까운 현실이었습니다. 광덕 큰스님께서 이를 간파하시고 반야심경, 천수경, 예불문 등을 한글로 직접 번역하셨습니다. 또 찬불가를 지으셔서 한국에서는 최초로 불광법회에서 쉬운 한글로 법회를 진행하고 합창을 시도하는 획기적인 변화를 시작하셨습니다. 또한 금강경, 보현행원품 등 많은 중요한 경전도 한글로 번역하시고 법회에서 공식적으로 한글로 금강경 독송을 시작하시고 지금도 불광법회는 한글 금강경 독송이 기본이 되어있습니다. 전국 사찰에서 한글로 법회를 진행하는 사찰이 조금씩은 늘어나고 있는 추세지만 금강경 한글 번역본을 모본으로 독송하는 사찰은 지금도 거의 없는 것으로 알고 있습니다. 그 당시도 대다수 사찰의 스님들이 광덕 큰스님의 이런 개혁 운동을 이해하지 못하고 심지어는 불교를 훼손하고 일반 신도들에게 불교를 너무 많이, 너무 깊이 가르친다고 광덕 큰스님을 비방까지 하는 일도 많았습니다.

이렇게 광덕 큰스님은 몇 세대를 앞서나가는 선각자이셨고 이런 최초의 시도가 빛을 발하기 시작하면서 정법불교가 전국에 널리 퍼지는 시발점이 되었고 그 후로 다른 많은 절에서도 벤치마킹을 하여 현재의 새로운 대중불교의 완전한 기틀을 다지게 되었습니다. 불광법회의 초대 회장이시고 광덕 큰스님의 전법 정신과 마하반야바라밀 사상을 전국에 알리는 데 일생을 바치신 김경만 법사님(후에 출가하셔서 한탑 스님이 되심)께서 하신 말씀이 생생하게 기억이 납니다. 우리 광덕 큰스님이야말로 신라 시대 대중불교를 일으키신 원효스님 이후로 한국의 순수 정법불교의 전법에 여러 가지 획기적인 시도를 하셨고, 최고의 업적을 이루신 전법의 화신 광덕 대선사님이라고 자랑스럽게 말씀하셨습니다.

세 번째 "영원한 미소"

대각사의 불광법회에서 2년 정도 광덕 큰스님께서 금강경 법문을 마치시고 계속해서 보현행원품을 강설하셨습니다. 그때 광덕 큰스님께서 지혜의 금강경과 행원의 보현행원품은 수레의 두 바퀴 같아서 두 바퀴가 서로 보완하여 완전한 하나가 된다고 하셨습니다. 즉 반야 지혜와 바라밀 행원이 둘이 아닌 한 몸처럼 움직임으로 완전하고 영원한 행복의 불성을 찾는 육바라밀의 완성이 된다고 마하반야바라밀 사상을 강조하셨습니다.

법회에 다닌 지 4년 정도 되었을 때 제가 다니던 회사가 여의도로 이사를 갔습니다. 당시는 지하철도 없던 때라 여의도에서 제시간에 종로로 나오기가 어려웠습니다. 그리고 부산의 직장으로 옮기게 되고 또 15년 정도 해외로 파견되어 불광법회와 멀어지게 되었습니다. 스님의 열반 소식도 해외에서 전해 듣게 되었습니다. 그 후 2005년 한국으로 귀임하였습니다. 그 사이에 저의 보살은 저보다 먼저 한국으로 돌아와 잠실의 불광법회에 다녔습니다. 저도 한국에 들어와서 바로 잠실의 불광사로 갔습니다. 3층의 대웅전에 들어서자마자 깜짝 놀랐습니다. 법당 상단 왼편 보처에 스님의 영정이 모셔져 있는데 오랫동안 스님을 뵙지 못하고 잊고 살았던 저를 30여 년 전의 모습 그대로 저를 따뜻하게 맞아주시고 편안한 미소로 저를 반겨주신 것입니다.

큰스님 영단에 삼배를 올리고 한참 동안 큰스님 영정 앞에 앉아 너무 늦게 찾아뵙게 되어 죄송스럽다고 머리를 조아리고 앞으로 다시 스님의 가르침을 잘 배우겠노라고 다짐했습니다. 그 후부터 불광법회에 계속 참석하면서 예전 큰스님이 지도해주신 대로 다시 금강경 독송과 바라밀 염송 그리고 참선을 하면서 일과정진을 계속하고 있습니다. 제가 오랫동안 가까이 모시지 못했어도 은은한 미소로 맞아주시는 광덕 큰스님이 계신 불광사와 불광법회가 저에게는 영원한 귀의처입니다. 그동안 광덕 큰스님으로부터 일방적으로 받기만 한 정법 가르침과 무한한 사랑 그리고 큰스님의 영원한 미소에 조금이라도 보답하기 위해 적은 힘이지만 불광법회를 통해 반야 수행과 바라밀 전법 봉사를 위해 최선을 다할 것을 서원합니다.

마하반야바라밀.

희망의 전당, 불광

 자인성(이순애) | 선학

저는 1989년 부처님오신날 불광사 보광당에 첫발을 디뎠습니다. 1985년 가을, 거제도에서 강동구 둔촌동으로 이사했고, 비록 아이는 셋이었지만 30대였던 그 당시엔 먹고사는 문제가 그리 힘들 거라 예상 못 했습니다. 그러나 현실은 어두웠습니다. 제가 불광을 만난 사연과 그 불광을 제 인생의 희망의 전당으로 여기는 얘기 좀 해 볼게요. 사실 부끄러운 가정사가 드러나는 면도 있지만 어렵고 힘들었던 시기를 지혜롭게 잘 살아온 저 자신에게 보내는 칭찬과 격려의 마음, 또한 불광에 감사하는 마음으로 이 글을 씁니다.

거제도에 있는 한 회사에 잘 다니던 남편이 1985년 여름쯤에 회사를 그만두고 서울로 올라간답니다. 교직 생활 몇 년 하고 집에 들어앉아 살림만 하던 저로선 그가 결정하는 대로 따를 수밖에 없었습니다. 야무진 성격도 못 되어 따져 묻지도 못하고 알아서 할 거란 막연한 믿음뿐, 그의 계획을 자세히 알 수 없었습니다. 해는 바뀌어 첫아이가 초등학교에 입학하였고 아이 입학 후 몇 년이 지나도 취

직은 하지 않고 본인 사업을 하겠다며 장사 경험도 없이 사업에 뛰어들었습니다. 고생 끝에 제품을 그럴싸하게 만들어 놓았지만 (당시 지하철 공사장 야간 조명등) 판로를 제대로 개척하지 못해 시간이 흐를수록 재고는 쌓이고 자금이 바닥나며 높은 이자의 은행 빚을 감당할 수 없어 포기하고 결국 만든 제품을 모두 폐기해야 하는 지경까지 이르렀습니다.

수년간 남편이 꿈꾸며 매달렸던 근사한 사업은 실패로 끝났습니다. 그 결과로 그는 좌절하여 거의 폐인이 되기에 이르렀습니다.

답답한 마음에 처음으로 '종교'라는 힘이 생각나더군요. 시어머니는 여의도 큰 교회, 맏동서는 압구정 큰 교회에서 집사, 권사 이름 달고 순한 양처럼 사셨지만 두 분 사이는 아주 나빴습니다. 그러다 문득 친정어머니가 절에 열심히 다니시던 것이 생각났습니다. 친정어머니는 매일 아침 그야말로 고성 염불하셨는데, 나중에서야 그것이 천수경이었다는 것을 알았지요.

한편 저도 생활비를 벌어보고자 지인의 소개로 남의 가게 일 돕기, 자판기 관리, 학습지 판매 등을 해보았지만 장사의 원리도 모르며 했던 일에 저도 모두 실패하고 수입으로 연결되지 못했습니다. 답답한 마음에 어느 날 시내버스 타고 신세 한탄하며 두리번거리다가 '봉은사' 옆을 지나게 되었고, 그 절에 가봐야겠다 마음먹고 하루는 아이들을 학교와 유치원에 보내고 스스로 봉은사를 찾아 법회에 참여했지요.

불편한 외출복을 입고 간 상태에서 다른 분들이 절을 하시기에 저도 따라했습니다. 그날이 관음재일 법회였다는 것을 나중에 알게 되었습니다. 법문 내용은 알지 못하지만 두 번째 봉은사를 찾았고, 봉은사 세 번째 가던 날, 전경들이 출입구를 막고 있어서 들어갈 수 없었습니다. 당시 서의현 총무원장의 연임을 반대하는 불자들과 스님들의 시위를 진압하는 것이었답니다.

"난 절과도 인연이 안 되는구나!"

"내 무슨 잘못이 있기에 저런 무능한 남자가 내 짝이 되어 이렇게 고생하는 걸까?"

원망을 되풀이하며 세월을 보내는 동안, 첫째 아이는 4학년, 둘째 아이는 3학년, 막내는 유치원생이 되었습니다. 그간 친정 부모님의 도움을 받으며 근근이 살았지요. 어려운 경제 여건 속에서도 아이들에겐 교육의 결핍 없이 학교생활을 원만히 할 수 있게 노력했고, 그 일환으로 첫째 아이를 걸스카우트에 입단케 했습니다.

걸스카우트 활동 중 우연히 한 학부모님들과 애들 얘기를 하면서 종교 얘기를 하게 되었는데 그분이 잠실 불광사에 다니신다고 하더군요.

마침 그분이 절에 다닌다고 하시기에 저의 봉은사 경험을 말씀드렸더니 불광사에 함께 가보자고 제안하여 망설임 없이 사월 초파일에 함께 갈 것을 약속했습니다. 그날 저를 초대한 분은 현재 강동6구 선학 명공 보살님이시고 당일 차를 태워 불광사에 데려다준 분은 현재 부회장 소임을 맡은 강동6구 선학 명문 보살님이십니다.

1989년 사월 초파일

그때 지하 보광당의 분위기는 지금도 기억이 선명합니다. 흰 저고리와 초록 치마를 입은 여인네들이 빽빽이 서 있는 것을 보며 속으로 생각했지요. "이건 여지껏 내가 알던 절의 모습이 아니네. 어떤 종교의 모습이 이럴까? 아마도 성당 모습인가?"

그 후에도 도반님들의 안내로 법회에 성실히 참여했는데, 법문

시간에는 광덕 스님의 법문 내용을 못 알아들었습니다. 그러다 기초 교리 교육을 받으며 법문을 듣게 되었고, 법당에 앉아 법문을 듣는 동안 가슴에 쌓였던 답답함이 조금씩 누그러짐을 몸으로 느낄 수 있었습니다. '다음 법회 땐 무슨 말씀 해주실까?' 기대하며 빠짐없이 호법법회, 일요법회 등 모든 법회에 참여했습니다.

또한 찬불가를 부를 땐 익숙하지 않은 곡임에도 눈물이 주르르 흘러 '왜 이런 일이 있을까?' 이상하게 여기며 당시엔 부끄러웠는데, 이것 또한 나중에 알고 보니 그 눈물은 참회의 눈물, 업장소멸의 눈물이라고 하더군요. 차츰 마음이 밝아지고 원망하는 마음이 사라지며 내 자신이 너그러워지고 있음을 느꼈습니다.

법등 소임도 맡으며 사중의 행사와 교육에도 빠짐없이 참여하다 보니 원망하고 탓하는 마음이 거의 제거되어 사업 실패 후 방황 내지는 허송세월만 보내는 남편에 대해서도 '그냥 그분 있는 그대로 인정하자' 다짐하며 경제적 어려움에 대해 누구 탓하지 않고 불평 없이 최소한의 생활비로 지내기로 했지요.

그러던 중 불광과의 인연 덕분인지 사회적으로 제게 적용되는 좋은 소식이 있었습니다. 당시엔 대학생 또는 성인의 개인 교습 규제가 엄격하여 대학생도 학비 벌기 위한 개인 과외 활동이 어려웠고 심지어 처벌받던 때였습니다. 그런데 그 규제가 완화되어 홈 레슨이 허용된다는 소식이었습니다. 그래서 저도 옛 영어 선생 경험을 살려 과외를 시작했습니다. 제가 가장 잘할 수 있는 일이었습니다. 처음 두 명으로 시작하여 입소문으로 몰려드는 학생들을 많이 지도하게 되었고 그때서야 비로소 부모님께 걱정 끼치지 않고 가까스로 지낼 정도가 되었습니다.

자인성(이순애)

세월이 흘러 첫째 아이는 6학년 둘째 아이는 5학년 셋째는 2학년이 되었습니다. 어릴 때부터 그림 그리기를 좋아하던 둘째 아이가 그 무렵 예중에 가고 싶다 하더군요. 형편상 엄두도 못 내는 일이었지만 최선을 다해 입시 준비를 했습니다. 6학년이 되던 해 1992년 10월인가 11월에 93학년도 예중 시험을 치렀습니다. 며칠을 초조하게 결과를 기다리던 중, 합격자 발표 전날 저는 난생처음으로 꿈에 스님을 뵈었습니다.

바로 광덕 스님! 스님께서 제게 바지 한 벌을 주셨는데 체크무늬의 그 바지는 평소에 둘째 아이가 입던 바지 모양이었습니다. 제가 입으니 빠듯했지만 몸에 맞았습니다. 무언가 예감이 좋았습니다. 발표 시간에 맞춰 아이와 함께 학교로 달려가 벽에 붙여놓은 합격자 명단을 살펴보았지요. 제 아이도 그 명단에 올라와 있었습니다.

"부처님 감사합니다. 스님 감사합니다."를 연발하며 꽃다발을 한 아름 마련하여 대웅전 부처님 전에 올렸습니다. 불광에 온 지 3년여 만에 아이의 예중 합격이란 선물은 저의 가정이 밝아지는 원동력이 되었습니다.

안정된 마음으로 구법회 도반님들과 다양한 법회 활동을 하며 단계에 맞는 교육에도 성실히 참여하여 참다운 불제자의 모습으로 성숙하였고 법등이나 구법회의 소임도 차례차례 맡아 하면서 도반님들과 함께 이심전심 흔들림 없는 불제자로 성장한 것 같았습니다.

한때는 구법회 거사님들도 일요법회에 참여하시고, 자녀들은 연꽃 어린이법회, 중·고등학생 목련법회에 참여하여 구법회 온 가족이 불광인이 되어 규모를 키우기도 했습니다. 단결된 도반님들은 의견을 모아 불교의 발상지 인도 순례를 계획하며 2002년 가을에

20여 명의 도반님들과 인도 순례에 나섰습니다. 당시 주지셨던 지정 스님을 모시고 갔습니다. 해외여행은 처음이라고 기뻐하셨고, 우리는 스님을 극진히 모셨습니다. 인도 현지에서 지철 스님도 만나게 되었는데 우리는 대단한 복을 받은 것처럼 두 스님을 정중하게 모셨지요. 그렇게 극진히 모셨던 지정 스님의 최근 불광법회와 불광형제들에 대한 행태를 보면 너무 실망스럽습니다.

진정한 스님이랄 수 있나?

수치와 염치를 모를 정도로 타락한 분인 줄 모르고 20여 년 전엔 우리들이 그분을 너무 미화했던 것 아닐까?

2018년 여름, 스님들로부터 시작된 불광사태로 불광형제들은 우리의 현실과 불광사태의 사건 전말을 알리려고 평소 선량한 우리 불광법회 불자들에게 낯선 용어인 '시위', '집회'란 형태로 곳곳에서 행동하게 되었습니다. 종교계나 사회가 전반적으로 점점 거칠어지고 있는 것이 현실이긴 하지만 예전에 '덕 높고 숭고한' 스님인 줄 알았던 불광 스님들조차 그 부류에 속한 것이 너무 부끄럽습니다.

만 6년이 지나도록 아직도 정체기인 불광법회·불광사 정상화는 언제 이루어질지? 창립 50주년을 맞는 2024년 불광법회의 모습이 앞으로 50년이 지난 뒤엔 어떤 모습으로 변할까? 한국불교의 근대화를 이룬 도심포교의 선구 사찰로 후손들이 아끼며 즐겨 찾는 기도처로 오래오래 존속되길 희망합니다. 현재 비록 불광 정상화가 완성되진 않았지만 전체 불광인들의 단합된 노력이 쌓여 머지않아 좋은 날이 올 것이라고 확신합니다.

'내 생명 부처님 무량공덕 생명'을 올바로 실행하는 도반님들과 함께 오늘도 감사하는 마음으로 불광법회에 참여합니다.

불교에 대한 별난 지식도 없고, 별나게 기도하러 용한 곳 찾아다닌 적도 없이 그저 30여 년간 구법회 도반님들과 성실히 불광법회에 참여하며 쌓아온 공덕이 그동안의 크고 작은 어려움을 이겨내는 힘이 되었습니다. 덕분에 제 아이들도 성실한 어른으로 성장하여 가정을 꾸려 잘 지내고 있고 70대가 된 지금, 가정 경제에 손 놓았던 할아범도 아직 제 곁에 있습니다.

　저를 불광에 안내하신 명공, 명문 두 보살님께 다시 한번 감사드리며 인연 맺은 모든 분께 감사하고 희망을 안겨주며 긍정적인 마음을 갖게 저를 키워주신 불광법회에 감사드립니다.

환희심 가득한 불광법회가 그립습니다

 자현성(정영애) | 선학

대립과 갈등으로 가득한 지금과는 차원이 다른, 스님과 신도가 하나가 되어 환희심으로 가득했던 법회가 그립습니다.

처음으로 느낀 환희심

45년 전 꽃다운 나이 스무 살 때 광덕 큰스님의 법문을 듣고 환희심을 느꼈던 그 순간을 오랜만에 되새겨 본다. 1978년 나는 중구 태평로에 있는 삼성물산에 근무하고 있었다. 그때 직장 동료를 따라 처음 대각사에 갔다. 매주 목요일 저녁 7시에 대각사에서 광덕 큰스님의 금강경 강의를 듣기 위해서였다. 퇴근하고 바삐 서둘러도 이미 대각사 마당에는 사람들로 꽉 차 있었다. 마당 맨 끝에서 큰스님의 목소리만 들으며 중요한 것은 메모했다. 지금 생각해 보니 그 많은 사람이 거의 직장인으로 젊은 청년들이었다. 그 당시에 『불광』을 비롯해 『뿌리 깊은 나무』, 『샘이 깊은 물』 등 소책자로 된 책들이 인기가 많았다. 『불광』 책 구독자들이 큰스님의 법문을 듣고 싶어서 법문을 청하여 법회가 시작되었다고 알고 있다. 그래서 그런지 젊은 청년들이 많았다. 청년들은 법회가 끝나고 늦은 시간인데도 법회의 여운이 남아 다방에 모여 철학을 이야기하곤 했다.

이 글을 쓰기 위해 대각사에서 공부했던 세로로 쓰인 『금강경』 책을 꺼내 보았다. 스무 살의 소녀를 매주 대각사로 이끌었던 큰스님의 주옥같은 말씀이 깨알같이 적혀 있었다. 새삼 읽어 보니 그때 느꼈던 감정이 되살아 나는 듯하여 그때 메모한 글을 옮겨 본다.

- 밝은 얼굴은 밝게 생각하고 옳게 생각할 때의 모습이다.
- 흐르는 물이 곧 법문이다.
- 귀, 목, 입은 도구다. 귀가 귀가 아니고 목이 목이 아니고 입이 입이 아니다.
- 깨달은 중생이 부처고 미흡한 부처가 중생이다.
- 인간의 차이는 깨달음에서 온다.
- 보살행은 중생, 가족, 이웃을 이익되게 하는 것이다.
- 부처님의 법은 증감이 없으므로 항상 밝다.
- 선근은 모든 선을 싹틔우는 뿌리다.
- 세상에는 부모로 모실 분과 스승으로 봉양할 분은 수없이 많다.
- 수행은 연습이다.
- 말은 창조의 위력이 있다. 말은 신념의 발산이다. 말은 존재의 숲이다. 말은 바라밀의 집이다.
- 마음은 평등고하가 없다.
- 효란 봉양을 한다. 마음을 편하게 한다. 잘못을 깨우쳐 준다.

큰스님께서 '형제 여러분' 다음으로 많이 쓰셨던 어휘가 '환희심'이었던 것 같다. 환희심이라는 어휘를 말씀하실 때는 맑은 모습으로 힘 있게 말씀하셨다. 내가 그때 느낀 감정이 지금 와서 생각해 보니 한마디로 환희심이었다.

큰스님의 많은 말씀 중에서도 내 마음속 깊이 자리 잡은 말씀이 있다. 내가 전법할 때 가장 많이 쓰는 "깨달은 중생이 부처고 미흡한 부처가 중생이다."라는 말씀이다. 그래서 나는 내가 부처라 생각하고 부처님을 닮아가려고 애쓰며 살고 있다.

창립 불사의 열정

그때 우리는 법문은 대각사에서 듣고 초파일에는 보현사로 갔다. 우리는 더부살이하는 심정이었다. 그래서 우리는 우리 절이 있어야 한다는 생각으로 창립 불사 모연을 참으로 열심히 했다. 그때 큰스님의 말씀이 지금도 잊히지 않는다. "공덕 중에 제일 큰 공덕은 불사하는 공덕이다. 그러니 큰 금액의 불사보다 적은 금액으로 많은 사람을 불사에 동참시킬 것을 마음에 새기고 모연을 하라."라고 정확한 지침을 주셨다. 정확한 지침 때문에 부끄러움을 많이 타던 나도 사람들 앞에 당당하게 나설 수 있었다. 공덕 중에 제일 큰 공덕이 불사 공덕이니 적은 금액이라도 불사에 동참하여 큰 공덕을 얻으시라며 모연문을 내밀었다. 마치 교회 다니는 사람들이 언제 어디서나 사람들을 천국으로 보내기 위해 전도를 하는 것처럼 말이다.

고향에 내려가서도 불사에 동참해야 하는 이유의 설명을 어찌나 잘하였던지 할머니들의 주머니 끈을 풀게 하였다. 자식, 손주들 이름을 다 올리고 싶어 300원, 500원, 1,000원, 2,000원을 내주셨다. 내가 받는 동참금 중 가장 큰 금액이 4,000원이었다. 실제 여러 곳에서 큰돈을 불사하겠다고 해도 스님께서 사양하신 것으로 알고 있다.

우리는 잠실에 터를 마련하고 땅을 다지는 지신밟기도 하고, 상량식도 함께했다. 불사의 진행을 보며 우리 절이 생긴다는 환희심에 가득 찼다. 절이 완성되어 절에 갈 때마다 보광당 입구 벽에 붙은 명판을 봤다. 깨알 같은 글씨로 새겨진 이름 중에 내가 모연한 사람들의 이름을 찾아보면 뿌듯해졌다.

중창 불사 후 가장 아쉬웠던 것이 동참한 사람들의 이름을 새길 공간도 많은데 왜 모연자의 이름이 새겨진 명판이 없을까 궁금했다. 그때 창립 불사 동참자들의 이름이 새겨진 명판은 어디로 갔는지도 궁금했다. 개인적인 생각으로 창립 불사의 명판을 찾고 중창 불사의 명판도 만들어서 가장 잘 보이는 곳에 설치해 제사 손님이나 처음 오신 분들도 명판에 이름을 올리고 싶어 하도록 했으면 한다.

제가 결혼하여 불광사에서 먼 곳에 살기도 하고 아이들 키우느라 한동안 절에 다니지 못했다. 다시 절에 나오게 되면서 잊어버린 호법 번호를 찾으러 사무실에 갔다. 호법 번호를 좀 찾아 달라고 했더니 옛날 카드가 없어져서 찾을 수가 없다고 했다. 그래서 다시 만들었다. 큰스님께서 가장 중요하게 생각하시던 호법 카드가 없어졌다는 말에 말문이 막혔다.

자랑하고 싶었던 불광법회

초파일이 다가오면 금액을 정하지 않고 등을 미리 다 달아놓고 금액 상관없이 접수 번호순으로 이름을 붙였다. 그 당시에도 다른 절에는 등값이 매겨져 있었는데 우리 불광사는 등값이 정해져 있지 않고 누구나 성의껏 등을 밝히는 데 의미가 있었다. 우리는 불광사만의 자랑거리로 여겼고 등 모연하는 것도 즐거웠다. 신도를 돈으로 보지 않고 또 등급을 매기지도 않았다. 큰스님께서는 이미 불광형제들을 부처로 보셨기 때문에 누구나 평등하게 생각하셨던 것 같다. 큰스님이 안 계셔도 큰스님께 법문을 들었던 불광형제들이 목숨 걸고 불광법회를 지키려고 하는 이유 중 하나일 것이다.

그때는 제등행렬을 여의도에서 조계사까지 했는데 그야말로 장관이었다. 인원이 제일 많은 불광법회 불자들이 선두로 출발했다. 수많은 목탁 대원들의 목탁 소리에 맞춰 마하반야바라밀을 염송하며, 한강 다리를 건널 때의 모습을 생각하면 지금도 내 가슴은 뛴다. 여의도에서 조계사까지 긴 거리를 처음부터 끝까지 마하반야바라밀을 염송하며 행진했다.

부끄러운 불광사

불광사태가 나기 전까지 다문화 전법 팀장으로 결혼 이주여성과 이주 노동자들을 위해 매주 일요일 60여 명이 보리당에서 각려효 스님을 모시고 법회를 했다. 새해 법회나 특별한 법회가 있을 때는 아이들 포함 200여 명이 되었다. 보리당 바닥에 은박지 매트를 길게 여러 줄로 깔고 앉아서 베트남 음식으로 강동1구 보살들과 함께 공양했다. 불교대학 모임 참모임에서는 큰 TV를 보시해 주어 너무 감사했다. 시간이 지나면서 베트남 불자들과 우리 불광형제들이 함께 법회를 보고 베트남 음식으로 공양도 함께했다. 어른들은 타국살이의 외로움과 그리움을 음식과 함께 나누고 아이들은 놀이방에서 우리 봉사자들이 돌보고 참으로 정겨웠다. 베트남 법회에 동참해보니 스님과 불자들의 웃음이 끊이지 않았다. 법회가 어떻게 저렇게 재미있을 수 있지? 우리도 저렇게 재미있는 법회가 되었으면 좋겠다고 생각했다. 그런데 불광사태로 인해 우리의 부끄러운 모습을 보여주고 말았다. 보리당 문을 잠그고 열어주지 않아서 안에 있는 물건을 꺼내는 것도 힘들었다. 어느 날 갑자기 법회 할 곳이 없어진 베트남 법회는 매달 전국 사찰을 찾아다니며 템플스테이로 법회를 이어갔다. 지금은 파주에 사찰 부지를 마련하고 하우스를 지어 법회를 보며 불사에 매진하고 있는 것으로 안다. 아마도 우리가 불광사를 창건할 때의 마음일 것이다. 한국으로 시집온 한 새댁은 베트남에 사시는 어머니의 임종을 컴퓨터로 보았다. 어머니의 49재에 참석하지 못하여 눈물 흘릴 때 베트남에서 49재 지내는 시간에 맞춰 대웅전으로 데리고 가서 함께 기도했다. 땅에서 보면 안 보이지만 어머니가 하늘에서 보시면 베트남이나 한국이나 한눈에 다 보실 수 있으니 가족들과 함께 재를 지내는 것과 같다고 설득하여 어머니에 대한 죄책감을 경감시킬 수 있었다. 부처님오신날이 가까워지면 언제 아이들과 절에 갈 수 있느냐고 물을 때 부끄러움을 느꼈다. 정상화가 가까워졌다고 하니 빨리 함께할 수 있으면 좋겠다.

불광에서 30년

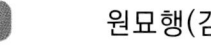 원묘행(김선학) | 선학

원망도 했습니다. 광덕 큰스님께서 못된 제자들을 거두신 걸요. 하지만 스님께서는 차별 없는 정도를 지키신 것 또한 저희는 잘 압니다.

다 보이는 수를 쓰고 문도 스님들을 휘두르며 불광형제들을 기만하는, 내세를 믿지 않는다고 거침없이 말하는 문제 많은 승려. 오계만 지켜도 우러르련만. 펜을 들면 안 좋은 말이 쏟아져 나와 웬만하면 펜을 안 들고 싶었는데, 환희심에 넘쳐 행동이 가벼워지고 했던 순간을 또 느끼고 싶지만 돌아보면 아픔만 느껴지는 듯합니다.

제가 처음 불광법회와 인연을 맺은 것은 딸아이가 불광유치원에 유아, 유치반 2년을 다니면서 서서히 참여하게 되었습니다. 매주는 아니고 당시 어머니가 아프셔서 가끔 나갔는데 법회 측에서 전화 연락이 온 것을 어머니는 의도적으로 말씀 안 하셔서 모르고 지내다 우연히 딸아이 약을 구하려고 조금 먼 곳에 있는 약국에 갔다가 어떤 분이 제 반지를 보고 절에 다니냐고 말을 걸어와 대화를 하다 보니 송파2구 총무님이셨습니다. 전화를 했었다는 말씀도 들었고요. 그 후 정식으로 송파2구 2법등 식구가 되었습니다.

법회에 참석하면서 합창소리에 너무 감동을 하여 '나도 하고 싶다' 하지만 애들도 어리고 교회에 다니는 큰시누가 아버님 돌아가신 후 어머니에게 영향을 주고 있기에, 염려스럽기도 했습니다. 그러나 송파2구 명등 보리안 보살님께서 젊은 사람이 합창을 해야 한다면서 밀어부쳐서 용기를 내어 오디션을 보고 연습도 나가고 정확한 음과 박자를 내기 위해 딸이 다니는 피아노 학원도 다녔습니다.

겨울에 롯데호텔 공연장에서 공연도 하며 새로운 세계에 눈을 뜨게 되었습니다. 그러다가 '보현행원송' 공연을 하게 되어 하루에 두 번 연습을 나갈 때도 있었는데 '아하'라는 조그만 테이프 녹음기를 사서 주머니에 넣고 다니며 계속 듣고, 내 자세는 어떠한지 남편이 캠코더로 노래하는 모습을 찍어 고개가 약간 왼쪽으로 기우는 걸 바로잡기도 하며 열심히 연습을 하고 세종문화회관에서 대공연을 할 때는 너무너무 행복했습니다.

오십일 기도도 열심히 나가고 추울 때는 씻고 시간이 없어 머리를 못 말리고 나가면 머리카락이 서로 얼어붙고 해도 너무 즐거웠습니다. 공부도 해야겠다 마음먹고 입문교육 바라밀교육을 배우는 도중 송암 스님 사건이 터져 어느 거사님이 보광당에서 마이크 잡고 설명하시는데 절에서 어찌 이런 일이 일어나는지. 집에 오는 내내 다리가 풀려서 걷기가 힘들었습니다. 초발심인 저는 저의 확신은 없고 배운 대로 동체대비, 동일생명 때문에 법회시간에 합창단이 합창거부에 모두 단석에서 보광당 바닥으로 내려앉았는데 저와 몇 명은 노래를 불렀습니다. 물론 각자 판단해서입니다. 선배들한테 '니가 뭘 안다고 안 내려오냐'라고 질책당하기도 했습니다. 저는 법회에 음성공양이 없으면 안 돼, 라고 생각하며 버텼습니다. 그 후 합창단에서는 많은 선배들이 불광법회를 떠났습니다.

지오 스님이 주지로 오신 후 저는 입단한 지 얼마 안 되었는데 결석 안 하고 열심히 참석했다는 이유로 소프라노 파트장을 맡게 되었습니다. 노랫말은 법문이고 합창은 기도다, 하는 생각으로 다녔습니다. 그때는 크고 작은 공연이 많아 너무도 바쁘게 지내게 되었는데 우연찮게 악보장까지 겸하게 되었습니다. '보현행원송' 이후 '부모은중송'에 대해 계속 말이 있어왔는데 지오 스님 가시고 지환 스님 오셨을 때 거론하게 되었습니다. 그럴 때마다 지환 스님은 무척이나 화를 내시곤 했는데 합창단 임원들은 모두 사라지고 끝까지 남아 야단맞는 사람은 저뿐이었습니다. 그러면 지환 스님은 집으로 전화해서 '보살이 미워서 그런 거 아니야' 하고 달래주곤 했습니다. 임원들은 명교사 교육을 받아야 한다고 해서 바쁜 와중에 명교사 7기로 졸업했습니다.

그렇게 지내다 국립극장 극장장이었던 박범훈 교수님을 만나러 국립극장에 가게 되는데 총무님(단장)은 이유가 있어 못 가니 저보고 가라고 했습니다. 생각해보니 파트장인 제가 혼자 가는 건 그림도 안 좋고 힘도 안 될 것 같아 메조 파트장님과 같이 가겠다고 해서 지환 스님과 셋이서 회의를 하러 가는데 당시 운전도 못하는 저는 지하철을 택했습니다. 지금 생각하면 택시라도 타고 가면 될 것을 역시나 지하철 요금도 모르냐고 또 야단맞았습니다. 회의 도중 박범훈 교수님은 누군가 자기에게 보낸 편지가 아직도 자기 책상서랍에 있다며 내용을 얘기할 때 깜짝 놀랐습니다. 몇 년 전 제가 보낸 거였지만 모른 척했습니다. '보현행원송' 공연 때 오백 명의 인원으로 우리 힘으로 공연을 했는데 다른 사찰들의 합창단들을 참여시키려 하는 것은 옳지 않다는 내용이었습니다. 큰스님의 업적을 지키고 박범훈 교수님의 욕심을 막으려 보낸 편지였습니다.

회의 마치고 국립극장 실장이 우리를 불광사에 데려다주었는데 스님은 우리를 다경실에서 기다리라 하시곤 한 시간이 넘도록 소식이 없으니 실장님이 가겠다고 일어나는 걸 좀 더 기다려 달라고 붙잡았습니다. 조금 후 올라오라고 연락이 와서 가보니 많은 스님들이 계셔서 놀랐습니다. 지환 스님이 그 자리에서 국립극장 회의와는 좀 다른 얘기를 하시길래 말참견을 했더니 벼락같이 소리를 지르시기에 나도 모르게 눈물이 났습니다. 그 순간 실장님이 일어서서 결정적 얘기를 한 듯했습니다. 저는 너무 놀라 자세한 내용은 기억이 안 났습니다. 그날도 지환 스님은 모두 헤어지는 순간 따로 불러 '보살이 미워서 그런 거 아니야'라고 달래주었습니다. '부모은중송'을 위해 참고 또 참았습니다. 그분의 성격은 그때 파악한 듯했으나 불광정상화를 위해 힘이 되어 주신다기에 고마웠는데 결국 불광법회를 등지시네요.

그 후 '부모은중송'은 추진이 되었습니다. 박범훈 교수님은 작곡되는 대로 보내주시고 악보장인 저는 교정을 보았습니다. 긴장의 연속이었습니다. '보현행원송' 때와는 달리 단원들에게 보시도 받고 의상도 우리가 선택하여 참석자에게만 맞춰줘야 하는 일을 하며 임원진은 너무 바빴습니다. 우여곡절 끝에 드디어 국립극장에서 불광의 힘으로 '부모은중송'이 울려 퍼지고 큰스님께서 힘겹게 무대에 오르셔서 인사말씀 하실 때는 눈물이 났습니다.

광덕 큰스님과는 대화 한 번 해본 적 없고 가장 가까이가 딸 때문에 절에 갔다가 호기심에 지하를 가보고 싶어 몇 계단 내려가는데 큰스님이 꼿꼿한 자세로 올라오시어 마주쳤습니다. 저는 합장할 줄도 모르고 빤히 쳐다보니 온화한 미소로 답해주셨습니다. 그리고 법회 때 뵌 게 전부입니다. 그때의 청아한 모습을 늘 간직하게 되었습니다. 법회 때 카랑카랑한 목소리로 하시는 법문은 요점만 말씀하시는데도 시간이 모자랄 정도였습니다. '부모은중송' 공연 후 약 2년 반 후에 그동안 많이 편찮으셔서 공식석상에서는 뵐 수 없었던 광덕 큰스님이 입적하셨습니다. 뭔가 무너지는 느낌에 많이 슬펐습니다.

그 후 지정 스님이 법주로 10년 계셔야 된다는 말에 자꾸 힘이 빠지고 절망감이 들기도 해 멀리 떠나고 싶은 생각도 들었습니다. 지성 스님과의 마찰로 절이 힘들어질 때 지성 스님께 이유는 모른 채 '형님이니까 양보하시면 어떠냐'고 말씀드리니 빙그레 웃기만 하셨습니다. 결국 지성 스님 떠나시고 그 와중에 저희는 대학원 1기로 졸업했습니다. 상좌들이 10년씩 법주하기로 한 것이 수정되어 5년씩으로 바뀌면서 지홍 스님이 왔습니다. 소문에 의하면 조계사에서 돈 문제로 안 좋은 일이 있었다고 하는데, 그런 스님을 혜담 스님은 왜 모셔 왔는지 이유는 모르지만 불광 비극의 시작이었습니다.

보광당이 낡아 비만 오면 대야를 늘어놓아야 했는데 지홍 스님께서 중창불사를 한다 하여 너무도 고맙고 최선을 다해 협조하고 싶었습니다. 2011. 7. 명등 부촉을 받고 구 식구들에게 중창불사 권선을 하기 위해 종무실에 가서 그동안 송파2구 중창불사 내역을 뽑아달라 하니 그 전엔 전산화가 안 되어 없다고 하길래 그럼 수기라도 했을 거 아니냐 했더니 없다는 것이었습니다. 그때까지만 해도 일 처리가 '왜 그래?'라고만 생각했지 의심은 안 했습니다. 총 입금과 총 출금도 모른 채 명등들은 불사금 모연하는데 내몰렸습니다.

2013. 6. 명등을 회향하고 바쁘지 않게 살아야겠다 했는데 2015~2016년 합창단장을 해야 했고 더구나 2016~2017년 서울경기남연합합창단 총무까지 맡게 되어 더욱 바빴습니다. 2017년 가을엔 해마다 하던 방식이 아닌 전국에서 1,000명이 모여 롯데 대공연장에서 '보현행원송'을 공연하게 되었습니다. 책임자는 지금의 불광법회 음악감독이신 김회경 선생님이셨습니다. 이때 또한 어려운 일이 많았는데 감옥에서 나온 지 얼마 안 되는 박범훈 씨가 지휘자로 나서겠다는 걸 임원진들이 반대하고 나섰습니다. 그 와중에 각 도에 선생님과 임원들이 연습을 살피러 다녔습니다. 제주도까지 갔었습니다. 박범훈 씨는 스님들을 이용해 더욱 강하게 밀고 들어와 아주 큰 사태가 벌어졌습니다. 저는 우리 광덕 큰스님의 '현행원송'을 선택해주신 점에 감사했고 박범훈 씨는 아직 자숙해야 한다

는 의견이 많아 쉽게 합의점을 찾기 힘들었습니다. 나중엔 감정싸움 비슷하게 흐르는 듯했습니다. 많은 어려움을 이겨내고 롯데 대공연장에서 전국 1,000명의 합창단이 부르는 '보현행원송'이 울려 퍼졌습니다. 그 후 '보현행원송'은 전국 곳곳에서 공연되었습니다.

이제는 정말 조용히 살겠구나, 했으나 2018년 지홍사태로 불광이 들썩이고 송파2구는 흔들리기 시작했습니다. 아무도 명등 하겠다는 사람이 없으니 할 수 없이 2019. 7.~ 2022. 12. 사이에 또 명등을 맡게 되었습니다. 명등으로서 첫째 송파2구가 흩어지지 않게 해야 했고 왜 정상화를 해야 하는지 확신을 줘야 했고 할 수 있다는 믿음을 줘야 했습니다. 게다가 코로나까지 힘들게 했습니다. 1시간도 넘게 통화를 하며 몇 번 시도하여 마음을 굳히게 한 분도 계시고 여전히 보시금 내러 종무소에 드나드시는 분도 계시어 설득하고 통제해야 했습니다.

제일 아쉽다고 생각한 것은 선학 보살님들이 알 만한데 판단을 그렇게 했다는 것입니다. 선학들이 뭉치는 구는 어려운 중에도 잘 헤쳐 나가던데…. 가짜 법회장 추천서 싸인 사건이 터졌는데 선학 보살 2명이 사인했다는데 둘 다 송파2구 선학입니다. 선학방에서 하차시키라고 연락이 왔습니다. 확인을 해야겠다고 하니 톡으로 추천서를 보내왔습니다. 너무 어이가 없어 말이 안 나왔습니다. 저는 현 명등이자 선학이어서 선학방에 속해 있습니다. 선학방이니 방장이 해야 한다고 하며 옥신각신하다 결국 제가 명등이니까 해야 한다는 여론에 밀려 제가 짐을 졌습니다. 선학 보살님들이 180여 명이나 있는 곳에서 그냥 넘어갈 일도 아니긴 했습니다. 너무도 친했던 사람에게 냉정해야 하는 입장이 참으로 난감했습니다. 그중 한 분이 상중이어서 막재가 지나면 해야겠다, 하고 조금 기다려주고 나서 선학방에 장문의 글을 올리고 끝에는 톡방에서 나가라고 했습니다. 그분은 바로 나가고 법등에서조차 나갔습니다. 또 한 분은 사과하고 계속 남아 있습니다. 구에서 정말 일할 수 있는 나이의 보살들이 저쪽으로 향했습니다. 이유는 스님이니까.

그들이 신뢰하는 스님들은 우리에게 신뢰를 주지 못해 문제가 불거지고 있는데도 맹목적인 그야말로 맹신을 하고 있었습니다. 우리도 스님을 특히 큰스님의 제자들이어서 더욱 맹목적으로 신뢰하다 이게 아니구나, 정신을 차리고 모든 것을 바로 세우는 일(정상화)에 노력을 하고 있는데 그들은 계속 맹목적이고 정신을 못 차리고 있습니다. 중창불사금의 감사를 거부하던 지홍 스님은 결국 다른 문제로 시작되었지만 재판정에서 본인의 입으로 400억 불사라는 말이 나와 알게 되었습니다. 본래 있던 토지에 세운 건축물, 전문가들은 얼마 정도 들었다는 것을 짐작합니다.

의심 가는 부분이 한두 가지가 아니지만 중창불사 시작 때 가장 먼저 해야 할 일은 유치원이라 어렵사리 비싼 땅 구하고 건물을 세워 유치원부터 개원했는데 나중에 유치원 공금횡령이 밝혀져 재판정에 서게 된 지홍 스님의 말 '유치원은 자기가 목탁 쳐서 제사 지내 번 돈으로 세웠다'고 하여 방청석은 웃음바다가 되어 법정요원에게 제지당하는 일이 벌어졌습니다. 결국 징역형을 선고받았으며 거짓말도 정도껏 해야지 부끄러움을 모르는 인간이구나를 또 한 번 느꼈습니다. 중창불사란 단순히 건물이 낡아 새로 세운다라고 생각했는데 건물을 새로 세운 사람이 창건주가 된다는 요상한 법(지홍 주장) 때문에 광덕 큰스님의 불광이 어느 틈에 배은망덕한 지홍의 불광이 되었음을 알게 되고는 분노가 일었습니다. 반드시 방법을 찾아 되돌려 놓아야 합니다.

공부할 때는 환희심이 넘쳤는데 이렇게 큰 문제가 발생하리라고는 꿈도 꾸지 않았는데, 왜? 편안하게 공부하고 수행할 수가 없는 건지. 왜? 배운 대로 실천할 수가 없는 건지.
왜? 배운 대로 못 했으니까.
여전히 뒤에서 스님들을 조정하고 있다고 믿게 만드는 지홍 스님, 동일생명으로 인정해야 하나요? 차별해서는 안 된다?

명등방에서 서로 정보도 공유하고 의논도 하고 했는데, 너무도 약속 안 지키는 지정 스님, 폭력적인 지환 스님 제자 진효 스님을 비난하는 글을 여러 차례 올린 결과 고소당해 30만 원 벌금 판결을 받았습니다. 청명 거사님과는 재판 동기입니다. 사조직의 도문 거사는 제 개인톡으로 가만두지 않겠다고 협박을 했는데 대인배 차원에서 고소는 안 했습니다. 불교닷컴에서 도문 거사와 법명은 기억 안 나지만 변호사인 거사 그리고 저 세 명이 인터뷰를 하러 갔는데 도문 거사와 그 변호사는 서로 경쟁이나 하듯이 지홍 타도 발언을 했지만 결국 그분들은 사조직으로 가서 요직에 앉았습니다. 누가 농담으로 저는 왜 안 갔냐고 묻더군요. 이익에 의해 제 신념을 바꾸지는 않습니다. 독립운동가이셨던 저의 친할아버지의 피가 조금은 흐르고 있지 않나 합니다.

원묘행(김선학)

저는 우리 송파2구가 흩어지지만 않게 하려고 노력했었습니다. 코로나가 무서워 절에 못 나오시는 분도 꽤 계셨고 시끄러운 게 싫어서 못 나오시는 분도 계셨고 하지만 카톡으로 늘 소식을 전하고 또한 서류에 인감이나 사인이 필요할 때는 집이 멀면 빠른 우편을 이용하고 직접 찾아가 받아온 경우도 있습니다. 불광의 모든 명등들이 이와 같이 하셨습니다. 이 힘은 어디서 오는 걸까요? 침착하고 바르게 불광법회를 이끌어주시는 현진 박홍우 법회장님, 저돌적이고 자기 신념이 뚜렷한 청명 거사님, 조용히 내조(?) 하시는 선비 도안 법회팀장님, 옳지 않은 일엔 참지 않고 나서는 차석부회장 보성화 보살님, 가족들의 전폭 지지를 받으며 여러 개의 법원 판결을 기다리는 전 사무국장 행원성 보살님, 경험이 풍부해서 좋은 아이디어를 내시는 문수혜 보살님 등등 기라성 같은 거사님과 보살님들의 원력이 아닌가 합니다. 그들을 길러내신 분은 바로 광덕 큰스님이십니다.

불광에서 겪었던 기쁨과 슬픔, 기억나는 대로 두서없이 적어보았습니다.

불광사태 단상(斷想)

 현진(민병흥) | 구도부장

"오월의 신록이 이다지도 눈부시더냐."

 광덕 큰스님께서 어느 해 오월의 첫날, 월간 『불광』 5월호의 법어 첫 구절에 쓰신 표현입니다. 이는 그때까지 제가 본 글 중 가장 눈부신 글귀였습니다. 그리고 신록은 싱그럽고 풍요롭고 짙푸르다고만 알고 있었지 신록을 그렇게 눈부시게 바라보게 된 것은 그때 이후부터였습니다.
 그 뒤 큰스님의 가르침을 조금씩 이해하게 되면서부터 그냥 다 모두가 눈부셨습니다. 연초록의 새싹들도, 짙고 무성한 한여름의 신록도, 가을의 지는 낙엽들도, 한겨울 삭풍 속의 의연한 나목들도 모두 눈부시기만 했습니다. 세상이 온통 눈부셨습니다.

"새들의 합창, 환희의 노래, 한마당의 축제, 무한의 창공, 법성의 바다, 찬탄의 함성, 일렁이는 파도, 무진장의 보고(寶庫)"

큰스님의 일체존재를 바라보시면서 쏟아놓으시던 저러한 눈부신 표현들은 끝도 없이 만대중의 가슴을 환희롭고 요동치게 만드셨습니다.

"마하반야바라밀!"

큰스님께서는 일체가 하나도 남김없이 마하반야바라밀이었습니다. 일체가 바라밀로 살고 바라밀로 생을 전개하고 있는 것이었습니다. 각각의 모습과 처한 환경이 달라도 똑같이 바라밀의 화현이었습니다. 큰스님께서는 일찍이 이것을 보시고 만대중에게 이 사실을 일깨워주시기 위해 시시각각 눈부시기만한 글과 언어를 무한으로 쏟아내시면서 그야말로 이 세간에 찬란한 불교의 깃발을 드날리었습니다.

큰스님께서 이 세간에 반야바라밀의 횃불을 들고 찬란한 반야법문을 펴시기 시작할 때까지의 불교의 인간관은 어둡고 무겁고 부정적이기까지 하였습니다. 그 주류가 인간은 업보중생이라는 인간관입니다. 그런 불교에서 사람들은 수없는 세월을 닦고 닦아야만 그러한 업보를 벗어나 행복해질 수 있다는 사실에 얼마나 무거운 짐을 느끼고 심지어 절망스럽고 막막하기만 하였겠습니까. 당시 법단에서 주로 설해지는 설법은 주로 저런 내용의 인과설법이었습니다.

불교가 이러히 어두운 그늘에서 벗어나지 못하고 있을 때, 큰스님께서는 인간은 오온의 덩어리인 육체나 과거전생의 업보로 태어나 속박받는 죄업중생이 아니라 그러한 생각 모두는 그림자며 실로는 없는 것이며 지금 이대로 찬란한 법성생명·불성생명·반야바라밀생명 자체를 살고 있는 것이라며, 부처님께서 이 땅 위에 오신 본뜻이 바로 이러한 데 있음을 일깨우셨습니다.

이 큰스님의 가르침을 통해서 수많은 사람들이 어둡고 막막하기만 하던 불교에서 즉하에 용기를 얻고 희망을 불태우는 불자가 되어갔고 이러한 반야바리밀 수행을 통하여 고난과 장애를 벗어난 사례들이 봇물처럼 터져나왔습니다.

이처럼 큰스님의 불교는 시작부터가 중생이 아니라 부처님이었습니다. 수만 겁을 닦고 닦아 깨달음을 얻는 게 아니라 출발부터가 깨달음의 행의 전개였습니다. 팔정도·보현행원·육바라밀·오계 등의 수행 요체를 큰스님께서는 닦아서 성불하는 과제로서가 아니라 그 하나하나를 행하는 것이 바로 깨달음의 실천이라 이르셨습니다.

예를 들어 육바라밀 중의 보시바라밀은 보시를 하여 바라밀(행복)의 저 언덕으로 가기 위하여 행하는 과제물이 아니라 보시행 자체가 그대로 깨달음의 행의 전개라 하셨습니다. 행하는 즉하에 깨달음의 위덕과 환희가 함께하는 것이었습니다.

이러한 큰스님의 바라밀 설법은 어둡고 적막하기만 하던 불교를 일거에 밝고 눈부신 광명의 불교로 바꿔놓았습니다. 업보의 중생 삶을 즉하에 부처님의 삶, 깨달음의 삶으로 바꾸어놓은 겁니다.

이 사실을 뜨겁게 믿고 행하는 데서 그러한 삶이 확연히 열린다는 사실을 곡진히 이르고 이르셨습니다. 이 밝은 불교의 물결이 월간 불광을 통해 전국 권역으로 퍼져나갔을 때 인연 있는 전국의 수

많은 불자들이 열광하였습니다.

"한국불교의 회색의 벨트를 걷어버리자."

큰스님께서는 이렇게 말씀하셨습니다.
회색의 벨트란 인간이 저러한 소극적 부정적 업보중생이라는 한국불교의 고질적 병폐를 말씀하신 것입니다.

잠실벌의 불광사는 일찍이 대각사에서 불광법회를 창립하여 그 수행과 전법 중심의 도량으로 건립된 사찰이자 광덕 큰스님의 바라밀 사상을 이 세상에 본격적으로 전파하기 시작한 시원적 도량이기도 합니다. 제1호 잠실도량에 이어 제2호 제3, 4호 도량 건립계획도 있었습니다.

큰스님께서는 매일 새벽예불이 끝난 후 한 손을 뒷짐지으시고는 말없이 한참을 걷기만 하셨다고 합니다. 저는 큰스님의 자취가 서린 석촌호수가를 걸을 때마다 큰스님께서 하셨던 아래 여러 말씀들이 두서없이 생각날 적이 많습니다.

"세계지도자들에게 반야바라밀을 자각시켜야 돼, 세계평화를 위해 이 서울(?)에 세계평화연구소를 만들 계획이었어."

"우주를 품을 만한 원대한 꿈을 가지고 있지만, 지금은 불광형제들을 만나는 것으로 만족하고 있어."

"(전국 권역은 후일로 미루더라도) 우선 서울만이라도 법(法)의 망(網: 그물)을 펴고자 하는 것이야."

"용성(龍城)-동산(東山)-(⋯) 참 좋은 혈통이야."

이 말씀들을 되뇌이노라면 건강이 안 좋으셔서 원대한 꿈을 펼 수 없었던 큰스님의 회한이 싸아한 아픔 되어 가슴에 저며옵니다.

이상으로 우리 불광법회·불광사가 우리에게 얼마나 소중한 도량인가를 광덕 큰스님 사상과 행장에 대한 약간의 편린이나마 함께 회억하며 공유해보았습니다.

그렇습니다. 불광법회·불광사는 이러한 도량입니다.
불광은 광덕 큰스님의 반야바라밀 사상을 끊임없이 빛내고 전파해 나가야 할 과업을 짊어진 세계 유일의 도량입니다.
불광 아닌 누가 있어 바라밀 법문을 지키고 지켜가고자 하겠습니까. 그러기에 불광의 사부대중은 바라밀 신앙이 두텁고 서원이 견고해야 한다고 생각합니다. 창건주 광덕 큰스님의 원력을 이어받아 바라밀 진리의 탐구와 수행이 뜨거워야 하고 전법의 의지가 뚜렷해야 할 겁니다.

그리고 무엇보다도 지계청정의 계맥이 지켜져야 할 일입니다.
출가중은 이렇듯 지계청정하고 언행이 일치하며 수행에 있어 진리의 혜안을 갖추도록 부단한 정진을 통해 재가중들에게 수범을 보이며, 사찰운영에 있어서는 대중의 의견을 들어 규정에 의해 합리적으로 이끌어야 할 책무가 있다고 하겠습니다. 이에 준하도록 재가중의 책무도 결코 가볍지 않을 것입니다.

어언 불광사태 6년차라 하고 있습니다.
제가 일반 평범한 불광불자로서 주로 일요법회에만 동참하면서 접한 불광사태에의 느낌은 피상적일 수 있다고 생각합니다. 그러나 도저히 일어날 수도 일어나서도 안되는 사태와 광경을 표피적으로나마 목도하면서 언제나 가슴의 감정은 기복이 심하도록 혼란스러웠습니다.
처음에는 아무리 사찰이고 스님들의 세계라고는 하지만 거기에도 다 사바세계의 일상이 있지 않겠냐며 사태 발단의 당사자 스님들에 대한 용서와 이해를 넘어 연민의 정도 일었습니다. 잘못을 범한 스님을 우리가 감추어주고 보호해드려야 하는 것 이니냐는 생각도 했었습니다.
이는 대다수의 불자가 그러했을 거라고 느낍니다

하지만 수많은 행태들이 지난 6년 동안 전개되던 상황 속에서도 가장 수치스러웠던 것은 처음 지홍 스님의 여종무원과의 부적절한 관계가 불거졌을 때였고, 그리고 또다시 뒤이어 터진 창건주 지정 스님의 공양주와의 은처승 의혹이었습니다. 그 일로 불광불자라며 으스대던 자존심은 사라지고 창피해서 얼굴을 들지도 못하고 어디 가서도 불광불자라는 말을 할 수도 없는 지경이 되었습니다.

개연성의 은처승이라는 판결문의 표현을 갖고 고개를 들며 은처승이 아니라고 우길 수 있는 건 아닐 겁니다. 스님으로선 더욱 그렇습니다. 불교에서는 생각으로만 지어도 업이 되고 범계가 된다고 합니다. 두 분 스님은 세속법에 관계없이 명백한 불음계(不淫戒)를 범한 것입니다. 지홍 스님은 문제가 되고 있는 기간에도 서울의 모 대찰에 가서 오계법문을 설하였습니다. 물론 지정 스님도 불광법단에 올라 계법을 설하였습니다. 이런 위선이자 코미디 같은 일이 버젓이 일어나고 있었던 것입니다.

옛 선인들은 비록 스스로 행하지 않았어도 그 무슨 일이 벌어지면 다 내 부덕의 소치라며 소임을 내려놓고 자취를 감추었습니다. 두 분 스님도 조용히 소임을 내려놓고 자숙의 기간을 택했다면 불광사태는 애초에 일어나지도 않았을 것입니다.

불광사태가 6년이라지만 두 분 스님의 범계로 인한 낯 뜨거운 행태를 비롯하여 아래에 열거한 그 외 여러 가지 파렴치하고 교활한 일들이 큰스님 열반 이후 장기간에 걸쳐 일어나고 있었다는 사실 앞에 우리는 놀랍고 아연할 수밖에 없는 일이었습니다. 정말 이분들이 우리가 그토록 떠받들고 가르침을 배웠던 스님들이 맞는가 할 정도의 실망과 분노가 차오르면서, 급기야는 좌절을 넘어 절망을 느끼기까지에는 그리 오래 걸리지 않았습니다.

저잣거리의 사람들도 차마 행할 수 없는 온갖 패악질들이 스님들 사이에서 저질러지는 것을 보고 저분들이 과연 스님은커녕 최소한 인간이라고도 할 수 있을까 싶을 정도로 참담한 심정일 때도 있었습니다. 이처럼 청정계맥의 도량에 그것도 큰스님의 상좌스님들에 의해 오랫동안 어둡고 추악한 탐욕 그림자가 그리도 어루대고 있었다는 사실 앞에 경악을 금치 못하였던 것입니다..

　불광법회가 불광사 신도조직이라는 주장, 400억 불사의 불광본당 중창불사금 회계감사 거부, 밥 먹듯이 뒤집는 약속의 파기, 불광을 지키고자 하는 불광불자들을 향한 음해·모략·위해(危害), 수없이 이어진 고소고발·항소·상소·이의신청, 불광 일요법회를 방해하려고 확성기 등을 들고 저지르던 야만과 폭력, 어렵게 규정한 회칙과 운영규정의 파기, 사조직 안정화 위원회를 동원한 끝도 없이 이어지던 궤변과 억지, 까닭을 알 수 없는 유치원 폐원 등등.
　이런 일련의 상황들을 보면서 수치를 넘어 슬픔을, 좌절과 절망을 넘어서 극도의 적개심까지 차올랐습니다.

　불광불자는 속았으나 속지 않았습니다. 바른 스님·바른 불교를 보는 지혜를 얻었고 이를 지켜가는 게 얼마나 소중한 일인지를 뼛속 깊이 깨달았습니다. 그리하여 확신도 더욱 굳어졌습니다. 지계 청정한 스님을 모시고 반야바라밀의 광명을 다시금 비추이며 반야의 함성이 잠실벌에 울려 퍼질 때가 반드시 올 것이라는 확신.
　불광에 치욕의 역사를 안겨주거나 지금도 안겨주고 있는 몇 분의 스님들께 이제는 간청이나 호소 등으로는 안 될 것이라는 생각이 들었습니다. 유약한 모습, 그런 것으로는 안 된다는 것을 깨달았기 때문일 겁니다. 승만 부인의 서원에서처럼 섭수(攝受)가 안 되면 반야의 보검을 들어 절복(折伏)을 시킨다는 파사현정의 기개를 지닌 불자가 되지 않으면 안 된다는 생각이 들곤 합니다.

　만 육 년이 지났는데도 불광은 아직도 청정도량이 아닌 탐욕이

어루대는 오욕의 도량입니다.우리는 이 소중한 우리들의 청정도량을 아직도 저들의 더러운 손아귀에서 되찾아오지 못하고 있습니다. 그리고 우리 불광형제 한분 한분마다 느껴온 한 인격체로서의 스님들로부터 당한 모멸감도 쉽사리 삭아질 수 없습니다.

그래서 우리들의 불광정상화 기도정진은 계속되고 있는 것입니다. 단 하루도 빠지지 않고 이어지는 금강경 독송, 악조건 속에서도 불철주야 이어지는 1인시위와 보광당을 꽉 메운 일요법회의 열기.
불광정상화는 결코 먼 미래의 일이거나 막연한 꿈이 아니라 머지않아 다가올 현실이 될 것이라 믿고 있습니다. 일요일이면 불광요전을 들고 행복하게 일요법회 나오는 일상의 행복을 빼앗긴 지 오래입니다. 반드시 되찾아와야 합니다.
그리하여 불광의 훼손된 명예를 회복하고 썩어가는 상처를 도려내어 새로이 도약함으로써 불광에 지워진 역사적 사명을 다시금 짊어져야 한다는 생각입니다.

400억의 불광본당 중창불사에는 그야말로 연세 드신 노보살님들의 쌈짓돈까지 보시에 동참하셨다고 들었습니다. 육 년의 기간 동안이면 그분들 중 많은 분들이 돌아가셨을 텐데 불광법당에서 천도재를 올리고 마하반야바라밀 염송 소리를 들으며 극락세계로 떠나셨으면 얼마나 좋으셨을까 하는 슬픈 마음을 금할 수 없습니다. 유족들도 이리저리 재 올릴 사찰을 찾느라 얼마나 힘드셨겠습니까. 이 무슨 참담한 일입니까. 이 점도 참으로 간과해서는 안 될 가슴 아픈 사연들일 것입니다.
불광사태는 참으로 일일이 거론하기조차 부끄럽기 그지없는 일들로 수많은 건건의 사연들이 쌓이고 또 쌓여 있지만 이로써 부질없이 떠오르는 상념들을 접으려 합니다.

요즈음 밖에는 그야말로 계절의 여왕 5월의 신록으로 온통 축제 한마당입니다. 이 눈부신 생명의 계절에 모든 이들이 행복했으면 좋겠습니다. 아울러 불광(佛光), 말 그대로 마하반야바라밀의 광명이 불광법회에 깃들기를 간절히 소망합니다. 함께해주시는 불광형제들이 계셔 행복합니다.

나무마하반야바라밀.

불광법회 포맷

 혜성화(김옥득) | 명등

사회법으로 지켜낸 불광법회(일요법회) 찬란히 영원하라.

　우리의 스승 광덕 스님 업적 중 하나, 불광법회(일요법회)를 창설하시어 현재까지도 빠짐없이 불광법회(일요법회)가 진행되고 있지요. 무지몽매한 무리들 뜻대로 불광법회가 없어지고 여타 사찰에서 열리고 있는 스님 중심 법회로 바뀌었다면 광덕 스님께서 얼마나 슬퍼하셨을까요. 우리 불광형제 자매들이 각고 노력으로 지켜낸 불광법회(일요법회) 포맷(시스템)을 생각해 봅시다. 요즘 출가자가 줄어드는 이때 더욱 빛나는 재가자 중심에서 법회가 이루어지는 포맷(시스템), 사찰운영회(스님, 회장단, 종무소)에서 법회 등 모든 것을 의논하여 명등회의에서 결정하고 법회 사무국에서 법회를 위한 봉사단을 꾸리고 법당 청소, 좌석 배치, 법회보, 떡 공양 등 처처에서 법회를 위한 봉사로 이루어지고 있지요. 재가자가 사회를 보고 목탁, 인례, 합창 등 모두가 재가자 중심으로 법회 포맷이지요. 발원문도 돌아가며 재가자 몫이고 유튜브 등등 어느 것 하나 부족함 없이 재가자 스스로가 법회를 이끌어갑니다. 법회 중간 중간 노래로써 또는 합창단 찬불로 지루하지 않게 짜여진 법회 포맷, 우리 불광법회의 특징이지요. 법회 소식을 전하며 즐거운 일에는 손뼉으로 기뻐하고 슬픈 일에는 "빛으로 돌아오소서" 극락왕생을 기원하는 독특한 법회 포맷, 법회 후 법등 모임을 가지며 법등 가족의 안부 등 소통하고 친교하는 법회 포맷.

또 하나의 업적은 법등 구성이죠. 광덕 스님은 오늘날 카톡 시대를 예견하신 선구자이며 예견자가 아닐는지요. 그 옛날 구성된 법등 조직이 오늘날의 통신 시대의 빛나는 통신 수단이 되고 있는 법등 구성이죠. 법등 조직으로 소통(카톡, 메시지)하기에 좋은 수단이 된 것이죠. 이 법등 조직으로 불광법회를 지켜낸 원인도 될 것 같습니다. 다시 생각해도 광덕 스님의 선구안 놀랍습니다.

또 하나의 업적. 경전 한글화이겠지요. 또한 독창적인 기도문을 생각합니다. 보현행자의 서원, "부처님은 끝없는 하늘이시고, 깊이 모를 바다이십니다. ~ 보현행원은 나의 영원한 생명의 노래이며, 나의 영원한 생명의 율동이며, 나의 영원한 생명의 노래이며, 나의 영원한 생명의 위덕이며, 체온이며, 광휘이며, 그 세계입니다." 광덕 스님은 "일상생활로 바쁘게 살아가는 우리가 언제 앉아 참선을 해서 깨닫는가. 내가 참선해서 깨쳐 보니, 석가세존께서 조사 스님들께서 펼쳐놓으신 8만 4천 그대로다. 그러니 우리는 이것을 믿고 '보현행원으로 보리 이루자.'"

또 반야 보살 행원 기도문 "저희들의 본성이 어둠과 죄악이 아니고 광명과 지혜이오며 불안과 장애가 아니고 행복과 자재이오며 무능과 부덕이 아니라 일체 성취의 원만공덕이 충만함을 깨닫게 하셨사옵니다. 내 생명 부처님 무량공덕 생명, 용맹정진하여 바라밀 국토 성취한다." "보현행자의 서원", "반야보살 행원 기도", 노벨문학상 감이라고 생각합니다. 서원문과 기도문은 걸작 중 걸작임을 아시겠지요.

또한 〈마하반야의 노래〉 중 "거룩한 상서광명 영원에서 부어지고, 장엄스런 공덕 구름 온 하늘을 덮었어라. 삼라만상 모든 생명, 환희를 노래하니 아~ 아~ 아~" 매번 노랫말에 환희롭습니다.

또 관음시식 의례 번역 "자비광명 비추는 곳 연꽃이 피고, 지혜 눈길 이르는 곳 지옥 없어라. 그 위에 ○○경 위력 떨치니 중생들이 찰라 중에 성불하도다". 미묘하고 심오한 언어의 마술사 아니신가요. 일요법회 축원문도, 지홍 스님 회주로 오면서 바뀌었지요. 불광사태로 지금은 발원문으로 바뀌었지만 옛날엔 '구국-구세 발원 축원문'이었어요. 저는 법문보다 이 구국-구세 발원 축원문 듣는 것이 참 좋았답니다. "상래에 닦은바 모든 공덕을 중생과 보리도에 회향하옵고 선지식들 함께 모여 동지를 삼고 무진장 복의 물결 순환하오며 본지풍광 어느 때나 현전하여서 법의 수레 미묘법문 굴러지이다." 이 축원문 구절구절 미묘하고 환희로운 축원이었죠. 특히 혜성 스님 독송이 좋았지요. 또 하나의 광덕 스님의 업적, 합창단 창설이겠지요. 최근 2022년 백중 때 빛을 발했지요. 80명 합창단 음성과 40여 명으로 구성된 국악 연주가 교성되어 보광당을 쩡쩡 환희의 도가니로 만들었지요. 그동안 반목과 갈등으로 어두운 그림자가 드리웠는데, 일시에 광명의 빛으로 빛나고 있었지요. 첫 소절 "아~아 생명의 근원 우리 부모님~ 나무 삼계대사 사생자부 시아본사 석가모니불 (3번)" 보광당은 교성 합창으로 환희의 도가니로, 눈물의 감격으로 변해 버렸던 기억이 지금도 생생합니다. 산자의 감격이 이러하매 죽은 자(영가)들도 춤추며 기뻐했을 것이죠. 불광형제자매들의 실력과 저력이 돋보였던 공연이 산 자 죽은 자 모두 극락세계에 천도되었지요. 영가님들께 진수성찬도 좋겠지만 부모님 은혜를 찬탄하고, 부처님 위신력을 찬탄하고~ 이 노랫말 역시 광덕 스님의 작품이죠.

광덕 스님의 또 하나의 업적은 기도를 많이 하는 것입니다.

우리 불광법회에서는 하안거 50일 기도와 동안거 50일 기도를 했습니다. 마하반야바라밀 염송을 생각마다 걸음마다 항상 힘차게 염송하도록 하셨지요. 백중기도 때도 일주일 전에 입재하여 백중일에 회향기도를 했어요. 광덕 스님께서는 순수불교를 주창하시고 정법으로 불교 포교를 하겠다는 일념으로 영가 물품 없이 오직 정법으로 영가를 천도하셨습니다.

이렇듯 많은 광덕 스님의 업적을 생각해 봤어요. 이 훌륭한, 독특한 법회 포맷이 주객이 전도된 까닭에 활짝 펼쳐지지 못하고 있지요. 〈불광법회·불광사는 내가 지킨다〉며 삶의 무게로 등 휜 몸으로 노보살들은 보광당을 연꽃으로 장엄하듯 온몸으로 장엄하고 계십니다. 얼음장 겨울에도 펄펄 끓는 한여름에도 마다하지 않으시고 보광당을 장엄하시고 있지요. 대방광불화엄경 여래품을 설명하신 종범 스님 말씀 중에 "1원이 기초되어 10원을 만든다. 10원에서 1원을 빼면 10원이 성립하지 않는다. 먼지가 쌓여 산이 된다. 절 한 번 하는 것도 성불이고 경전 독송, 염불 등도 성불이고, 불사도, 행원도 성불이다." 모든 선한 행원이 성불이 되어 여래 출현이 되는 것 같습니다. 불광법회(일요법회) 참석, 봉사, 불광 정상화하기, 광명의 등 모연 참여 등등이 모두 성불하는 일이겠지요. 두서없는 소회를 적어 봅니다.

합창단에 들어가서

 연화주(신화자) | 선학

어느덧 3월의 따스한 봄날에 개나리, 진달래, 벚꽃들이 만개하여 앞다투며 피고 있군요.

불광형제 여러분!

저는 작년에 3년의 명등을 마치고 뭐라도 봉사를 해야겠다 생각을 했습니다. 그래서 사무국 봉사와 보광당 청소를 하게 되었지요. 봉사를 하면서도 하루속히 불광사태가 해결되어 예전의 평화로운 불광, 도반들과 웃으며 다닐 때를 회상해 봅니다.

저는 우리 불광에 30여 년을 다니면서 합창에 대해 깊은 감동은 없었습니다. 그런데 요즘 신입 단원을 모집하는데 친분이 있는 악보장 묘심행 보살님께서 권유를 하시길래 처음엔 마음의 부담이 되어서 허락하지 않았어요. 그런데 전화도 하시면서 "후회는 안 할 거다." 하시더군요. 그러던 어느 날 마음이 편치 않아서 한다고 했습니다. 결정하고 나니 마음이 오히려 편해졌어요.

처음에 메조엘토를 하는데 음정도 잡기 어려웠고 소리도 잘 나오지 않았어요. 그런데 한 번, 두 번 하다 보니 점점 음정이 잡히기 시작하더군요. 그러면서 마음속에 신심과 환희심이 생겨나고 활력이 넘쳐났어요. 찬불가가 이렇게 좋을 줄 꿈에도 생각하지 못했답니다. 안 했으면 정말 후회할 뻔했지요. 절로 웃음이 납니다.

구 식구들에게 합창한다고 자랑했더니 너무 잘했다고 축하와 응원을 해주더군요. 외국에 살고 있는 딸내미에게도 문자를 보냈더니, "엄마가 행복하다니 자기도 기분이 좋다"고 했구요.

매주 금요일에 세 시간씩 연습을 하는데 시간이 쏜살같이 가버리더군요. 지휘자 선생님께서 정말 귀에 쏙쏙 들어오게 가르쳐 주시어 더욱더 열심히 연습을 한답니다. 반주자 쌤의 피아노 소리도 너무 좋아 마음의 동요가 되어 노래 부르는 데 많은 도움이 되었습니다.

두 분 선생님께서 열과 성을 다하여 주시니 저희들도 열심히 배우고 있답니다. 감사한 마음 전하고 싶습니다. 앞으로도 불광 마하보디합창단이 승승장구하길 기원드립니다.

배운 걸 녹음해서 집에서 듣고, 또 듣고 반복해서 틀어놓고 연습했습니다. 내가 연습하는 모습을 보면서 우리 거사님은 "학교 때 그리 공부를 했으면 서울대도 갔을 거야" 하면서 웃으며 좋아하더군요.

이렇게 신심과 환희심에 집중하여 연습하니 마음이 즐거움과 기쁨으로 꽉 차오르더군요. 부처님 말씀으로 가사가 되어 있어 더욱 마음속에 남아 눈물이 날 정도이네요. 작년에 부모은중경을 공연할 때도 도반 보살님과 두 달을 열심히 다니며 했는데, 지금은 정식 합창단원이 되어 음성 공양을 하니 기쁨이 두 배로 커집니다.

찬불가 가사를 안 보고 하는데 어찌 외워야 할지 걱정했습니다. 그런데 자꾸 반복해 들으니 저절로 암기가 되더군요. 우리 불광 불자님들도 합창단에 들어오셔서 이런 환희심과 기쁨을 함께 느껴 보시기를 바랍니다.

　우리 모두 대자대비 부처님의 명훈가피 받으시고 항상 건강하시고, 날마다 좋은 날 되세요.

　마하반야 바라밀.

불광사태와 보현행원

 법성행(황연자) | 사무국장

나의 종교생활 시작

나의 불광법회·불광사의 인연은 지인의 소개로부터 시작됐다.

기본교육부터 받고 호법에 가입했지만 호법비를 내기 위해 겨우 한 달에 한 번 불광사를 찾는 속칭 초파일 신도에 불과했다.

호법비를 내기 위해 불광사 종무소를 찾는 날이면 봉사자들이 함께 봉사를 하자며 귀가 따갑도록 권유를 했다. 하지만 아직 마음의 준비나 보현행원에 대한 굳은 신념이 부족했던 나는 아이들 핑계로 거절하기 일쑤였다.

세월이 흘러 막내아이까지 대학에 입학을 하고나서야 구법회 법등에 가입했다.

사실 구법회와 법등 활동에 대해서는 기본교육 때 많이 들었기에 조금은 알고 있었다. 하지만 기독교도 아닌 불교에서 구법회 조직과 활동이라는 것이 가능한 것인지에 대해 많은 의문이 들었던 것도 사실이다. 또 명등이 되려면 10년 넘게 있어야 하는데 과연 그때까지 꾸준하게 종교생활을 할 수 있을까 하는 의구심도 없지 않았다. 하여튼 그렇게 불광사 구법회 법등 가입으로 불광사에서의 본격적인 나의 종교생활은 시작됐다.

불광 임원 소임과 봉사

내가 속한 법등의 임원은 바라밀부터 시작했다.

바라밀 소임은 사실상 별로 하는 일이 없는 것 같다는 느낌도 없지 않았다. 그래서 제대로 된 봉사를 해야겠다는 원(願)을 세우고 같은 구 선학 보살님께 봉사활동에 대해 상의했다. 선학 보살님께서는 마침 불광사 중창불사를 하고 있으니 불사금 헌공금을 모으는 기와 불사팀에서 활동해 보는 것이 어떻겠냐고 제안해 주셨다. 그렇게 불광사에서의 봉사활동은 시작됐다.

일주일에 두 번 정도 절 출입구에서 추우나 더우나 책상에 기와 세트를 올려놓고 기와불사를 접수 받았다. 나는 기와 동판에다 주소, 가족 이름을 써주고 받은 기와 불사 보시금을 종무소에 전달했다. 지금 불광사 지붕은 기와 불사팀들이 써드린 불광 가족들의 정성이 담긴 동(銅)으로 된 기와가 빼곡하게 뉘어져 불광사를 덮어주고 있다.

불광사 중창불사가 완공되면서 기와불사는 종료되고 다른 봉사를 찾던 중 자주 들락거렸던 종무소에서 봉사를 시작했다.

종무소는 호법비, 만불비 각종 중창불사 불사금 접수에 너무 바쁘게 움직이고 있었다. 특히 만불전 불사 접수가 한창이던 때라 일요일에는 보살님들이 줄이 길게 서 있는 날이 많았다.

접수를 받으면서 느낀 것이지만 수많은 보살님들이 중창불사에 동참하겠다며 매달 호법수첩에 각종 불사금을 내고 도장이 찍혔는지 확인하며 흐뭇해하시는 모습이 내게도 큰 기쁨으로 전해졌다. 또 중창불사를 위한 보시금을 완불했을 때에는 빚을 다 갚은 마음처럼 후련하다며 기뻐하고 좋아하시는 모습을 보며 보람도 느꼈다.

불광사 중창불사를 위한 불사금은 어느 돈 많은 재벌가 한 분의 목돈으로 이뤄진 것이 아니다. 불광사의 신도들이 한푼 두푼 정성을 담아 내 준 정재(淨財)로 이루어진 것이기에 더욱 소중하고 값진 것이다.

장인(匠人)이 명품을 제작할 때 한 땀 한 땀 정성들여 제작하듯이 불광사 역시 보살님들의 청정한 보현행원의 정신으로 만들어진 진정한 부처님의 보궁(寶宮)이다. 신도들이 한푼 한푼 모은 돈으로 정성을 다해 내 주신 불사금으로 만들어진 명품 절이다.

만불전을 건립할 당시 "늙어서 노인정에 가서 시간 보내느니 만불전을 만들어 부처님 뵙고 기도하면서 우리 절에서 노후를 보냅시다."라고 권선을 하면 모든 보살들이 수긍하고 동참했다. 심지어 가족 친지들까지 만불전 건립을 위한 불사에 동참시켜 주셨다.

종무소 봉사는 봉사자들이 현금을 받으므로 전산 내용과 현금이 일치해야 끝이 난다. 천 원이라도 모자라면 원인을 찾아서 맞추는 일까지 해야 한다. 때문에 일요일에는 항상 늦게 귀가하는 일이 허다했다.

어느 날 남편 친구 부인이 불광사에서 무슨 봉사를 하고 계시냐고 물어왔길래, 종무소 봉사를 한다고 말한 적이 있다. 남편 친구의 부인은 "불광사는 재가신도들이 돈을 관리하니까 투명한 절"이라며 "불광사는 앞서가는 절이고, 훌륭한 봉사를 하고 계신다"며 부러워했다.

특히 남편 친구 부인이 다니는 절에서는 매일 들어 온 보시금을 모두 스님께 갖다 드린다는 소리를 듣고 '내가 제대로 된 절을 다니고 있구나'라는 생각에 봉사에 대한 자부심까지 갖게 되었다.

이는 나만의 생각이 아니었을 것으로 생각한다. 아마도 봉사자들 모두가 같은 마음이었을 것이다.

불광사태

그러던 2018년 5월에 불광사태라는 안타까운 일이 발생했다.
사랑하는 연인 사이에서나 주고받을 법한 스님의 문자내용 공개와 공금횡령이라는 어처구니없는 사실이 백일하에 드러나 큰 충격과 함께 실망을 우리에게 안겨주었다.

봉사자들이 한 푼의 오차도 없이 처리한 귀중한 불사금이, 보살님들의 정성은 무시된 채 공금을 내 돈인 양 사용했다는 것이 큰 충격으로 다가왔다. 불광형제들은 치솟는 분노를 억제하지 못했다. 중창불사를 하라고 보시한 시줏돈은 어디 가고 빚은 빚대로 남아 있는 상황에 망연자실할 수밖에 없었다. 스님들이 떳떳하다면 불광형제들이 요구하는 감사를 받아 사용처를 증명하면 모든 의혹이 해소되어 끝이 날 문제였지만 스님들께서는 용처를 밝히기를 거부했다. 그러고도 당당한 스님들을 보았을 때 불광형제들이 과연 존경할 마음이 생길 수 있을까, 하는 의문도 들었다.

결국 스님들의 횡포는 극에 달하고 코로나19를 핑계로 지하법당인 보광당 출입구 손잡이를 쇠사슬로 묶어 버려 사용을 못 하게 하는 상황에까지 이르렀다. 우리가 손수 한푼 두푼 정성을 모은 불사금으로 건립한 부처님의 보궁이 거의 폐쇄되어 신도들마저 마음 편히 사용할 수 없는 공간이 되어 버린 현실에 그저 막막했다.

특히 스님들이 불광형제들을 고소하면서 스님들의 민낯은 재판 과정에서 더욱 선명하게 밝혀졌다. 오히려 부끄러움을 모른 채 보시금으로 절을 지었으면 무주상 보시로 하였으니 상(相)을 내지 말라는 대목에 이르러서는 너무 기가 막혀 할 말을 잃고 말았다.

하지만 이 지면을 빌어 '무주상 보시'라는 단어는 그럴 때 쓰는 것이 아님을 분명히 밝혀두고 싶다. 단언컨대 우리들은 상을 내는 게 아니다. 불광사 중창불사를 위해 모여진 시줏돈은 허리가 굽어진 상태에서도 중창불사 보시를 위해 종이박스를 주워 모은 노보살님의 꼬깃한 보시금부터 젊은 불자들의 아낀 커피값 등이 한푼 한푼 모아져 쌓인 삼보정재(三寶淨財)이다. 그렇게 모여진 청정한 시줏돈을 제대로 사용하지 않는 스님들께 재정투명화를 요구하는 것이다.

수행에는 관심이 없고 잿밥에만 관심 있는 스님을 거부하고 정말 존경받을 수 있는 스님이 오셔서 광덕 스님의 유지를 계승하고 청정도량을 만들어 주시길 간절히 바랄 뿐이다.

스님의 과오로 시작된 불광사태가 어찌 순수하게 불사금을 낸 불광형제들의 잘못이라고 할 수 있는지 이해가 안 간다. 스님이라서 무조건 공경만 하라는 말이 과연 맞는 말인가? 부처님께서도 출가자라고 무조건 공경하라고는 하지 않으셨다. 제대로 수행하시는 스님을 공경하라고 하셨다.

우리 불광형제들은 더 나은 공간에서 신행활동을 위해 불사를 하였다. 불자들의 이런 행위가 싫으면 스님들께서 수행처를 떠나시면 간단한 일을 스님들은 무슨 이유로 우리 불광법회 형제들의 신행활동을 방해하면서, 불광사에 집착하시는지 궁금하다. 이는 분명 수행보다는 잿밥에 관심이 있어서일 것이다

임원소임 중에 험난한 불광의 역사를 겪으며 세월을 보내다 보니, 명등까지 회향하고 선학이 되어 있었다. 내가 처음 의구심을 가졌던 불광법등 조직은 정말 대단하고 꼭 필요한 조직이라는 것을 알게 되었고, 광덕 스님은 늘 법등이 우선이라는 말씀을 강조하시는 이유가 이런 미래를 예견하신 듯하다.

이러한 불합리한 불광사태는 이런 조직 없이는 6년이란 세월을 견뎌 내지 못했을 것이다. 불광조직에서의 임원들은 대들보 같은 큰 역할을 하고 있다. 불광사태를 맞이하고 있는 지금에서는 정상화를 목표로 우리 모두 힘을 합해야 하기에 각자 임원들의 역할이 아주 중요한 부분이다. 불광의 정상화는 우리의 목표이지만 길게 보면 불교의 미래이기에 반드시 실현되어져야만 한다.

임원이라는 단어에 너무 부담 갖지 말고 선임에 응해주셨으면 한다. 부처님의 부름이라 생각하여 거절 마시고, 부처님께 은혜 갚는 일이며 복 지을 기회가 왔구나, 하고 기쁜 마음으로 받아주셨으면 한다.

안으로 구법회와 법등 식구 챙기고 밖으로는 여러 보살님들과

어울려 봉사하니 부처님 공부가 절로 되는 것이다. "보현행원으로 보리 이루리" 임원 자체가 봉사이고 보현행원이기에 결국 임원과 봉사는 떼어 놓을 수 없이 서로 공존할 수밖에 없다는 사실이다.

비록 임원을 마쳤더라도 내가 할 수 있는 봉사를 찾아보자. 봉사에 만족하고 기쁨을 느낄 수 있다면 신체 나이 정신 나이 모두 젊어질 수 있고 덤으로 복이라는 통장에 공덕이 차곡차곡 저축된다. 복은 저축할 수 있을 때 저축을 해야 한다. 내가 움직일 수 있을 때 건강할 때 많은 저축을 해놔야겠다.

오늘의 불광사태는 불광법회·불광사만의 사태라고 보기는 어렵다. 비록 수면 위에 떠오르지 않았지만 어쩌면 한국 불교, 한국의 많은 사찰들이 안고 있는 고질적 병폐 중의 하나일 수 있다.

출가자 우선주의 또는 스님 중심의 사찰운영은 그동안 많은 사찰에서 많은 문제를 야기해 세간의 입방아에 오른 적이 있는 것으로 알고 있다. 이로 인해 교계 일각에서는 사찰의 운영은 재가자에게 맡기고, 스님은 청정수행으로 불자들에게 많은 가르침과 바른 길을 제시해 주는 것이 필요하다는 의견도 나오고 있다. 이미 서울의 한 사찰에서는 스님은 수행, 사찰운영은 재가자를 중심으로 운영되는 모범적인 사례를 보여주고 있다.

비록 그 시작은 미미할지라도 출가 스님과 재가자들이 머리를 맞대고 사찰운영과 청정수행에 대한 이원화를 심도 깊게 논의해 볼 필요가 있다. 스님은 수행에만 전념하시고, 사찰관리는 재가자들이 해야 할 몫이라는 점에 출가 스님과 재가자가 공감하고 뜻을 함께한다면 결코 요원한 일도, 어려운 일도 아니다. 일체유심조(一

切唯心造)라는 화엄경의 경구(經句)처럼 우리 모두가 하나 되어 지혜를 모으면 된다. 특히 출가 스님은 청정한 수행에만 집중하고. 재가자가 사찰의 재정을 관리하는 것은 한국불교의 밝은 미래로 나아가기 위해 반드시 실현되어야 할 과제이다.

청정한 스님, 수행하는 스님 모시고 기도 정진할 날을 기다리며, 우리 모두 기도수행과 보현행원으로 불광 정상화를 꼭 이루어내길 기원해 본다.

나무 마하반야바라밀.

불광법회의 일인 시위

지광(임승완), 혜각(강세장), 강봉(승봉근) | 대원3구 기축팀

1. 일인시위를 제안하며

　막강한 종교 권력과 불광사 재건축 자금 유용 의혹, 불광유치원 자금 횡령 등으로 많은 자금을 축재한 파계승을 추종하거나 협박에 못 이겨 타의로 따르는 일부 상좌 스님들을 내세워 오직 천억 원 상당의 불광사 재산만을 탐하는 몰염치한 일부 스님들의 횡포가 극에 달하고 있습니다. 5년여 전부터 몰염치한 일부 파계승들의 횡포로 광덕 큰스님과 불광법회가 50여 년간 닦아놓은 정법 포교의 산실인 일요법회도 제대로 열지 못하게 일방적으로 폐쇄하고 광덕 큰스님이 소중한 미래 자원으로 키우시던 불광유치원도 폐원하고 불광 교육의 산실인 불광교육원도 문을 닫는 악행을 계속 저지르고 있었습니다. 그동안 불광사에서 수행하던 참선방도 일방적으로 폐쇄하여 우리는 어쩔 수 없이 조계사에 있는 참선방으로 다니게 되었습니다. 그러던 어느 날 한 노인이 조계사 앞에서 일인시위를 하는 것을 보게 되었습니다. 내용은 총무원의 어느 스님한테 돈을 빼앗겼다고 돈을 돌려달라는 내용이었습니다. 그 광경을 보고 우리

불광법회도 정법도량을 찾기 위해 무저항 일인시위를 해야겠다고 마음을 내서 법회장님께 면담을 요청하여 일인시위의 아이디어를 설명드리고 타당성을 제안드렸습니다. 우리가 제안을 드릴 당시의 상황은 불광사가 폐쇄되고 5년여 년 동안 법적인 문제는 시간이 흐르면서 지지부진해지고 일요법회의 분위기도 상당히 침체된 상황이었습니다. 우리 제안을 들으신 법회장님이 보관 감사님과 정수위(정법수호위원회) 도안 거사님과 상의를 하신 후에 어려운 시기지만 한번 시도를 해볼 가치가 있다고 도안 거사님과 청명 거사님께 일인시위를 지원하라고 말씀하시었습니다.

일인시위는 강자가 하는 여유로운 선택 사양이 아니고 강자에게 억눌리고 짓밟힌 힘없는 약자가 하는 마지막 몸부림이고 처절한 호소입니다. 이 마지막 호소와 시위는 아주 작은 한 방울의 가랑비에 지나지 않지만 작은 가랑비가 모여 장기간 동안 끊임없이 떨어지다 보면 무서운 소나기도 될 수 있고 견고한 바위도 깰 수 있고 태산도 움직일 수 있는 큰 힘이 된다고 생각합니다.

2. 일인시위의 시작

매주 일요법회에서 자주 만나는 대원3구 4, 5법등 법우들 중에서 기축생 갑장인 지광, 혜각, 강봉 세 거사가 일인시위 건을 상의했는데 3인 모두 작은 힘이지만 일인시위에 적극적으로 동참해서 일조를 아끼지 말자고 합의하고 한마음으로 시작하게 되었습니다. 현재는 지광 거사가 봉은사 시위팀장을 맡고 혜각 거사가 조계사 시위팀장을 맡아서 시위 동참자 연락, 지휘, 진행을 맡아서 하고 있고 강봉 거사가 양팀의 부팀장을 맡아서 보조 역할을 지원하면서 업무를 분담하여 최선을 다하고 있습니다.

회장단에서도 일인시위팀 전체를 총괄하는 총팀장에 청명 거사를 임명하여 전체 총괄을 맡겼고 현수, 무아, 의정, 현철, 수명 거사님들과 송지, 법운지 보살님 등을 총괄팀으로 하여 각자의 위치에서 헌신적으로 움직이며 큰 힘을 발휘하는 덕에 불광법회 회원 전체가 일인시위에 찬성하고 그중에서도 100여 분의 불광형제가 실제 일인시위에 직접 동참하고 격려하는 등 믿기지 않는 불가사의한 성과가 나오게 되었습니다.

시위를 시작하고 어언 이 년여가 흘렀습니다. 그동안 적극적으로 동참하시는 분들 중에도 연세가 지긋하시고 몸도 불편하신데도 여러 곳에 적극적으로 동참해 주시는 법도, 선광, 현산 거사님 등이 있고 보살님 중에도 묘흔, 묘원, 자행, 원묘행, 자비성 보살님 등 건강이 좀 불편하셔도 영상 35°C의 무더위, 영하 10°C의 추운 날씨에도 마다하지 않고 여러 곳에서 지극한 마음으로 적극 동참해 주시는 보살님들이 계셔서 현장의 반응이 뜨겁게 달아오르고 있습니다.

첫 시위는 불기4355년(2022년) 4월 16일 불광사에서 사이비 토요법회가 열리는 토요일에 시작하였습니다. 그런데 반응과 성과가 상당히 좋아서 추가로 일요일에도 우리 불광법회에서 시위를 하면서 상호 격려를 하고 또 처음 시위에 참여하시는 분들이 부담스럽지 않고 자신감을 얻을 수 있는 현장 실습도 하는 이중효과로 점차 시위 인원이 늘어났습니다. 여기에 자신감을 얻어서 청명 거사님의 제안으로 파계승 지정이 있는 경상도 함안의 봉불사에 장거리 운전까지 하고 가서 이십여 차례 시위를 하면서 지정의 간담을 서늘케도 했습니다. 처음에 우리가 시작할 때는 인원도 적고, 시위운용비도 부담이 되고, 반응도 어떨지 몰라 우선 적은 인원으로 시행하기로 하여 불광사와 조계사, 봉은사 정도에서만 시위를 하는 게 좋겠다고 제안했습니다. 그러나 청명 거사님이 봉불사, 동명사, 화광사, 금강정사, 법안정사, 정토사, 대각회 등에서 동시다발적으로 시위를 시작하면서 판을 키우는 것을 보고 너무 무리하게 일을 벌리다 보면 금방 기운이 빠지고 쉽게 무너지는 것은 아닌지 불안하고 걱정도 되었습니다. 그런데 얼마 지나지 않아 그 걱정은 순식간에 사라지게 되었습니다. 우리 불광의 보살님, 거사님 한두 분이 동참하기 시작하더니 어느 순간에 100여 분으로 불어나는 극적인 상황으로 반전이 되었습니다. 청명 거사님과 총괄팀이 진두지휘 하에 상상치 못한 큰 성과를 내게 된 점에 찬탄과 깊은 감사를 드립니다.

3. 일인 시위의 성과

현재 일인시위는 토, 일요일은 불광사와 동명사 그리고 지홍이 있는 금강정사를 비롯 봉은사에서 실히하고 총무원이 있는 조계사는 화요일과 금요일에 시위를 합니다. 또 지홍의 친동생이 주지로 있는 화광사는 목요일에 시위를 계속하고 있습니다. 비정기적으로는 가끔 함안에 있는 봉불사와 정토사 등에서 간헐적으로 시위를 나가기도 합니다.

시위 시간대는 보통 10시부터 3시간 정도이고 한 분이 30분 정도씩 시위를 하고 네댓 분이 계속 교대하는 방식으로 진행하고 있습니다.

일인시위도 우리의 일과정진으로 생각하고 각자의 방식대로 일인 수행 성취 바라밀염송이나 신묘장구대다라니 20독 정도 또는 화두를 들고 참선수행을 하기도 합니다.

처음 일인시위를 시작하기 때문에 혹시 과격한 신도나 스님들이 방해하거나 기물파손을 할까 봐 걱정을 많이 했습니다. 그런데 다행히 그런 불상사는 일어나지 않았습니다. 그 이유는 우리가 봉은사에서 일요시위를 시작한 첫날 우리보다 2주 정도 먼저 시위를 시작한 총무원에서 근무하던 박정규 지부장이 시위하는 도중에 봉은사 스님들로부터 폭행을 당하고 오물 투척을 당하는 황당한 사건이 발생했습니다. 당일 우리 조계사 시위팀의 팀장인 지광 거사가 옆에서 일인시위를 하다가 그 광경을 핸드폰으로 직접 영상을 찍어서 연합TV에 넘겼는데 이 자료가 모든 방송매체에 배포가 되어 전국 TV 방송에 동시에 나가게 되는 큰 사건이 발생했습니다. 그 덕분에 그 후로는 시위할 때 우리에게 해를 입히거나 시비를 거는 스님이나 신도를 거의 볼 수 없게 되었습니다. 그래도 가끔은 가볍게 시비를 거는 스님이나 신도도 있고 반대로 수고한다고 격려를 해주시는 스님과 신도도 계십니다.

우리가 시위를 하고 있으면 예수쟁이라고 폭언을 하거나 일당을 얼마 받고 하느냐, 당장 철수하라고 윽박지르는 분도 있습니다.

한때 봉은사에서는 어느 신도가 불광사 문제는 불광사에서나 하지 왜 봉은사에 와서 하느냐고 시비를 걸었습니다. 그래서 당시 우리는 봉은사에 있는 자승 스님께 억울함을 호소하는 것이고, 또 1인 시위 덕분에 얼마 전까지 봉은사에서 법문을 한 지홍이 법문을 중지하지 않았느냐고 반문을 했습니다.

또 한 예는 조계사에서 "불광유치원 공금횡령 징역형 받은 지홍 스님을(전 포교원장) 영구제명하라" "호계원장 보광 스님은 지홍, 지정 등 비리 승려들의 지위를 완전 박탈하세요" 라는 시위판을 들고 시위를 하고 있었습니다. 그런데 조계사 근처의 불광미디어에서 근무하는 간부가 와서 지홍 스님이 불광사를 벌써 떠났는데 왜 계속 시위를 하느냐고 반말조로 강하게 시비를 걸어왔습니다. 지홍이 불광사를 떠났다고 하지만 뒤에서 상왕 노릇을 하면서 밑의 허수아비 상좌들을 하수인으로 내세워서 불광법회를 고사시키고 불광사를 뺏기 위해서 아직도 온갖 못된 짓을 계속하는 것을 우리 불광법회 형제들은 모두 알고 있다고 맞받았습니다. 또 왜 지홍 스님을 스님이라고 하지 않고 지홍이라고 하느냐고 해서 우리들은 지홍 스님을 스님이라고 하면 진짜 스님들에게 예의가 아니고 스님이라고 할 이유가 없다고 하니 대꾸를 못하고 갔습니다. 두어 달 후 다시 와서 시위를 언제까지 할 거냐고 물어서 그 답은 지홍이 불광사를 떠나고 한국 불교를 완전히 떠나는 날 우리도 철수할 예정인데 우리도 궁금하니 지홍에게 물어보라고 하니 말도 못하고 가버렸습니다. 또 재작년 가을 신임 총무원장 취임식이 있는 날 청명 거사님도 특별팀으로 합세하여 조계사에서 일인시위를 하려고 준비하는데 우리 불광법회의 포교사 한 분을 만났습니다. 우리 불광법회에서 큰 중책을 맡았던 분인데 중앙포교사의 책임자로 취임식장에 동원된 전국의 포교사들을 진두지휘를 하다가 우리를 본 것입니다. 그분이 "오늘 같은 좋은 날에 굳이 여기까지 와서 시위를 하느냐"고 언짢은 듯이 말을 했습니다. 그래서 우리가 "시위를 하는 것이, 심심하고 할 일이 없어서 여기까지 왔는지 아느냐? 아니다. 우리는 지금 지홍한테 짓밟혀서 힘없이 죽어가면서 꿈틀대는 것이고 오늘도 죽지 않으려고 발버둥 치는 것인데 우리가 한가하게 쉬어가면서 시위를 할 때냐?"고 반박했습니다.

또 일부 지홍 측 신도가 상호 대치가 오래 지속되어 피곤하니 서로 협상해서 양보하고 중도 화합하라는 요구를 합니다.

불광사가 주식회사도 아니고 이익집단도 아닌데 협상하고 타협을 하면 지분을 나누라는 얘기인가. 아니면 이익의 일부를 달라는 말입니까? 이것은 협상과 타협의 대상이 아닙니다. 왜냐하면 종교는 이익집단이 아니기 때문입니다.

종교는 보시금이나 수입금을 스님이 수행 공부하시고 복리후생에 필요한 자금을 지원하고 포교 사업에 활용하고 법회 운영에 필요한 최소경비를 지원하고 그리고 후에 건축비 등 장래 비용을 준비하는 것입니다. 그리고 남는 자금은 어려운 이웃을 도와주고 봉사하는 종교집단이지 이익을 지분대로 나누는 주식회사가 아닙니다. 우리가 제시하는 타협 안은 스님의 당연한 전문 분야인 수행과 전법에 전념하시고 종교 시설의 효율적인 운영과 철저하고 투명한 회계시스템은 전문가인 재가불자 중심으로 경영을 해드리는 것이 바로 이상적인 분업이고 협상이고 타협입니다. 이것이 바로 중간 야합이 아닌 중도 화합의 이상적인 종교 시스템이고 장래 불광사뿐만 아니고 한국불교가 나가야 할 바르고 이상적인 시스템인 것입니다.

그래도 저희에게 큰 힘이 되어주시는 스님과 신도들도 많으셨습니다. 작년 추운 겨울에 혜총 큰스님께서 조계사에 오셨다가 우리를 보시고 불광사에서 왔냐고 물으시고 일일이 악수를 해주시면서 수고한다고 따뜻한 격려를 두 차례나 오셔서 해주셨습니다.

신도 한 분은 불광사와 지홍을 잘 안다고 하시고 30여 년 전에 지홍이 조계사에서 주지를 하다가 돈 문제로 조계사 주지직에서 쫓겨났는데 또 불광사에 가서 똑같은 만행을 저지르고 유치원 공금도 횡령했다고 정말 나쁜X이라고 말씀하셨습니다. 그리고 광덕 큰스님의 훌륭한 유지를 받들고 바른 법을 계승해야 할 상좌 스님

중 일부가 도리어 광덕 큰스님을 이용해서 치부를 하고 광덕 큰스님의 얼굴에 먹칠을 하는 온갖 악행을 일삼는 이런 붕당승 일당은 한국불교에서 영원히 추방해야 한다고 열변을 토하시고 우리를 격려해 주셨습니다.

얼마 전 한국불교여성개발원 회원이신 자행 보살님의 친구분이 점심 공양을 하러 왔다가 우리가 일인시위를 하는 광경을 보시고 너무 수고가 많다고 고맙다고 하시고 20만 원 상당의 조계사 내 식당의 공양권 카드를 구매해서 우리에게 전달해 주셨습니다. 또 가끔은 커피나 음료수도 가지고 오시거나 약간의 커피값을 보시하시는 따뜻한 신도님 덕분에 다시 힘을 낼 수가 있었습니다.

시위를 시작한 지 일 년여 동안의 흐름을 보면 조계사와 봉은사의 신도와 총무원 스님들 대부분이 우리가 시위하는 것을 인지하고 신경을 쓰고 있다는 것을 확연히 감지할 수 있었고, 그 기운이 우리 쪽을 상당히 성원하고 있다는 감을 느낄 수 있었습니다. 현장 여러 곳에서 시위를 하면서 겪는 이런 일들이 우리 모두에게는 값진 경험이 되고 언젠가는 우리 불광법회가 한국불교를 이끌어 가는 데 소중한 자산이 되고 자양분이 된다고 생각합니다.

저의 친구 중에 시위에 대해 해박한 친구가 있어서 가끔은 자문을 받는데 그 친구가 지금까지의 불광시위 사태를 보고 소름이 돋을 정도로 감탄을 했다고 합니다. 그 친구는 현재의 한국의 불교가 기복 불교가 되고 스님을 부처님같이 무조건 떠받드는 풍조가 되어 한국불교가 한동안은 회생할 가망이 없다고 생각했다고 합니다. 그런데 불광법회가 일인시위를 시작하고 얼마 지나지 않아 십여 곳의 사찰로 일인시위가 확대되고 게다가 일인시위에 한 번 이상 동참한 신도가 100여 명에 이른다는 말과 또 정법 불광법회를 지키기 위한 서명 운동에 1,000여 분의 신도가 흔쾌히 인감증명을 법원에 제출해 주었다는 이야기를 듣고 식겁을 한 정도로 놀랐다고 합니다. 이런 현상은 감히 다른 절에서는 상상도 할 수 없는 기적 같은 대단한 사건이라고 칭찬했습니다. 그리고 처음에는 일인시위를 작게 시작했지만 반드시 엄청난 큰 성과를 낼 것이니 앞으로도 중단 없는 정진을 계속하라고 격려를 해주었습니다. 또한 불광법회를 창립하신 광덕 큰스님이 이 시대에 너무나 대단하신 위대한 스님이시고 그 스님께 정법을 공부하고 호법 정신이 투철한 불광법회 형제들이 존경스럽다고 말했습니다. 반드시 불광법회가 성공하고 한국불교의 정법수호의 선봉이 되고 한국불교를 개혁할 수 있는 대표주자가 될 것이라고 확신한다고 입이 닳도록 칭찬을 해주었습니다.

4. 정법 한국불교의 마중물

일인시위가 어느덧 일 년여에 이르고 있는 요즘의 현상을 보면 우리의 일인시위가 점차 많이 알려지고 미미하게 시작한 가랑비지만 시나브로 몸속으로 파고 들어가고 있다는 확신과 자신감이 생기게 되었습니다. 특히 지홍에게는 가랑비에 옷이 젖어서 몸살감기가 되고 큰 소나기가 되고 천둥과 번개가 되어 엄청난 충격이 되고 있다고도 생각됩니다.

우리가 작게 시작한 일인시위의 성공 결과가 도움이 되어서 정법 불광법회가 정상화가 되면 우리 불광형제들이 원하시던 재정투명화를 이루어 명실공히 한국불교의 모범이 될 수 있다고 확신합니다. 그러면 사부대중이 모두 참여하는 바른 승단 시스템이 만들어져서 스님은 수행과 전법에 최선을 다하는 바른 스승이 되어 모두에게 존경을 받는 삼보의 자리에 오르시게 됩니다. 또한 우리 재가불자는 재정을 투명하게 잘 관리하고 모범적으로 사찰을 잘 경영하여 모든 신도가 안심하고 수행과 정진에 열심히 매진할 수 있고 또한 보람되고 값진 보시를 할 수 있는 명실상부한 완전체의 화합된 승단을 완성하게 된다고 생각합니다. 그러면 스님들도 안심하고 수행하시고 마음껏 전법도 하실 수 있도록 충분한 지원을 해 드리고 병들고 어려운 스님을 노후까지 보살펴 드릴 수 있는 완벽한 후생 복리 체계를 만들어 상호 신뢰할 수 있는 승단이 완성되는 날이 반드시 오리라 확신합니다.

우리가 이 시스템이 성공하면 이 성공 사례가 한국불교를 정화하는 작은 불씨가 되고 마중물의 역할을 할 수가 있습니다. 계속해서 다른 사찰과 다른 법회에 전수를 해주고 성공 사례를 널리 퍼뜨려서 타 사찰도 재정투명화를 이루고 정법도량으로 안착시킬 수 있게 되면 한국불교가 명실상부한 정법 불교로 환골탈태하는 시기가 반드시 오리라 확신합니다. 이 구상이 바로 광덕 큰스님이 꿈꾸시고 몸소 실천하시고 우리 후학들에게 반드시 이루라고 가르쳐주셨던 호법불교, 정법불교의 완성이 되는 것입니다. 광덕 스님의 제자는 상좌스님들만 계시는 것이 아닙니다. 광덕 큰스님이 불광법회를 만드신 이유도 우리 일반 재가 신도들도 열심히 수행하고 전법을 해서 한국 불교를 이끌어 가라고 열정을 다해서 우리를 가르치신 것입니다. 우리 불광법회 형제들이 광덕 큰스님의 높은 뜻을 받들어 이를 성공시키는 것이 위대한 광덕 큰스님의 은혜에 조금이라고 보답하는 참된 길이라고 생각합니다.

마하반야바라밀.

오늘도 감사할 뿐이다

 극락월(윤영신) | 선학

혜담 스님을 비롯 회장님 이하 회장단과 불자들이 단합하여 여기까지 무사히 오게 된 것에 대해 깊은 감사를 드리고 싶다. 앞으로 어떤 일이 전개될지는 모르나 원만하게 원하는 대로 잘 될 거라는 신념으로 서로를 믿으며 지금 상황을 있는 그대로 인정하고 즐기다 보면 원하는 그곳에 있게 되리라 믿어 의심치 않는다. 그래서 늘 자신을 믿고 즐기시라고 말한다. 언제 이 사태가 종식되느냐고 묻지 말고, 지금이 최선이고 지금이 가장 좋을 때이니 문제 제기보다는 대안을 제시함으로써 더 슬기롭게 스님들과 불자들이 맑은 도량으로 거듭나도록 마음을 다해 주기를 부탁드리고 싶다.

대부분은 "지금 너무 힘들어요. 정상화가 언제 될는지, 언제 불광사 사태가 끝날 것인지"라고 말한다. 불광사태는 일어난 적도 끝날 것도 없다는 제 생각은 변함이 없다. 그 이유는 지홍 스님 사태가 문제의 발단이 되어 잘못된 불교 관행을 인지하고 그 인지가 비정상적인 불자의 삶이라고 보면, 변화하고자 하는 움직임은 이미 정상적인 삶의 형태로 전환되었다고 생각하기 때문이다.

모든 사람이 다 그러지는 않았지만 돈의 크기에 따라 복이 커지고, 내 정성과 마음 없이도 돈만 내면 스님들이 다 해 준다는 마음, 잘못된 정보에 돈으로 해야 했던 많은 무지의 행동들은 결국 누군가에게 욕심을 불러오게 된 계기가 되었다. 불자로 어떻게 살아야 하는지, 변질되어 가는 불교와 잃어버린 나를 찾기 위한 불광 불자들은 사태를 바로 잡아 해결하기 위해 타협하려 했고, 시위도 하며, 대화로 풀어가려고 시도한 그 과정, 그 시간들이 정상화에 있었다는 것을 인지하지 못했기 때문에 언제 이 사태가 끝나는가를 묻는다고 생각한다.

인지한 시점에서 조금씩 모르던 것을 알게 되어 실망도 하고 또 그 과정으로 인해 미처 깨닫지 못한 앎으로 한 발짝씩 나아가면서 스스로 미혹과 무지에서 벗어나고 지혜로워지는 불광 불자들이 되면서 자신들의 빛이 커지고 그 업력이 법당에 모인 인원을 하나둘 늘려가면서 서로가 서로에게 빛이고 진리며 보이지 않는 법문을 했기 때문이라고 생각한다. 그 믿음과 힘이 생기게 하는 근원은 어떤 경우에도 개의치 않고 법상에 앉아 주시는 혜담 스님의 모습 하나하나가 감동을 주었고, 그 감동은 불자들에게 빛이 되었다는 것을, 많은 부정적 이야기들을 한 귀로 듣고 한 귀로 흘리시며 묵묵하게 빛이 되어 주시는 회장님 이하 임원진 모두의 빛 또한 불광의 힘이라 생각한다.

종교에 대해 뭔가 불편함을 느끼는 시점에 불광사의 사태가 일어났다. 그건 정말 종교가 변화해야 하는 시점을 정확히 맞추어 일어난 것 같은 생각이 든다. 이 일은 너무 슬프고 애달픈 일이 아니라 불광이 아니면 이슈가 되지 않을 모든 기반이 갖추어진 상태로 일어나 우리에게 깨어나라는 메시지를 강력하게 준 너무나 감사한 일이라 생각한다. 보이지 않는 기운의 힘이 불광사에 결집된 결과라 생각하기 때문이다. 그래서 더욱 지금의 회장단과 불자들의 원력이 대단함에 그저 감사 감사할 뿐이다.

 불광사 사태는 모든 종교계와 불자들에게 이슈를 던져 준 계기가 되었다고 생각한다. 종교인들의 잘못된 관행에 익숙해진 불자들을 바로 깨어나도록 도울 수 있는 힘이 불광 불자들에게는 빛으로 가득하기 때문이다. 불자들과 스님들이 묵과한 많은 관례들로부터 과감히 벗어버리고 새로 태어나야 하는 시점에 불광 불자들이 그 상황을 모두 끌어안고 일어났기 때문이다. 정말 대단하다. 존경스럽다. 많은 불자들과 스님들은 그간의 비리와 관행에 어깨가 무거우셨지만 사태 후 알게 모르게 그걸 서서히 내려놓을 수 있도록 대신 불광법회 불자들이 어깨에 짊어진 만큼 스님들의 어깨가 가벼워져 가고 있다고 생각한다. 왜냐하면 우린 그것이 별문제가 되지 않고, 곧 모두가 내려놓을 수밖에 없는 것이라는 것을 알기에 기꺼이 어떠한 비난과 굴욕도 비난과 굴욕이라 생각지 않았기 때문이다. 짐이라 생각하면 짐으로 남지만 모든 것은 불광 불자들이라 가능했기 때문이다.

 불광사태는 모두가 선택된 순간, 선택된 사람들, 선택된 공간, 선택된 사건이었지만 그저 일상이라 생각한다. 지금 이대로가 정상이라고.

 어제도 아침 먹고, 점심 먹고, 친구 만나 수다 떨고, 가족과 저녁 먹는 일상처럼 불광의 지금은 그저 이런 일상일 뿐이다. 우리의 일상을 보고 그 일상을 지혜롭게 지내는 모습을 보고 그 모습이 향기가 되어 도처에 퍼지고 빛이 되어 확산이 되어 변화를 주기 때문이다. 문제라고 생각하는 순간 해결해야 한다는 생각에 속이 시끄럽고 화도 나고 어찌해야 할까 마음이 부산해지지만 보는 관점을 바꾸면 원인을 보게 되고 그 원인을 찾아 해결하려는 마음에 즐거울 수도 있다. 사태의 원인은 욕심을 일으켰기 때문이 아닐까? 그러니 앞으로 어떠한 위치에서 어떤 일을 하더라도 욕심을 일으키지 않는 체제로 만드는 것이 불광 정상화 과정에서 생각해야 할 과제라고 본다.

 지금을 즐기며 하나둘 맑은 공부 도량으로 스님과 불자들이 서로 도와가며 만들다 보면 누구나 불광 도량에만 왔다 가면 맑고 밝아지며 그 빛으로 주변을 밝게 만드는 불자들로 변신하는 곳이 되지 않을까? 말로 불교를 포교하는 것이 아니라 말 없는 빛으로 전달이 되어야 한다.
 생각은 말이 되고 행동으로 나타나 지금의 내 모습을 만든다. 그래서 가능한 좋은 말과 생각 행동을 해야 한다. 왜 이 사태가 안 끝나느냐는 부정적이 말은 하등 도움이 안 된다. 부정의 에너지를 가져오기 때문이다. 자신의 밝은 에너지가 줄어든다.
 누가 이 상황에서 혜담 스님이 되고 싶고, 회장이 되고 싶고, 회장단이나 정수위 청명 거사가 되고 싶겠는가? 누가 시선 곱게 보지 않는 일인시위의 일인자가 되고 싶은가? 서로 안아 주어도 모자란다. 생각하면 눈물이 난다.
 주제넘게 도움도 못 되며 이런 글을 쓰는 것도 죄송할 뿐이긴 하나 가끔 들리는 '왜?' '아직?' '언제 정상화?'라는 말의 부정적 의미는 나도 모르게 '아직도?'라는 생각을 하게 한다. 왜냐하면 난 불광

극락월(윤영신)

의 일로 인해 너무나 많은 것을 깨달았고 삶을 바라보는 관점이 달라졌으며 우리가 하나라는 것을 알게 되었다.

이 세상에 온 이유가 사랑을 배우기 위해 왔다고 하는데 우린 진정으로 사랑을 하는지 묻고 싶다. 남녀 간의 사랑이 아니라 상대를 있는 그대로 인정해 주고 바라봐 주고 기다려 주고 이해해 주는 것을 말한다. 소중한 가족을 자신의 잣대로 재고 있지는 않은가?

불광사태는 진정으로 무엇을 위해 일어났을까? 서로 한 번은 깊이 생각해 볼 의미가 있다고 생각한다. 그리고 느꼈으면, 알았으면 행동해야 한다. 행동이 없으면 아는 것이 아니다. 광덕 스님의 그 소중한 법문을 듣고 행해야 함에도 우린 머리로만 기억하고 있다. 모두 소중한 빛이고 그 빛이 서로에게 법을 설하고 있음에도 들으려 하지 않는다. 그 법문을 들으려고 노력하기 바란다.

이것 또한 내 생각이다. 그러나 지금의 불광 정상화 과정을 통해 많은 불자들과 스님들은 우리가 보내는 빛으로 변화해 가고 있다고 생각한다. 도처에서. 느껴지지 않는가?

나는 느껴진다.

종무소 문이 열리지 않으면 어떻고, 토요일 법회를 하고 있으면 어떤가. 그들도 우리 정상화에 조연으로 참여하고 있을 뿐이다. 우리 또한 주연이고 조연이다. 언젠가 때가 되면 맑은 종무소가 되든지 사무국이 그 자리로 들어가 이전에 잘못된 관행을 버리고 모두가 밝고 맑은 빛으로 함께 자리하게 될 거라 생각한다. 지금 당장의 욕망에 어찌지 못하는 그들의 입장도 생각해 보면 안쓰럽다. 그들을 향해 내게 있는 좋은 빛을 보내어 보자. 변하고 안 변하는 것 또한 그들 몫이다.

우리는 서로가 다르다. 그 다름이 하나의 뜻으로 모이기에는 각기 다르기에 시간이 걸린다. 그 시간이 필요하기 때문에 정상이 아니다, 라고 느끼는 것뿐이다. 사랑하자. 인정하고 믿고 기다리자.

내일 죽는다면 비정상적 삶 안에서 살다 갔다고 할 것인가?

오늘이 최고의 날임을 즐기자.

나를 맑고 밝게 만들자.

스님들이 오셔서 법문을 못 하신다면 그 또한 때가 아닌 것이다. 지혜로운 젊은이들도 많다. 그들이 살아가는 현실에 대한 이야기도 흥미롭지 않을까? 아이들의 재롱잔치도 한껏 웃음을 자아내는 데 부족하지 않을 것 같다. 우리 주변을 둘러보고 힘들다는 사람들 이야기도 들어 주고, 잘 살고 있는 이들에게도 지혜를 얻는 우리 주변을 보면 어떨까? 꼭 유명하고 잘 나가는 이들만 법상에 앉히려고 애쓰지 않으면 좋겠다. 어떤 누구의 이야기든 들어 주는 것도 보시다. 모두가 스승이다.

단상에 올라 자기 이야기를 많은 불자들이 들어 주어 인생이 바뀌었다면, 이 또한 얼마나 멋진 일인가?

문제를 문제로 볼 것이냐는 자기 생각에 달렸다.

삶은 늘 그 연속선상에 있고,

오늘도 감사할 뿐이다.

그뿐이다.

순례법회를 다녀와서

 명문(김형숙) | 부회장

　기나긴 불광 정상화로 가는 길 중, 불광법회는, 불광형제들과의 단합과 힐링을 위해, 7년 만에 순례법회를 계획하였고, 회장단과 정수위원들의 의논으로 멀지 않은 공주 학림사 오등선원으로 의견이 모아졌다. 법회장님의 지시로 나는 2024년 3월 22일 오전 학림사 종무실장에게 불광법회를 알리고, 600~700명 정도의 순례에 대해 가능성을 문의했다. 학림사 종무실장은 서울 중심 사찰에서 많은 인원의 순례법회 문의에 놀란 듯, 스님들과 상의해서 연락을 주겠다고 하였으며, 당일 저녁 시간 무렵 학림사 측으로부터 불광법회 순례법회를 크게 환영한다고 연락을 받았다. 며칠 후 3월 26일 10시경, 나와 혜안팀장과 문수월 부회장은 학림사로 답사를 떠났고 오후 12시 40분, 일행은 학림사에 도착하였다. 마당 입구에 간화선의 '이뭣고'의 화두가 표지석으로 우뚝 서 있었고, 아래에는 '화두일념'이라 새겨져 있다. 앞마당에서 대웅전 위를 바라보니 계룡이 날개를 펴고 승천하는 듯, 계룡산 장군봉이 아련하게 느껴졌다.

일행은 조실 대원스님께 인사를 드린 후, 간단히 불광법회를 소개해 드렸으며, 스님께서는 당진의 트레이드마크인 녹차와, 커피를 믹서한 독특한 차 맛도 보여 주셨다.

스님들과의 오랜 대립으로, 따뜻하게 맞이해 주시는 스님의 표정에 마음이 녹아내린다. 일행은 선방 스님들의 참선 기도로, 조용히 안내에 따라 경내를 돌아보고 나서, 주지 스님과 관계자들과 미팅을 한 후, 혜안 팀장님과 학림사 종무실장님이 차츰 소통하기로 하고 부푼 마음으로 서울로 돌아와 보고를 하였다. 5월은 부처님오신날 행사가 있고, 열흘 후 학림사 순례가 잡혀 있어서 더욱 분주한 한 달이기도 하였다. 임원들과 논의하여 순례 참가비는 4만 원으로 정했고, 4월 27일부터 나는 명등들을 통해 각 구법회 참가자 인원 등록을 받았으며 명등들의 협조로 순식간에 700여 명이 넘어서고 있었다. 형제들의 빗발치는 호응으로 예상치 못한 많은 인원에 나는 약간의 두려움과 환희심이 교차하여 가슴이 설레었고 힘도 되었다. 혜안 팀장은 형제들의 편안하고 원활한 순례 법회를 위해 하루에도 몇 번씩 학림사 측과 통화하며 촘촘하게 준비하고 있는 중, 순례 10일을 남겨두고, 동명 주지 스님이 학림사 대원 스님을 만나러 온다는 소식을, 학림사 측으로부터 전해왔다.

동명 스님이 이 시점에 왜 학림사에 가셨을까, 의아했고 조금은 불안한 생각이 들었다.

설레는 마음으로 준비해오고 있었던 형제들에게, 그다음 날, 꿈에도 생각지 못할 소식이 학림사로부터 전해왔다. 불광법회 순례를 취소한다는 전갈이다. 참으로 당황스러운 일이었다.

그다음 날 토요일 오후1시, 법회장님과 사무국장, 반야행보살, 혜안팀장이 학림사 대원 스님을 만나고자 급하게 학림사로 출발했다. 일행은 학림사에 16시경에 도착하였으나 스님의 바쁜 일정으로 밤 9시쯤에나 뵙게 되었다. 회장님께서 스님께 인사를 드린 후, 갑자기 순례법회를 취소한 연유를 여쭈었다. 주지 스님과 대원 스님은 답사 때와는 달리 대하며, 조계종 고위층 스님과 해인사 측에서 불광법회를 받으면 승가의 화합을 깨고, 징계를 받을 수 있으니, 불광법회 순례를 취소하라는 전화를 받았다고 한다. 회장님께서는 1,000여 명의 불광형제가 스님의 법문과 학림사 순례에 많은 기대를 하고 있으며, 불광사태 발생 배경에 대한 설명과 함께 설득을 드렸지만, 대원 스님께서는 수용하기 어렵다고 말씀하셨다고 한다. 참으로 마음이 아프다! 중생이 아프면 부처도 아프다고 하였는데, 1,000여 명의 불자들과의 약속을 순례 일주일을 남겨두고 저버리는 스님들의 이기심은 어디까지일까. 모든 죄악은 탐욕과 어리석음에서 생기는 것.

남을 위하는 복을 짓고 덕을 쌓으라고 늘 법상에서 말씀하셨는데, 어느덧 자정이 가까워온다. 대원 스님께서 뜻을 굽히실 생각이 없으셨다. 일행은 스님들의 두터운 벽 앞에 허탈한 마음으로 학림사를 떠나 가로등 하나 없는 깜깜한 서해도로를 달려 새벽 3시경 무사히 서울에 도착했다. 서울에서 법회장님의 소식을 기다리던 임원들도 소식이 오기까지 잠을 이루지 못했다.

이튿날 9시 30분 사무국, 밤새 한숨 못 잔 듯 사무국장의 초췌한 모습에 마음이 아리다. 회장님께서도 사무국으로 들어오신다. 모두들 합장하며, 마하반야바라밀, 마하반야바라밀. 서로 반 배로 맞이한다. 곧이어 현문 수석부회장님과 보관 감사님께서도 들어오셨다. 우리는 다시 순례 장소에 대해 긴급회의를 했으며, 전날 하루 온 종일 일행을 위해 운전을 자처한 반야행 보살이 새벽까지 잠 못 이뤄 뒤척이다가 번뜩 안면암이 떠올라 대자운 보살에게 추천하였고 법회장님과 함께 안면암이면 우리 형제들을 다 수용할 수 있는지를 파악한 후, 대자운 보살이 마침 안면암 초대 이사장이신 정영수 보살님과의 깊은 인연으로 안면암 지명 스님께로 연락이 닿았다. 안면암 회주이신 허허 대종사 지명 스님께서 우리의 상황을 들으신 후 "불자가 온다는데 못 오게 하는 절도 있나?" 하시면서 편하게 흔쾌히 허락하여 주셨다. 참으로 우리 형제들은 곳곳에 인연법을 잘 지어 놓았다고, 광덕 스님의 가르침의 힘이 너무나 크다고, 회장님께서 안도하신 듯이 환한 웃음으로 칭송하신다. 그렇게 하루가 지나 그다음 날 순례 일정 5일을 앞두고 다시 나는 사무국장과 천진성 부회장과 오전 9시 30분 안면암 답사를 떠났다. 서해고속도로가 아산만의 넓은 바다 위에 구름다리처럼 웅장하게 펼쳐진다. 행담도 휴게소에 다다라 안면암 설봉 주지 스님께 드릴 금방 구운 호두과자를 사고, 달리는 차 안은 금세 고소한 내음으로 코끝을 자극한다.

12시 50분, 드디어 거대한 철 구조물로 안면암이라 쓰인 일주문이 보인다. 안면암은 대한불교조계종 제17교구 본사인 금산사의 말사로 1998년 천수만이 내려다보이는 해변가에 지은 절이다.

만물이 소생하여 백화가 만발하는 봄날, 맑은 하늘 아래 널따란

바닷길, 솔바람에 일렁이는 나뭇잎 스치는 소리, 바닷가 한가운데 여우섬에는 부상탑이 한눈에 들어오고, 전망대 앞으로 바람만 불어도 금방 무너질 것 같은 여리고 가냘픈 돌탑들이 눈길을 끈다.

일행은 대웅전에서 참배를 마친 후 공양간에서 간단한 늦은 점심 식사를 마치니, 설봉 주지 스님께서 기다린 듯 반기셨다 스님께 인사를 드리고, 스님의 안내에 따라 사찰 내부를 둘러봤다. 안면암은 2층, 3층, 7층에 이르는 독특한 건축양식으로 극락보전, 나한전, 삼성각, 용왕각, 한 개의 건물에 여러 개의 전각이 함께하는 구조였다. 2층 법당에서 내려다보이는 천수만 풍경과, 썰물로 넓게 드러난 갯벌에는 부상탑으로 향하는 2개의 길이 내려다보인다. 경관이 아름답기에 그지없었다

나는 일행과 함께 법회장소와 음향시설, 화장실, 쓰레기 장소, 주차공간, 공양간 등을 설명 듣고 점검하였다. 법회를 마치고 단체 기념사진 장소를 대웅전 앞 테라스로 정하고 무인 카메라로 스님께서 촬영을 해주신다고도 한다. 노인심리 상담사이자 철학 박사이신 설봉 주지 스님은 인자한 모습과 풍기는 모습에서 편안함이 느껴진다. 공양간을 둘러보고 밖으로 나오니 동백나무가 병풍처럼 길게 푸르름을 더했으며, 도량의 스피커에서 흘러나오는 스님의 '나무아미타불' 염불 소리는 세속의 번뇌에 묻혀 살아온 나에게 잠시나마 청정심을 일깨워 주었다. 바다에는 어느덧 밀물이 밀려와, 파란 물결이 여우섬을 너머 도량 앞까지 펼쳐져 있다. 연인들이 조그마한 바위 위에서 바다를 배경으로 서로 번갈아 포즈를 취하는 모습들이 평화로워 보였다.

15시쯤, 그렇게 답사를 끝내고, 일행은 설봉 주지 스님과 순례 날을 기약하며 작별 인사를 하고 서울로 돌아와 법회장님과 임원들께 보고하였다.

법회장님께서는 일요일 동명 스님의 방해로 장소가 변경되었음을 형제들에게 알리고 변경된 장소를 비밀로 하는 사정을 알렸다, 장소 변경에 따른 취소 신청을 받았으나, 법회장님과 임원들을 믿고 단 한 명의 취소도 없었다.

순례 날 전 3일차, 나는 다음 순서 배차를 위해 참가 인원 등록을 마감하였고, 문수월 부회장이 발 빠르게 947명 배차를 끝내주었다. 버스 25대가 예약되고, 부처님 전에 올릴 꽃과, 떡, 과일 공양물을 준비하고, 아침으로 김밥 천 개를 업체에 주문하고, 도시락 밥으로 쌀 20말을 방앗간에 맡겨 조달하였으며, 형제들의 점심 도시락을 맡으신 대자운 보살님 댁으로는 곳곳에서 산지 직송한 재료들이 속속 도착하였고, 4명의 봉사 보살들과 함께 천 명의 도시락 반찬 준비에 들어갔다. 이틀 전에 담가둔 나박김치도 새콤하게 익어 사무국에 도착되어 각 차량 인원수대로 분리 포장해서 냉장 탑차에 실어두기도 했다. 한편, 구 임원들은 각 차량별로 법등가족이 드실 간식 준비로 분주하고, 사무국 봉사자들은 도시락 1,000개를 씻어 마른 수건으로 닦고, 말리고, 각 구법회에 배정될 물품 법회보, 밥 국그릇, 수저, 모자, 깃발, 스티커 등을 커다란 검은 봉지에 싸서 당일 아침에 찾아갈 수 있도록 사무국 앞 복도에 배열해 두었다. 이튿날 저녁 7시경 드디어 천 인분의 반찬이 탄생하여 사무국에 도착했다. 참으로 감탄할 일이다! 오이김치, 우엉조림, 짠지, 표고버섯 볶음, 고명으로 빨강 방울토마토까지, 10명의 부회장과 봉사자들은 수량에 차질이 생기지 않도록 잘 배분해 가며 밤 10시 30분에야 반찬 담기가 끝났다. 구법회별로 박스에 포장하여 원광 거사의 수고로 탑차에 실어놓고 마무리한 다음 모두 서둘러 귀가하였다,

5월 26일 순례 날 이른 아침, 버스는 새벽 6시 30분까지 석촌호수 서호 남쪽 길에 1호 차부터 순서대로 길가에 배열하였고, 인원이 완료되는 차부터 출발하기로 하였다. 형제들은 행선지도 알지 못한 채 형형색색 화사하고 상기된 모습으로 구 식구들을 찾아 배정된 버스에 탑승하였고 6시 48분 1호 차가 첫 번째로 출발하였다,

버스 안에서는 아침으로 김밥과 물, 구법회별로 준비한 다양한 간식들과, 버스 번호가 적힌 스티커 등을 나누어 주었고, 조장 톡방을 만들어 혜안 팀장의 통솔 아래 원활한 순례가 되도록 소통하였고, 차량별로 조장의 인도에 따라 차량 기도를 수행하였다

동천역 환승 정류장에 들러 27명을 태울 7대는 7시 20분경부터 도착하여 큰 혼란 없이 탑승하여 출발하였다. 서해안 고속도로를 선택한 버스 사이에 안면암 소요 시간 차이는 거의 없었다. 버스는 09시 40분부터 속속 안면암에 도착하였고, 2층 대웅전과 무량수전 앞마당에 법우들이 자리를 잡았으나, 일부 구 식구들은 3층과 야외마당 나무 그늘에 돗자리를 펴고 자리 잡았다.

천 명의 형제들의 웅장한 천수경 독송이 끝나고, 혜안 거사님의

진행으로 10시 30분에 법회가 시작되었다.

　삼귀의, 예불, 마하반야의노래, 반야심경 봉독, 보현행자의 서원 낭독, 법회장님의 인사말, 혜담 스님의 격려사, 효림 스님의 격려사, 설봉 주지 스님의 법문, 마하보디합창단 찬탄곡, 불광법회 정상화 발원문, 법등오서, 불광인의 선서, 금주의 다짐, 정영숙 이사장님 소개, 공지사항, 사홍서원으로 진행되었으며, 새벽에 각화사를 떠나 형제들과 함께해주신 혜담 스님의 격려사와, 불광형제들과 함께하고 싶다며 달려오신 효림 스님의 격려사에 이어, 오늘 원만한 순례법회를 위해 많은 노력을 하신 법회장님께서 인사 말씀과 함께, 과거심 불가득, 현재심 불가득, 미래심 불가득, 지나버린 과거에 집착하지 말며, 현재 또한 찰나일 뿐 끄달리지 말며, 오지 않는 미래에 대해 두려워하지 말라는 평상심으로 현재의 삶에 충실하면 행복하다고 말씀을 해 주셨다.

　설봉 주지 스님께서는 우리나라의 인구 고령화에 따른 불자들의 저변확대를 위한 당부 말씀과 기도 도량으로서의 안면암의 내력에 대해서 좋은 법문이 있으셨으며, 이어서 마하보디합창단의 음성공양은 서해바다가 보이는 안면암을 부처님의 세계로 인도하는 듯했다.

　법회 후 형제들은 구 식구끼리 공양간과 도량 곳곳에 자리 잡아 맑은 공기와 함께 정갈하게 준비해 준 도시락과 구별로 준비해 온 맛있는 음식으로 공양을 하며 안면암의 아름다운 경관 아래 정겨운 일정을 이어갔다.

공양을 마칠 무렵, 바람이 불어오고, 하늘은 어두워지며 일기예보보다 좀 빨리 비가 올 것만 같았다. 우리는 14시 30분까지 자유시간을 갖도록 하였다. 우산을 챙겨 들고 부상탑으로 향하는 법우들, 비로전, 무량수전, 나한전 전각을 둘러보는 법우들, 발길 따라 또 하나의 절 도량에는 백련꽃, 양귀비, 때아닌 코스모스가 한들거리며 기와 사이로 정겹게 피어난 봉숭아꽃도 보았다. 절 냄새, 나무아미타불 소리, 바다 냄새, 다 어우러져 좋았다.

후두둑, 하늘은 먹구름이 밀려오며 바람과 함께 빗발이 떨어진다.

부상탑으로 간 형제들이 강하게 내리치는 비바람에 날리는 우산을 꼭 잡고, 걸음을 재촉하는 모습들을 멀리서 바라보니 한 폭의 흑백 그림처럼 보인다. 빗발은 더욱 거세졌고 형제들은 시간보다 빠르게 서둘러 속속 버스에 탔다. 법회장님과 수석부회장님은 주지스님을 만나 뵙고 감사의 마음을 전달하시고. 형제들의 탑승을 꼼꼼히 확인하신 후 버스에 오르셨다. 그렇게 우리는 아쉬운 마음으로 안면암을 떠나 서울로 향했다.

돌아오는 길, 빗발은 매우 세고 안면암 앞길부터 교통체증이 시작하여 버스들은 다양한 길을 선택했고, 유리창 너머 고즈넉한 풍경들과, 떨어지는 빗물 소리를 들으며 불광사에 무사히 도착하였다. 버스에서 내리니, 어느덧 하늘은 맑게 개였고, 호숫가에 나무들은 더 싱그러워 보였다. 형제들은 몸과 마음이 상쾌해하며 보람있고 즐거웠던 하루에 서로를 찬탄하였다. 9호차가 마지막으로 19

시 41분에 도착하였다.

　법회장님께서 마지막 차까지 확인하신 듯 느지막이 사무국으로 오셨다,

　이렇게 947명의 순례의 일정은 무사히 끝나고, 안면암 순례를 위해, 박홍우 현진 법회장님을 비롯하여 순례법회 준비위원장이신 현문 수석부회장님, 혜안 팀장님, 집전해 주신 혜인 거사님, 도시락을 맡아주신 대자운 보살님, 구법회 명등님, 마하보디합창단과 김회경 예술감독님, 사무국장과 회장단, 정수위 위원님, 불광형제님들, 봉사를 해주신 보현보살님들께 감사드리며 이러한 행사가 우리들의 불심을 더욱 돈독하게 하고, 불광 정상화에 많은 힘이 되길 부처님께 서원드립니다.

　마하반야바라밀.

3

무소의 뿔처럼 혼자서 가라

무엇이 우리를 아프게 하는가

 추 담 (유 봉 수) | 전 마하

우리를 아프게 하는 것은 무엇일까
곰곰이 생각해도 찾을 길이 없다
누군가 주지 않는데
스스로 아픔을 느끼는 것이다

모두가 공존하는 터전에
자신만의 터전을 만들려는 이기심이
스스로를 아프게 한다
양보하고 나누면 충분한 것을
혼자만 차지하려고 하는 욕심이
스스로와 주변 모두에게
아픔과 고통으로 전달된다

별것도 아닌 것이 구르니 태산이 되고
태산같이 큰 것도 나누니 평지가 된다
지식도 아닌 지혜가 빛을 발한다

불광법회

 추담(유봉수) | 전 마하

부처의 광명을
만천하에 드높이는
숭고한 마음들이 모인 곳

부처의 참뜻이
광덕 스님을 통하여 중생들을 깨우치는
광명의 터전

자비와 배려의
마음들이 모여
스스로 부처임을 깨닫는
중생들의 수행처

생로병사의 굴레 속에서
방황하는 범부들에게
부처의 참뜻을 전파하는
참부처의 모임 불광법회

마음의 반연

 관음심(김명옥) | 선학

내 것도 풍요하고
네 것도 그러하다
온 우주 법계가
가득하다는 것을
우리는 하나가
되지 못하여
佛陀(불타)를 찾는다
法性圓融(법성원융)을 찾아 헤맨다

내 것이다
네 것이다
우리는 업의 무게에 따라
제각각 法輪(법륜)을 굴린다

검은 까마귀 흰 까마귀
찾아 날갯짓 접을 때
佛陀(불타)는 지금 여기에
항상 계심을 보리다

친구(親舊)

 법 안 (박 태 수) | 전 마하

내가 그를 벗이라 말하고
그가 나를 동무라 부를 때

내가 하늘에 부끄럽지 아니하고
그가 땅에게 부끄럽지 아니할 때

내가 그를 존중(尊重)하고
그가 나를 존경(尊敬)할 때
어디서 만나도 반가운 사람
어느 때 보아도 편안한 사람

고귀한 선물

 법안 (박 태 수) | 전 마하

시간은 쉼없이 흘러간다.
세월은 끝없이 변해간다.
무엇을 해야 하나?
어떻게 해야 하나?
다시 못 올 이 시간 지금도 가고 또 간다.
世上에서 가장 소중한 것이 가고 있다.
살아 있음이 고귀한 선물이다.
보고 듣고 생각하고 말하고…
지금 가고 있는 이 시간 내 生命이다.

왈츠와 독백

 향운(하규용) | 전 마하

이 세상이 무대인 줄 모르던 어느 나이에
서양 영화는 왈츠를 춤추는 무도장을 휘황찬란하게 비추어 주었다.
비극도 사랑이라 황홀했던 영상인데
잊었던 장면이 다시 떠오른다
두루미 날개 어울리는 율동을 본다

해일처럼 밀리는 도시의 삶에도
환희심 가득한 이파리와 꽃잎이 함께 춤춘다
시간의 벽을 넘어 천상계의 언어를 밟으며 돌아간다
우주는 빛과 소리로 이루어졌고
생명은 율동이라고 춤사위는 말한다

흐름과 절제 속에 피는 저 춤꽃
두루미의 구애만큼이나 부드러운 발길
춤추는 무희는 저절로 아름답다

죽을 때 나도 말하자
춤추는 무희의 숨결만큼이나 나도 힘들었다고
아름답게 살려고 발버둥 쳤다고
수렁 같은 무대에서도 맨발로 우아한 춤 왈츠를 추고 싶었다고
나의 촛불은 밑둥지까지 불태워 무대를 밝혔다고 말하자
춤도 조명도 소신공양도 끝나는 장면에서
나의 무대도 커튼을 내릴 것이다

화(火)

 향운 (하 규 용) | 전 마하

길면 자르면 되지만
잘라놓고 모자라니 어이할꼬
화내지 말 것을

저거

아내가 알리요
누가 알리요
고개 숙이고 길을 걷다가
하늘 쳐다보고 풀썩 주저앉던
그리고 땀에 젖은 몸뚱이를 일으켜 세우던
땅바닥에 쓰고 또 써야 했던 내 이름
저거
애비

아버지의 어깨

 만 덕 원 (김 유 경) | 반야

출근길에 양쪽 어깨에 가방을 메고 아들과 딸의 손을 양손에 잡은 아버지

키는 작아 딸의 키와 비슷하며 가방을 멘 양쪽 어깨는 조금 구부정해 보이고 왼쪽 어깨가 더 처진 듯하다.

처진 어깨를 보며 아버지를 생각한다.

평생 농사일에 땀 흘리며 힘들어하시는 아버지의 뒷모습을 애처롭게 보아드린 기억은 없는 듯하다.

어렸을 때는 당연한 듯 받고 입고 먹었다.

노인이 되신 아버지의 허리는 굽고 두 다리를 지팡이에 의지하는 구부정한 어깨를 또 당연하다 생각했다.

그런 모습을 뒤에서 보기보다 같이 부축하고 옆에서 나란히 걸었지만 원래 늙어지면 다 그렇다 생각했었다.

이제 아버지는 떠나시고 농사짓던 호미며 낫이며 지게가 하나씩 없어지고

서랍에서 평소에 사용하시던 손때 묻은 작은 물건 하나하나를 추억한다.

나 한 입만 나 한 입만 줘

 원 안 심 (이 문 자) | 마 하

한 40년 전의 이야기입니다. 작은 학원을 운영할 때 초등학교 2학년 학생 이야기입니다.

김*연 학생이 원비를 가져올 때 "선생님, 새 돈 드릴게요." 하고 새 돈으로 원비를 내곤 하였습니다. 나는 새 돈은 지갑에 넣어두고 헌 돈을 쓰고 거스름돈도 헌 돈을 주로 썼습니다. 그런 후로는 김*연 학생 생각이 나서 새 돈을 주로 쓰고 헌 돈은 지갑에 남겨두곤 합니다.

쓰다 보면 헌 돈도 남아 있지 않지만….

귤 한 점을 입에 넣어주며 쌩끗 미소 지을 때 이 학생이 바로 천사였습니다. 지금쯤 결혼하여 중년이 되었을 겁니다. 현모양처가 되어 알뜰히 살림도 잘하고 자녀들도 잘 키웠을 겁니다. 어떤 학생은 제 것은 끔찍이 아끼고 친구들에게 베풀 줄 모르며 자꾸 달라고 뒤를 졸졸 따라다니며 귀찮게 하길래,

"일석아, 너는 걔한테 먹을 거 줘 봤어?"

대답을 못 하고 계면쩍은 표정으로 고개를 갸우뚱하고 쑥스러운 표정을 짓더군요.

"나 한 입만, 나 한 입만 줘."

"이게 무슨 소리야?"

저들이 행동을 바라본즉,

"싫어. 너도 안 줬잖아."

아이고 야. 똘이 녀석이 바로 인과응보(因果應報)로 복수를 합니다.

우리의 생활 속에 금강경의 의미가 모두 스며들어 있습니다. 책을 많이 읽지도 않지만, 그래도 금강경은 자주 읽습니다.

그 깊은 뜻 잘 모르지만 자꾸 읽다 보니 저절로 친숙해졌습니다. 새벽마다 금강경 독대로 기분 좋은 하루를 열어봐야겠습니다.

선행이 선행을 부르다

 혜원 (정 기 영) | 거사

    옛날에 가난하게 사는 김씨 성을 가진 농부가 있었는데 그는 부인이 일찍 죽자, 아들 하나만 키우며 살았는데 그 아들이 16살이 되어 장가갈 나이가 되어도 가진 것이 없어 장가도 못 보내고 그렇게 지내고 있던 중 어느 날 아들이 아버지에게 말했다.
    "아버지, 옆집 삼식이 형이 한양에 가서 몇 년 고생해서 돈을 어느 정도 벌어 논도 사고 밭도 사고 해서 먹고살 만해졌다고 하니 저도 한양에 가서 몇 년 고생해서 돈 좀 벌어 오겠습니다."라고 말하고는 한양에 보내달라고 했다.

    아버지 김씨는 아들 혼자 보내는 것이 좀 불안하기는 했지만 하도 주장을 하니 허락했다. 그렇게 아들이 한양에 간 지 4년이 지나자 아들한테서 기별이 왔다. 당장 집으로 내려갈 형편이 못 되니 아버지가 한양에 좀 왔다 가라는 기별이었다.
    김씨는 한양으로 가서 아들을 만났는데 아들은 아버지에게 그동안 모은 돈이라면서 논 열 마지기 정도 살 수 있는 돈을 건네고 본인은 할 일이 좀 더 있어 조금만 더 있다가 내려갈 것이니 아버지가 이 돈을 가지고 내려가서 논도 사고 해서 준비를 해 놓으라고 말했다.

김씨는 아들이 대견하기도 했지만 그동안 고생했을 것을 생각하니 눈물이 앞을 가렸다.

김씨는 그 돈을 품에 간직하고 다시 고향으로 내려오면서 자나 깨나 돈이 잘 있나 싶어 꺼내보고 또 꺼내보면서 길을 재촉했다. 그렇게 오다가 어느 정자가 있어 그곳에서 잠시 쉬면서 또 돈을 꺼내보았다. 잠시 쉬었다가 길을 가는데 한 20리쯤 갔을 때 몸에 뭐가 허전함을 느껴져 품속을 보니 깜빡 아까 그 정자에 돈을 놓고 온 것이었다.

이를 어쩌나! 김씨는 허겁지겁 다시 그 정자로 되돌아왔지만 정자에는 돈뭉치가 이미 없었다. 사람들이 많이 지나다니는 길이라 없어진 것이 당연한 이치였다.

김씨가 정자에 털썩 주저앉아 망연자실 허공만 바라보고 있는데, 어떤 머리가 하얀 노인이 나타나더니 "왜 그러시오?" 하면서 김씨에게 말을 건넸다. 김씨는 그 노인에게 그동안 있었던, 아들이 고생한 이야기부터 돈을 잃어버린 과정을 쭉 설명했다.

그랬더니 그 노인이 품에서 돈뭉치를 꺼내더니 "이것이 당신 것이요?" 하면서 묻는데, 바로 김씨의 돈뭉치였다.

노인은 내가 일찍 이것을 주웠는데 반드시 주인이 찾아올 것이라 생각하고 여기서 기다렸다고 말하면서 주인이 맞는지 확인하려고 당신의 사연을 다 들었노라고 말했다.

김씨는 연신 고맙다고 인사를 하였고 어디에 사는 누구인지 물었지만 그 노인은 대답 대신 어서 가서 잘 살라고만 하고 자기 갈 길로 갔습니다.

김씨는 다시 돈을 품에 잘 넣고 고향으로 부지런히 가는데 강가에 다다르자 폭우가 쏟아져 배가 강을 건너지 못하고 여러 사람들이 우왕좌왕하고 있는데, 그때 저 위에 어떤 처녀가 물에 휩쓸려 떠내려오고 있었다.

그때 사람들이 저걸 어쩌나 하면 모두 발을 동동 구르는데 아무도 물살이 거칠어 감히 들어갈 엄두를 내지 못하고 있었다. 그때 김씨가 "저기 사람이 죽어가고 있어요. 누구 좀 구해 주세요. 구해주는 사람에게는 논 열 마지기 값을 드리겠어요." 하고 외쳤습니다.

그러자 어떤 젊은 사내가 "그 말 정말이요?" 하고 되물으니, 김씨는 품속에 있던 돈 꾸러미를 들어 보였습니다.

그 젊은이는 그 돈이면 한번 목숨을 걸어볼 만하다고 생각했는지 웃통을 벗고 물에 뛰어들어 사투 끝에 간신히 그 처녀를 구해냈습니다. 그 젊은이는 김씨에게서 돈을 받아 사라졌고 그 처녀는 한참 후에 정신을 차려 주위 사람들이 김씨를 가리키며 저분이 아가씨를 구했다고 말해주었습니다.

그러자 그 처녀는 김씨에게 고맙다고 인사를 했고, 김씨는 앞으로 조심하라고 말하고 길을 가려는데 이 처녀가 배도 어차피 오늘 못 건너고 하니 자기 집에 가서 하룻밤 유숙하고 내일 가라고 간청하자, 김씨도 생각해 보니 돈도 없고 이 날씨에 어디 갈 수도 없어 그 처녀 집으로 따라갔습니다.

그런데 그 처녀 집을 들어서는데 집주인이 나와 처녀에게 "왜 이리 늦었냐?"며 말하는 순간 그 주인과 김씨가 마주쳤습니다. 근데 아니 이 집주인은 아까 김씨 돈을 찾아준 그 영감님이었습니다. 서로 놀라며 바라보는데 처녀가 자초지종을 이야기 하자, 영감님은 김씨에게 그 돈이 어떤 돈인지 내가 잘 아는데 자기 외동딸을 구해준 것에 크게 감사하고 김씨 돈을 챙겨주기만 한 것이 아니라 그

아들이 참 괜찮은 젊은이라고 칭찬하고는 사위로 맞이하였습니다.

그 뒤는 이야기하지 않아도 되겠지요. 결론은 영감님의 선행이 딸을 살렸고, 김씨의 선행이 아들을 부잣집 사위로 장가보내게 된 것이지요.
선행이 선행을 부른 겁니다.

물리학과 불교와의 인연

 일 운 (현 윤 선) | 전 마하

　요즘 주식에 관심있는 사람들은 chat GPT 때문에 난리다. 하기사 그것에 관련된 반도체를 만드는 '엔비디아'와 같은 주식은 몇 달 사이에 거의 70% 가까이 폭등했으니까. 또한 인공위성 발사 성공으로 우리나라도 7대 우주 강국에 들었다고 하면서 전국이 한껏 들떠 있다. 그러나 다른 한편으로는 관측 이래 최고라 하면서 모든 기록을 갈아치우는 지구 온난화로 인한 이상기온과 우크라이나와 러시아의 핵전쟁, 후쿠시마 방사능 물질에 오염된 물을 바다로 흘러보낸다고 하여 온 세상이 떠들썩하다.

　『총, 균, 쇠』의 저자 제레미 다이아몬드는 우리 인류는 곧 멸종의 시대에 접어들어 간다고 했고, 다른 여러 과학자들도 이에 동의하고 있으며, 심지어 일부 과학자들은 우리 인류는 이미 절멸의 시대에 진입했다고도 한다. '털 빠진 원숭이'에 불과한 우리 인류가 언제부터 이렇게 지구에 시끄럽고 혼란스러운 존재가 되었을까?
　그것은 아마도 17세기 중반 지구와 우주에 대한 지적 호기심으로 중력의 법칙을 발견하면서 시작되었는지 모른다. 아이작 뉴턴은 몇 가지 물리법칙을 세워서 지구에서 일어나는 모든 것을 달과 태양 그리고 저 멀리 밤하늘에 반짝이는 별들에도 적용시킬 수 있음을 보여주어서 지상과 천상을 하나의 세계로 통일시켰다.

알베르트 아인슈타인은 시간과 공간에 대한 위대한 통찰력으로 두 개의 상대성 원리를 10년 간격을 두고 발표하여 그동안 절대적이라고 알고 있던 시간과 공간의 개념을 일시에 무너뜨려서 자연에 대한 우리의 의식마저 왜곡시켜버렸다. 또한 물질과 에너지는 모습만 달리할 뿐 그 둘은 하나라는 것을 보여주었다.

그러나 무엇보다도 우리 인류를 지금과 같은 세상에 살게 한 것은 1900년 12월, 막스 플랑크가 발표한 양자론이 아닐까 싶다. 우리는 양자역학을 이용하여 TV나 휴대폰 등 생활가전에서 로봇이나 자율형 자동차, 원자핵 발전, 인공 태양, 자기부상열차, 인공지능 그리고 각종 의료용 기기뿐만 아니라 우주탐사에도 양자역학을 기반으로 설계한 장치들을 이용한다. 우리 산업에 쓰이는 거의 모든 기계장치들은 양자역학을 이용하여 만들어진다.

그러나 여기서 한 번쯤 생각해 볼 것은 우리는 아직 양자역학을 사용한 지가 겨우 한 세기밖에 안되었고, 그것을 다루는 데도 초보자에 불과하다는 사실이다. 양자역학을 어느 정도 능숙하게 다룰 줄 알게 되면 우리는 거의 상상할 수도 없는 세상과 마주해야 할 것이다. 이처럼 우리는 한 치 앞을 내다볼 수 없는 혼란스러운 세상에서 살아가고 있다.

한 40여 년쯤 되었나 싶다. 내 기억으로는 그날은 1983년 여름이었다. 여름방학이라 그날도 무척이나 더워서, 나는 습관처럼 한산한 도서관을 벗어나 혹시라도 어떤 새로운 책이 나왔나 싶어서 교보문고에 들렀다. 그러다 우연히 눈에 띈 책 하나를 발견했는데, 그것은 캘리포니아 버클리대 물리학 교수인 프리초프 카프라가 쓴

〈현대물리학과 동양사상〉이었다.

우연(偶然)인지 필연(必然)인지, 그 책을 본 순간 나는 그 책 속의 내용에 깊이 빠져들었고, 이내 몇몇 친구들과 후배들을 꼬셔서(?) 스터디그룹을 만들어 그 내용을 공부하기도 하였으나 갓 풋내기에 불과한 우리에게는 물리학도 어려울뿐더러 동양사상, 그것도 불교와 노장사상을 이해하기란 더욱 어려워서 얼마 가지도 못하고 그만두었다.

나는 그 이후 그 책 속에서 말하고자 하는 내용 즉, 현대물리학과 동양사상과의 관계를 어떻게 정립하고 받아들여야 하는지에 대한 궁금증은 내 가슴속에 깊이 자리 잡았으며, 언젠가는 다시 한 번 그 책 내용을 펼쳐볼지 모른다는 기대와 희망 그리고 부담감이 내 마음속에 늘 자리하고 있었다.

영국의 시인 예이츠가 쓴 시에는 "잎은 많으나 뿌리는 하나일 뿐, 거짓 속에 보내버린 내 청춘의 기나긴 세월들, 햇빛 속에 무수한 잎들을 흔들어 보았지만, 나 이제 진실 속으로 조용히 침잠하리"라는 시가 있다. 물론 이 시구에는 몇몇 오자가 있을 것이다. 고등학교 때 암기한 것이니까!

위 시 내용처럼 내 젊은 시절의 많은 날 속에서 나는 무수한 잎을 흔들면서 거짓 속에서 살아왔는지 모른다. 인생을 돌고 돌아서, 40대 후반에 들어서, 나는 또다시 『노자』와 『장자』를 손에 잡게 되었고, 불광에 인연이 닿아서는 『반야심경』과 『금강경』, 『육조단경』을 공부하면서 지난 삶에 대한 회한과 나머지 삶에 대한 정리라고도 할 수 있듯이, 불교 경전을 공부하게 되었고, 그리고 요즈음 『유마경』과 『중론』에 매료되어서 다시 부질없는 시간을 보내고 있다.

구마라집의 제자 사미승 승조는 『노자』와 『장자』를 읽고 감탄하면서 마음의 요체로 삼았지만, "아름답기는 하다. 그러나 정신이 그

읕함에 깃드는 방법을 기약하기에는 아직 선(善)을 다했다고 할 수 없다."라고 했다. 그러고는 『유마힐경』을 읽고 기뻐하면서 대단히 소중히 여기며 그 의미를 탐구해 깊이 음미하고는 "이제 비로소 귀의할 곳을 알았다."라고 했다

나는 젊은 시절 카프라 교수의 『현대물리학과 동양사상』을 읽으면서 궁금했던 점은 그는 왜 일본 불교와 티벳 불교만 설명하고 인용할 뿐 우리나라의 선불교는 인용하지는 않았는지, 그리고 노자와 장자의 사상에는 왜 인색하였는지다. 그것은 나의 기대와는 다르게 그 책의 내용은 무엇인가 내 마음을 채우기는 부족하다는 인상을 받았다. 하기야 그 교수는 물리학자이고 서양의 시각으로 동양의 사상을 다 살펴보기는 어려웠기 때문은 아닐까 싶다.

이제 어느덧 나도 60대 중반을 향해 가면서 가끔은 남은 삶을 어떻게 보내야 잘 보내는지, 또 어차피 한번 인생인데 어떻게 마무리해야 잘 할 수 있는지에 대해서 생각해본다. 나는 카프라 교수의 『현대물리학과 동양사상』을 읽으면서 느꼈던 무엇인가의 부족함과 허전함을 채워가면서 시간이 나는 대로 현대 물리학과 뇌과학을 불교의 관점으로 해석해 보고는, 그것으로 작은 기쁨과 위안을 찾으면서 내 삶의 나머지 부분을 기대해 본다.

현대물리학과 반야심경에서 공(空)

 일운 (현 윤 선) | 전 마하

우리는 어떤 세상에서 살고 있으며, 어떠한 모습으로 살아가고 있나? 오늘날 우리 인류는 지구상에 출현한 이래 가장 극적인 삶을 살아가고 있다. 우리의 직접적인 조상인 호모 사피엔스(homo sapiens)는 약 20만 년 전 북아프리카 에티오피아 동쪽 고원에서 시작되어 몇 차례 멸종의 위기를 극복하고도 지금에 이르렀지만, 오늘날 우리 인류 앞에 펼쳐진 여러 위기 상황들을 볼 때는 우리 인류는 미래마저도 장담하지 못하게 되는 불확실한 상황 속에 놓여 있다.

오늘날 우리 인류는 과거에 겪었던 적과는 다른 '인류 공멸'이라는 새로운 유형의 적을 만났다. 인구과잉으로 인한 자원과 식량 부족, 석유와 석탄 같은 화석연료의 지나친 남용으로 기후재난과 생태계의 파괴, 새로운 유행병의 출현, 그리고 핵전쟁의 위협에 이르기까지 그 스펙트럼이 넓게 펼쳐져 있다. 이처럼 우리 인류는 최악의 문제에 직면해 있다는 것이다.

우리는 기후재난에 의한 인류 멸망에 한 발짝 더 다가갈지, 핵전쟁의 위협에서 벗어나지 못하여 새로운 파국을 맞이할지, 과학기술에 의한 인공지능(AI)의 발전으로 우리 인류가 기계문명에 굴복할지, 아니면 우리 앞에 다가올 파국에 대비하여 가장 최선의 방법을 찾아서 이 모든 것을 극복하고 계속 앞으로 나아갈지는 우리 손에 달려 있다. 결국 이 모든 것을 만든 이도 우리 자신이며 그것을 극복하는 것도 우리 스스로의 손에 달려 있다는 것이다.

불교를 비롯한 거의 모든 종교들은 우리가 알고 있는 세상과 너무나 달랐던 시대에 생겨났다. 그 당시에 살고 있던 사람들은 우주는 무엇으로 이루어졌으며, 무엇에 의하여 지배받는지를 몰랐으며. 또한 지구는 언제, 어떻게 생겨났으며, 계절의 변화와 낮과 밤은 어떻게 이루어지고, 조수간만의 차이는 왜 생겨나는지, 또한 태양은 왜 그처럼 뜨거우며, 달은 지구에 어떤 영향을 미치는지를 알지 못했다. 그리고 밤하늘 밝게 빛나는 수많은 별들은 어떻게 생겨났으며, 어떠한 원리와 법칙에 지배받고 있는지, 그리고 이 모든 것을 품고 있는 우주란 무엇이며, 나를 비롯한 지구상의 모든 생물체들은 어떠한 진화 과정을 거쳐서 지금의 모습에 이르렀지 알지 못했다. 그 당시에 우리가 지금 알고 있던 만큼 그들이 알고 있었다면, 오늘날 같은 종교가 생겨나지는 못하였을 것이다.

세상을 변화시키는 것은 정치나 종교, 이념이 아니라 과학이다. 정치와 이념, 종교는 어느 한 시대나 어느 한 지역을 이끌고 지배하고 있었을지는 몰라도 지금처럼 세상의 모든 것을 근본적으로 바꾸지는 못했다. 그러나 과학은 수천 년간 이어져 온 생활방식뿐만 아니라, 우리의 의식과 사고방식, 그리고 자연을 대하는 세계관까지, 과학은 우리의 모든 것을 근본적으로 바꾸어 버렸다.

그러면 과학이란 무엇인가?

과학은 자연에 숨겨진 법칙과 원리를 찾아내는 학문으로서, 지구에서 일어나는 모든 자연현상에서부터 태양과 달을 비롯한 행성들의 운동, 밤하늘에 밝게 빛나는 수많은 별들의 탄생과 죽음, 서로 다른 은하들의 충돌, 블랙홀 그리고 이 모든 것을 품고 있는 우주의 기원에 이르기까지, 과학은 나 자신뿐 아니라 우주에 대한 모든 것을 탐구하는 학문이다. 이처럼 과학은 우리 주위에서 일어나는 모든 자연현상뿐만 아니라, 지구 밖 저 멀리 우주에서 일어나는 신비롭고 불가사의한 현상들 속에 숨겨진 법칙과 원리를 찾아내는 학문이다.

이처럼 과학은 수천 년간 이어져 온 생활방식뿐만 아니라, 자연을 바라보는 우리의 세계관과 의식마저 바꾸어 버렸다. 그것은 농업 중심의 생활방식에서 산업 중심의 세계로 바꾸어 버렸다는 것을 의미하며, 이제는 정보산업혁명의 세계로 나아가고 있다는 것을 뜻한다.

이러한 과학의 급격한 발전은 세상의 모든 것을 빠르게 변화시키고 있으며, 수십억 년을 이어온 지구의 생태계마저도 크게 변화시킴에 따라 우리 인간은 지구상에 출현한 이래 과거 그 어느 때보다 가장 극적인 삶을 살아가게 될 것이다. 그것은 나뿐만 아니라, 우리 모두는 빠르게 변화하는 세상에 살고 있다는 것을 의미한다.

우리는 자연을 지배하는 모든 힘을 다룰 줄 알게 되면 무한한 가능성을 가진 세계와 마주해야 된다는 것도 잘 알고 있다. 그것은 우리 스스로도 제어하고 통제하지 못하게 되는 '역사의 특이점'을 향하여 나아가게 하고 있는지도 모른다.

이와 같은 과학은 대자연 속에서 자신이 지나온 모습을 알게 하여주었고, 광활한 우주에서 자신의 존재와 위치를 가르쳐 주었다. 과학은 우리 자신의 존재에 대한 물음에 답을 주었다. 이처럼 과학은 '나'를 알아가는 과정인 것이다.

그러면 이번 지면을 빌려서 불교에서 말하는 공(空)의 개념을 물리학과 뇌과학을 통해서 살펴본다.

반야심경의 중심사상은 공(空)이다. 공(空)은 산스크리트어에서 '비다', '없다', '영(零)'을 나타내는 '순야(산스크Sunya)'를 한자로 번역한 것으로서, 명사형으로 공성(空性)을 뜻하기도 한다. 이러한 공(空)은 여러 가지 뜻으로 쓰이지만, 아공(我空)과 법공(法空)이 근본이다. 아공(我空)은 존재하는 모든 것은 자아(自我)라는 실체가 없다는 것이다. 우리 몸은 오온(五蘊)으로 이루어진 일시적 화합에 지나지 않는다는 것이다. 법공(法空)은 모든 법은 인연에 의해 생기고, 또 인연에 의해 사라지는 것이니, 모든 것은 연기의 원리에서 인정될 뿐 모든 것은 본래 실체가 없다는 것이다.

그래서 제법무아(諸法無我)란 우주 만물은 실체가 없으니, 자아(自我)라는 것은 존재하지 않는다는 것이다. 우주에 존재하는 모든 것은 인연(因緣)의 가합에 따라 생겨나고 존재하며 또 사라지는 것이니, 자아란 실체가 없다는 것이다. 여기서 '법(法)'은 산스크리트어의 '다르마(dharma)'를 옮긴 것으로서, 유상(有相)과 무상(無相), 즉 의식의 대상이 되는 일체의 모든 존재를 가리키는 말이다. 또한 '무아(無我)'는 산스크리트어의 '아나트만(anatman)'을 옮긴 것으로서, 변하지 않는 참다운 '나'는 실재하지 않는다는 뜻이다. 그러므로 제법무아(諸法無我)는 모든 것은 인연으로 끝없이 변화하고 생하고 멸하므로 불변하는 고정된 실체는 없다는 것이다.

그리고 제행무상(諸行無常)은 모든 물질적 현상뿐만 아니라, 수시로 일어나는 수많은 생각이나 다양한 감정, 의식 등 모든 것은 끝없는 변화의 흐름 속에 존재하는 것이므로, 어느 한순간에도 본래의 모습이 없다는 것이다. 여기서 무상(無常)이란 모든 것은 생겨나고 사라지면서 끝없는 변화의 흐름 속에 존재하는 것이어서 잠시도 어느 순간에 머물지 않는다는 것이다. 이처럼 우주 만물은 끝없는 변화의 흐름 속에 존재할 뿐이니 일체의 모든 것은 본래 성품은 없다는 것이다.

이러한 공(空)은 아무것도 없이 텅 빈 것이 아니라, 본래의 성품이 없다는 것이니 이를 바르게 보는 것이 참된 공(空)을 보는 것이다. 생겨나지도 않고 멸하지도 않는 절대 진리. 즉 공에도 유에도 치우치지 않는 것, 이것을 진공묘유(眞空妙有)라고 한다. 유도 공이고 무도 공이고 보살도 공이고 부처도 공이고 무상(無上) 지혜도 공(空)이라는 것이다. 이것이 진정 철저한 공이다. 그런데 철저한 공은 결국 곤경에 빠뜨릴 수 있고, 그보다 더 심각한 문제는 부처님의 참된 가르침을 훼손시킬 수 있다는 점이다.

그래서 대승중관학은 이론과 실천, 양쪽이 처한 곤경에서 벗어나기 위해서 일체법은 '가명(假名)'이라는 용어를 쓴 것이다. 바꿔 말하면 인연에서 생겨나는 일체의 모든 것은 무자성(無自性)이고, 진정한 실유(實有)가 아니고 그저 가명(假名)의 유라는 것이다. 금강경에서 수보리가 말한 것처럼 "여래가 설하신 삼천대천세계는 곧 삼천대천세계가 아니라, 그 이름이 삼천대천세계라는 것이다."

용수 대사는 중론(中論)에서. "만일 모든 법이 인과 연의 화합으로부터 생긴다면 이 법은 일정한 성품이 없으며, 만일 법에 일정한 성품이 없다면 곧 그것이 마침내 공(空)이요, 적멸(寂滅)이니, 두 가지 치우친 견해를 벗어나므로 이를 임시로 중도(中道)라고 부르는 것이다."라고 하였다.

그러므로 중도는 유(有)도 아니고 무(無)도 아니다. 비유(非有)가 무(無)인 것은 일체법이 인연으로부터 생겨나므로 무(無)이다. 비무(非無)가 유(有)인 것은 일체법은 가명(假名)이기 때문에 유(有)이다. 제법실상은 바로 유도 아니고 무도 아닌 것이다. 이러한 공성(空性)을 깨닫는 것은 자기의 본래 성품을 보는 것, 즉 견성(見性) 또는 깨달음[覺]이라고 하였다.

그러면 공(空)에 대해서 보다 넓은 관점으로 살펴보자.

1. 반야심경에서 공(空)의 의미

반야심경에서 오온개공(五蘊皆空)이라 하여, 모든 물질적 현상(色)뿐만 아니라 감각(受), 생각(想), 행위(行), 인식(識) 및 신비스러운 대상인 마음까지도 텅 빈 존재라고 한다. 그러나 공(空)은 아무것도 없이 텅 비어 있는 것이 아니라 알 수 없는 그 무엇인가로 가득 차 있는 살아있는 공(空), 즉 활공(活空)이라고 한다.

우주에 존재하는 형상이 있는 것(有相)과 형상이 없는 것(無相) 등 일체의 모든 것은 공(空)으로부터 생겨나온 것이라 한다. 우주만물은 이러한 공(空)에서 생겨 나왔다 하여, 이를 '공(空)의 현현(顯現)'이라 한다.

이러한 공(空)을 시간적으로 보면 우주 만물은 수많은 인연의 가합(假合)에 따라 생겨났다 다시 돌아가면서 끝없는 변화의 흐름 속에 존재하는 것이기에 모든 것은 무상(無常)하다고 하여, 이를 제행무상(諸行無常)이라 하며, 공간적으로는 일체의 모든 것은 자아(自我)란 실체가 없는 존재라 하여, 이를 제법무아(諸法無我)라 한다.

이와 같은 공(空)은 반야심경의 핵심 사상으로서 오온(五蘊)으로 이루어진 우리의 몸도 일시적인 화합에 지니지 않으니, '나'라고 할 그 무엇도 없는 것이므로 자아(自我)란 실체가 없다는 것이며, 또한 법공(法空)이라 하여 세상의 모든 것뿐만 아니라 그것이 존재하게 하는 법마저도 본래 실체가 없다는 것이다.

우리 눈으로 비춰지는 모든 물질적 현상은 본래 실체가 없는 상(相), 공상(空相)이며, 안에서 일어나는 모든 생각은 망념된 상(相), 환상(幻相)이니, 안과 밖의 모든 것은 본래 실체가 없는 공한 존재라는 것이다.

우주 만물은 생겨나고 다시 돌아가면서 끝없는 변화의 흐름 속에 존재하는 것이니, 이 세상에는 바뀌지 않는 것이란 없으며, 변하지 않는 것 또한 존재하지 않는다. 그러므로 이 우주에는 완전한 것이란 없으며, 영원한 것 또한 존재하지 않는다. 우주마저도 영원하지 않은데 어떻게 영원한 것이 있을 수 있겠는가?

결국 우주 만물은 시간적으로 봐도 공간적으로 봐도 실체가 없는 공(空)한 존재이며, 또한 밖에서 비춰지는 모든 물질적 현상도, 안에서 생겨나는 수많은 생각도 본래 실체가 없이 공한 존재(空寂)라는 것이다. 이는 색(色)도 공(空)도 본래 모습이 아닌 것이니, 이는 모두 다이고 또한 모두 다 아니라는 것이다. 그러므로 우주 만물은 반야의 지혜로 비추어 보면 실체가 없는 상(相), 공상(空相)이기에, 진실한 모습이란 그 어디에도 없다는 것이다.

2. 우주론에서 본 공(空)이란

오늘날 천체물리학에서 말하는 우주란 무엇이며, 또 그것은 우리에게 어떤 의미가 있는 것일까? 우주는 '시간과 공간, 물질과 에너지로 이루어져 있다'고 정의할 수 있다. 즉, 존재하는 모든 것을 아울러 '우주'라고 한다.

우리가 살고 있는 우주는 왜 지금과 같은 모습으로 존재하는가에 대한 근원적인 물음에 대한 답은 결국 찾을 수가 없을 것 같다. 우주는 왜 시간과 공간, 물질과 에너지로만 이루어졌는지, 모든 물질을 이루고 있는 입자들은 왜 세 가지 기본입자인 전자와 양성자, 중성자로만 존재하고, 그들은 왜 그러한 성질을 갖고 있는지, 또한 모든 자연 활동을 지배하는 기본적인 힘은 왜 중력과 전자기력, 약력과 강력으로만 존재하고, 그 힘들은 왜 그러한 특성을 지니고 있는지, 그리고 시간과 공간에는 우리가 알지 못하는 또 다른 비밀스런 그 어떤 것은 없는지에 대한 근원적인 물음에 대한 답은 결국 찾을 수가 없을 것 같다.

현재로서는 우주론과 아인슈타인의 상대성이론, 그리고 미시세계를 탐구하는 양자역학으로 어느 정도 이해하고 설명할 수는 있지만, 그 모든 것을 채워줄 만한 만족스러운 답은 아직 찾지 못하고 있다.

우리가 살고 있는 우주도 늘 존재했던 것이 아니라, 그 무엇이라 할 수 없는 절대 무(無)에서 생겨 나왔다가 다시 절대 무(無)로 돌아가게 된다. 영원히 존재할 것 같은 우주도 언젠가는 다시 무(無)로 돌아가는 것이 우주의 운명이다.

빅뱅 우주론(Big Bang theory)에 따르면, 지금의 우주는 137억 년 전 온도와 밀도가 매우 높은 상태에서 시간과 공간, 물질과 힘도 존재하지 않은 절대 무(無)에서 생겨났다. 이 무렵 우주는 초고온 상태로 있다가 '인플레이션(Inflation)'이라는 초특급 팽창으로 아주 짧은 순간에 빛보다 빠른 속도로 팽창을 하였다. 이러한 인플레이션이 끝나고도 팽창을 거듭하여 온도가 내려가자 모든 물질을 이루고 있는 기본입자(전자와 양성자, 중성자, 전자)들과 모든 물리 현상들을 지배하는 기본적인 힘들(중력과 전자기력, 약력과 강력)들이 생겨났다. 이것이 바로 '빅뱅 우주론(Big Bang cosmology)'이다.

우주 초기에는 온도와 압력이 거의 무한대에 가까운 조그만 점에 불과하였던 것이 아주 짧은 순간 대폭발에 의하여 빛보다 빠른 속도로 급격히 팽창하여 온도가 내려가자, 시간과 공간, 물질과 힘이 분리되어 생겨난 것이 지금 우리가 살고 있는 우주이다.

우주는 지금도 그 정체가 알려지지 않는 암흑에너지에 의하여 빠르게 커지고 있으며, 그 팽창 속도는 시간이 지날수록 더욱 빠르게 커지고 있다. 결국 우리가 살고 있는 우주도 언젠가는 그 어떤 물질도 사라져버린 매우 차갑고 쓸쓸한 상태로 남아 있게 될 것이다.

이처럼 우주를 이루고 있는 시간과 공간, 물질과 에너지는 그 이전에는 존재하지 않았던 곳에서 생겨나와 다시 돌아가는 것이 그들의 운명이다. 지구와 태양, 별과 은하들도 그 이전에는 존재하지 않았던 곳에서 생겨나와 저마다의 삶을 살아가다가 다시 돌아간다. 또한 지구상에 살고 있는 모든 생명체들도 언젠가는 그들이 태어난 곳으로 다시 돌아가는 것이 그들의 운명이며, 그들을 이루고 있는 원소들은 새로운 생명체를 이루는데 다시 쓰이게 될 것이다. 이와 같이 우주 만물은 아무것도 존재하지 않는 절대 무(無)에서 생겨났다 다시 절대 무(無)로 돌아가는 것이다.

그러면 우주라 부르는 것에 '자아(自我)'란 존재한다고 말할 수 있을까? 우주에도 '자아'란 존재하지 않는데, '나'라고 하는 자아는 존재가 있다고 말할 수가 있을까? 이와 같이 우주 만물은 본래 실체가 없는 것이므로, 이를 제법무아(諸法無我)라 하는 것이다.

1979년 노벨물리학상을 받은 스티븐 와인버그는 〈최종이론의 꿈〉에서 "어떤 사물이 실재하고 그 사물들을 지배하는 자연법칙이 실재하는 것에 경의를 표한다"고 하였다.

3. 물리학에서 본 공(空)

오늘날 물리학자들은 물질의 기원에 대해서 다음과 같은 선(禪)문답 같은 질문에 부딪치곤 한다. "이전에는 존재하지 않았던 것이 어떻게 존재할 수 있는가? 어떤 특정한 곳에서 어떤 특정한 순간에 난데없이 물질의 형태가 나타난 이유는 무엇일까? 무엇 때문에 그런 일이 일어났을까? 하필이면 그 순간에 거기에서 일어난 이유는 무엇일까?"

이와 같은 것은 우주에 존재에는 모든 것에 대한 궁극적인 질문을 낳는다. 그 이전에는 존재하지 않았던 것이 어떻게 생겨나게 되었을까? 왜, 그 어떤 순간에, 그와 같은 조건과 원인이 생겨났을까? 왜 그와 같은 방식과 그와 같은 물질들이 생겨났을까? 왜 그와 같은 성질을 띠고, 그와 같은 법칙을 따르며 생겨났을까? 왜 생명체라고 하는 것은 생겨나게 되었을까? 그러면 나는 누구이며, 도대체 어떤 의미가 있는가?

(1) 시간적(時間的) 관점

우주에 존재하는 모든 것은 물리적 변화를 하듯, 생물학적 진화를 하듯, 우주를 이루고 있는 모든 것은 잠시도 멈추지 않고 끝없이 흐르는 것이 본래의 모습이며, 그것이 우주 만물의 참모습이다. 영원할 것 같은 우주도 늘 일정하게 존재하였던 것이 아니라는 것이다.

우리가 살고 있는 우주는 137억 년 전에 아주 조그마한 점에 불과하였던 것이 급격한 팽창으로 온도가 내려가자 모든 물질을 이루는 세 가지 기본입자들(전자와 양성자, 중성자)과 모든 물리적 현상들을 지배하는 네 가지 기본적인 힘들(중력, 전자기력, 약력과 강력)이 생겨나 지구에서 일어나는 모든 자연현상뿐만 아니라 태양과 달, 그리고 저 멀리 밤하늘에 밝게 빛나는 수많은 별과 은하들을 생겨나게 하였다. 우주는 지금도 알 수 없는 암흑에너지에 의해서 빠르게 팽창하고 있으며, 앞으로는 더욱 빠른 속도로 커지고 있다. 영원할 것만 같은 우주도 언젠가는 그 무엇도 존재하지 않는 매우 차갑고 쓸쓸한 상태로 그 삶을 다할 것이다.

아인슈타인의 상대성이론에 의하면 그동안 절대적 존재라고 알고 있던 시간은 장소에 따라 다르게 흐르고, 변하지 않는 모양으로 믿었던 공간마저도 물체의 질량에 의해 달라진다. 또한 아인슈타인의 질량-에너지등가 원리에 의하면 질량과 에너지는 서로 변환할 수가 있다. 이처럼 우주를 이루고 있는 물질과 에너지뿐만 아니라 시간과 공간까지도 끝없는 변화의 흐름 속에 존재하는 것이 우주 만물의 본래 모습이니, 우주에는 일정하게 정하여진 것이 그 어디에도 없다는 것이다. 그래서 부처님은 우주 만물은 끝없이 변한다고 말씀하신 것이다. 이와 같이 우주 만물은 끝없는 변화의 흐름 속에 존재하는 것이니, 이를 제행무상(諸行無常)이라 하는 것이다.

(2) 공간적(空間的) 관점

우주를 이루고 있는 모든 물질은 분자들로 이루어졌고, 분자는 원자들로 이루어졌으며, 원자는 양성자와 중성자로 이루어진 핵과 그 주위를 감싸는 전자로 이루어졌다. 그런데 원자핵을 이루고 있는 양성자와 중성자들은 더 근원적 입자인 쿼크(quark)와 쿼크의 매개 입자인 글루온(gluon)이 진동하는 에너지의 형태로 존재한다. 결국 우주에 존재하는 모든 물질을 이루고 있는 원자들은 진동하는 에너지의 형태로 이루어져 있다. 그러므로 모든 물질을 들여다보고 쪼개어 보면 실체가 없는 텅 빈 존재라는 것이다.

이와 같은 원자의 크기를 지구에 비교하여 보면, 원자가 지구 정도의 크기라면, 양성자는 축구장 정도의 크기이며, 양성자와 중성자를 이루는 쿼크는 사과 정도에 지나지 않는다. 그리고 모든 물질을 이루고 있는 최소단위인 원자를 살펴보면 원자핵은 원자 크기의 10^{-10}m정도이며, 핵 주위의 전자 또한 진동하는 구름처럼 핵 주위를 감싸고 흐른다. 이처럼 우주 만물을 이루고 있는 원자들의 세계는 알고 보면 텅 빈 무대에 지나지 않는다.

양자역학의 개척지 중 한 사람으로 원자의 구조를 밝히는 데 공헌한 닐스 보어(Niels Bohr)는 이를 두고서 '무대이자, 관객이다.'라고 하였다.

그러므로 우주에 존재하는 모든 것은 실체가 없는 텅 빈 존재이니, 이를 제법무아(諸無我)라는 것이다.

(3) 뉴턴의 세계관

우리가 눈으로 보고 느낄 수 있는 거시세계는 고전역학의 세계, 다른 말로 뉴턴역학의 세계라고 한다. 뉴턴역학은 우리가 날마다 마주하는 물체의 운동을 기술하는 것으로서, 뉴턴은 물체에 작용하는 중력과 운동의 3법칙을 미적분이라는 수학적 체계를 세워서 지구에서 일어나는 모든 자연현상뿐만 아니라 지구 밖 저 멀리 태양과 달, 행성들의 운동을 설명하였다. 우리는 뉴턴역학을 통하여 자연에서 일어나는 모든 현상을 보고 이해한다. 우리는 뉴턴역학으로 설명되어지는 세계에서 살고 있다는 것이다.

이처럼 자연을 바라보는 우리의 세계관은 수천 년 이상 우리의 의식과 사고 속에 고착 내지 한정되어 멈추어져 있었다. 그것은 뉴턴역학이 보여주듯이, 우리가 알고 있는 세계는 결정론(決定論)과 분리 가능성, 그리고 사물의 실재성(實在性) 등으로 이루어졌으며, 그것이 자연의 진실한 모습인 줄 알고 왔었다. 그러나 모든 물질을 이루고 있는 원자들의 세계인 양자역학의 세계에서는 이 모든 것이 합당하지 않다는 것을 보여주었다.

뉴턴이 말한 결정론(決定論)이란 모든 물체들은 일정한 법칙과 원리에 따라 움직이므로, 이 법칙과 원리를 알게 되면, 물체들이 어떻게 움직이는지를 미리 알 수가 있다는 것이다.

'사물의 객관적 실재성'이란 사물들은 객관적인 물리적 실재가 존재하며, 이는 누가 보더라도 일정한 모양과 형체를 가진 물리적 실체가 존재한다는 것이다. 이와 같이 사물의 객관적 실재란 관찰자와 관계없이 사물의 객관적인 실재가 존재하는 것을 말한다.

'분리 가능성'이란 모든 물체들은 서로 영향을 끼칠 수 없는 독립된 개체로 존재한다는 것으로서 우주를 이루고 있는 시간과 공간, 물질과 에너지도 서로 독립적이며, 이것은 따로 분리해서 존재한다는 것이다.

이와 같이 뉴턴은 사물의 실재성과 분리성, 그리고 결정론으로 이루어졌음을 보여주는데 반하여, 아인슈타인은 시간과 공간은 절대적이지 않으며 시공간이라는 하나의 조화로운 관계로 봐야 하고, 물질과 에너지도 서로 변환할 수 있음을 나타내어 우주를 이루는 시간과 공간, 물질과 에너지는 통일된 하나의 조화로운 세계로 봐야 한다는 것을 보여 주었다.

(4) 아인슈타인의 세계관

아인슈타인은 두 개의 상대성이론(특수상대성이론과 일반상대성이론)을 발표하여 지금까지 절대적인 존재라고 믿어왔던 시간과 공간의 개념을 일시에 무너뜨리고 시-공간(時空間)이라는 하나의 통일된 조화로운 세계로 바꾸어 버렸다. 시간은 늘어나거나 줄어들 수 있으며, 공간도 비틀어지거나 왜곡될 수 있음을 보여주어서, 자연을 바라보는 우리의 사고와 의식마저 왜곡시켜 버렸다.

아인슈타인의 특수상대성이론에 따르면 시간과 공간은 절대적이 아니라 관찰자에 따라 다르게 정의된다. 시간의 흐름은 절대적이 아니라 서로 다른 관측자에게는 다르게 흐른다는 것이다.

특수상대성이론에 의하면 빛에 가까운 속도로 달리는 물체에서는 시간은 느리게 흐르고, 두 지점 사이의 길이는 줄어든다. 이것은 자신을 낳은 부모보다 나이가 많을 수가 있으며, 같은 날 동시에 태어난 쌍둥이도 서로 다른 시간의 삶을 살 수가 있다는 기이한 '쌍둥이 역설(twin paradox)'을 낳았다.

일반상대성이론에 따르면 물체의 크기는 그 물체에 작용하는 중력을 변화시키며, 그 물체 주변의 시간과 공간까지도 변화시킨다. 물체의 질량이 클수록 중력 또한 커지고, 시간을 느리게 하고 공간을 왜곡시킨다. 이것은 시간과 공간은 서로 독립된 것이 아니라 하나의 통일된 조화로운 관계로 봐야 하며, 또한 전혀 다른 물리적 존재로 보이는 물질과 힘 또한 서로 관련지어서 하나로 봐야 한다는 것을 보여주었다. 이처럼 시간과 공간, 물질과 힘은 서로 상의적인 관계에서 존재하는 것이므로, 이 모든 것들은 하나의 전체성을 지닌 조화로운 세계로 봐야 한다.

또한 아인슈타인은 그 유명한 질량-에너지 등가원리($E=mc^2$)를 발표하여 질량은 에너지로 서로 변환하며, 에너지는 일정 수준의 물리적 조건이 충족되면 질량으로 변할 수가 있다는 것을 보여주었다. 이는 물질과 에너지는 모습만 달리할 뿐 근원적으로는 같다는 것이다.

반야심경에서 색불이공(色不異空), 공불이색(空不異色)이란 물질적 현상과 근원적 본질은 서로 다르지 않으니, 색즉시공(色卽是空), 공즉시색(空卽是色)은 물질적 현상과 근원적 본질은 서로 같은 것이라 한다. 그러므로 물질적 현상인 색(色)과 근원적 본질인 공(空)은 모습만 달리할 뿐 서로 같은 것이라 한다. 이것은 아인슈타인의 질량-에너지등가 원리에서 보여준 바와 같이 질량과 에너지는 모습만 다를 뿐 같은 것이라고 말하는 것이다.

(5) 양자역학의 세계관

우리가 날마다 보고 듣고 느끼는 세계는 고전물리학, 다른 말로 뉴턴역학으로 설명되는 세계이다. 뉴턴은 중력과 운동의 3법칙을 세워서 지구에서 일어나는 모든 물리 현상뿐만 아니라 지구 밖 태양과 달, 행성들의 궤도 운동을 설명하였다. 이것은 우리가 뉴턴역학을 통하여 세상에 일어나는 것을 바라본다는 것을 의미한다.

그러나 이제 우리는 이러한 뉴턴역학의 세계에는 근본적인 결함이 있음을 안다. 뉴턴역학의 세계는 큰 대상들에게는 아주 훌륭하게 서술하지만 작은 대상들, 즉 모든 물질을 이루고 있는 원자들의 세계에서는 더 이상 유효하지 않음이 밝혀졌다.

독일 출신의 물리학자 막스 플랑크는 1900년 12월 14일, 약 200여 년 동안 뉴턴역학이 지배하던 시대에 경종을 울리는 새로운 물리학인 양자론을 발표하였다. 고전역학이라고 불리는 뉴턴역학은 사물의 객관적 실재성과 분리성, 그리고 결정론 등으로 나타낼 수가 있으며, 그것으로도 자연에서 일어나는 모든 물리 현상들을 충분히 나타낼 수 있음을 보여주었다.

그러나 이와 같은 것들은 우리가 날마다 마주하는 거시세계, 즉 뉴턴역학의 세계에서는 성립하지만, 모든 물질을 이루고 있는 원자들의 세계인 양자역학의 세계에서는 합당하지 않다는 것으로 밝혀졌다.

플랑크가 발표한 양자론의 핵심적인 내용은 물체를 움직이는 에너지는 연속적으로 흐르는 것이 아니라, 덩어리처럼 불연속적으로 움직인다. 빛을 포함한 모든 전자 복사에너지는 다양한 크기의 에너지가 덩어리처럼 불연속적으로 움직이는데, 이와 같은 에너지 덩어리를 '양자(量子, quantum)'라고 불렀다. 그동안 물체를 움직이는 에너지는 물처럼 연속적으로 흐르는 것으로 알려졌으나, 플랑크가 발표한 양자론은 에너지는 연속적으로 흐르는 것이 아니라, 조각난 덩어리처럼 불연속적으로 움직인다는 것이다.

이것은 고전역학을 떠받치고 있던 뉴턴역학에 근본적인 변화를 가져오게 하였고, 그동안 자연에서 일어나는 모든 것을 설명하던 고전역학은 깨졌으며, 이제는 새로운 물리학인 양자역학으로 대치해야 한다는 것을 의미하는 것이었다.

이와 같은 양자역학은 1920~1930년대에 거의 완성되었으며, 거의 모든 과학을 통하여 가장 잘 검증된 이론이며, 그 예측 가운데 틀리거나 잘못된 것은 하나도 없다. 그러나 물리학자들은 이러한 양자역학을 다루는데 익숙하고, 늘 그것을 자유롭게 사용하지만 그 해석에는 불편함을 느낀다고 한다. 그러면 왜 지난 100년 동안 검증을 마쳤고 물리학자들은 그것을 자유롭게 쓰고 있으면서도 왜 양자역학의 세계를 받아들이기를 받아들이는데 어려움을 느끼는 것일까?

양자역학의 세계는 우리 대부분 알고 있는 상식적 세계를 거부하고 있는 듯하기 때문이다. 양자역학의 세계는 우리의 고정된 사고에서 벗어나 있으며, 우리가 살고 있는 세계를 부정할 정도로 기이하고 역설적이기까지 하여 우리의 상식으로 받아들이기가 쉽지 않은 불가사의한 현상들이 존재하기 때문이다.

우리가 아는 세계는 사물은 객관적 실재가 존재하고, 하나의 대상은 동시에 여러 곳에서 있을 수 없다. 또한 하나의 사건이 빛보다 빠르게 아주 먼 거리에 즉각적으로 영향을 미칠 수 없다.

그러나 양자역학의 세계는 물리적 대상은 관찰 때문에 거기에 존재한다고 한다. 즉 관찰이 물리적 대상을 만들어낸다는 것이다. 어떤 대상이 특정 장소에 있다는 사실은 오로지 관찰될 때 비로소 그곳에 존재한다는 것이다. 이처럼 양자역학은 관찰에 의존하지 않고 물리적으로 실재하는 세계를 부정하는 것이다. 양자역학의 세계는 "만일 당신이 원자처럼 작은 대상이 특정 위치에 있음을 관찰하면, 당신의 관찰 때문에 그 대상이 거기에 있게 된다는 것이다.". 이를 두고서 아인슈타인은 동료 물리학자들에게 당신이 달을 볼 때만 달이 있냐고 농담 삼아 묻기도 했다고 한다. 아인슈타인에 따르면, 양자이론을 진지하게 받아들인다는 것은 관찰 여부에 상관없이 물리적으로 실재하는 세계를 부정한다는 것이다.

또한 거시 세계에서는 하나의 대상은 동시에 여러 곳에 있을 수 없다. 그러나 양자역학의 세계에서는 하나의 대상이 여기 혹은 저기에 있을 수 있고, 동시에 여러 곳에서 있을 수 있다.

그리고 누군가가 여기에서 하는 행동이 멀리 떨어진 다른 곳에서 일어나는 일에 빛보다 빠르게 영향을 끼칠 수 없다. 그러나 양자역학의 세계에서는 하나의 대상에 대한 관찰은 아주 멀리 떨어진 다른 대상의 행동에 설령 두 대상을 연결하는 힘이 전혀 없더라도 즉각적인 영향을 미친다. 아인슈타인은 이런 영향미침을 '도깨비 같은 작용'이라 받아들이기를 거부했지만, 오늘날 이 현상은 '영향 미침'으로 알려져 있으며, 그것이 존재한다는 것이 증명되었다.

우리는 과학자들이 이룩해 놓은 성과를 높이 평가하며 그것을 이용하지만 정작 모든 과학의 기반이 되는 양자역학의 세계는 이해하지도 받아들이려고 하지 않는 것 같다. 이것은 양자역학은 우리가 보는 모든 세계를 부정하는 듯하기 때문이다.

불교에서 말하는 일체개공(一切皆空) 즉 모든 것은 공하다는 명제와 같이, 우리가 날마다 마주하는 모든 물리적 대상들은 실체가 없다는 식으로 말하기 때문이다. 사실 따지고 보면 제법무아(諸法無我)나 제행무상(諸行無常), 즉 시간적으로도 공간적으로도 모든 것은 실체가 없다는 것과 일맥상통한다.

4. 뇌 과학에서 본 공(空)의 관점

우리의 정신세계를 지배하는 수많은 생각과 다양한 감정, 의식뿐만 아니라, 우리의 모든 행위를 지배하는 것은 1.4kg 밖에 나가지 않는 작은 뇌다. 이처럼 수시로 일어나는 수많은 생각이나 다양한 감정, 의식을 포함한 모든 정신활동뿐만 아니라 우리의 모든 행위를 지배하는 것은 뇌 속에 있는 신경세포인 뉴런(neuron)들의 전기에너지 흐름에 의해서 비롯된다.

우리의 뇌 속에는 약 천억 개나 되는 신경세포인 뉴런들이 있으며, 각각의 뉴런들은 수백에서 수만 개로 주위의 뉴런들과 서로 연결되어 있다. 우리의 정신세계를 지배하는 생각과 감정, 의식뿐만 아니라, 우리의 모든 행위까지도 이러한 뉴런들이 주고받는 전기에너지의 흐름에서 비롯된다. 결국 우리의 모든 행위뿐만 아니라 수많은 생각과 다양한 감정, 의식 등 정신세계를 지배하는 모든 것은 뇌 속에 있는 신경세포들이 상호작용하는 과정에서 비롯되는 전기에너지의 흐름에 지나지 않는다는 것이다.

우주 만물은 실체가 없이 공(空)하다는 것을 시간적으로 보면 지구상의 모든 것뿐만 아니라 밤하늘에 밝게 빛나는 수많은 별과 은하들, 그리고 이 모든 것을 품고 있는 우주는 137억 년 전 조그마한 점에서 시작되어 지금과 같은 모습으로 진화하였으며, 공간적으로 보면 우주에 존재하는 모든 물질을 이루고 있는 원자들은 본래 텅 빈 존재에 불과하다는 것이다.

생물학적으로 보더라도 현재 나의 모습이 이루어지기까지는 오랜 지구의 역사와 함께 수많은 생물학적 진화과정을 거쳐서 지금에 모습에 이르게 되었다. 지금의 '나'라는 존재도 기나긴 진화의 여정 속에서 잠시 그 모습을 나타냈다가 다시 새로운 모습으로 거쳐 가는 하나의 과정에 불과할 뿐이다.

또한 뇌 과학적으로 보더라도 수시로 떠오르는 수많은 생각과 다양한 감정, 의식뿐만 아니라, 우리의 모든 행위는 뇌 속에 있는 신경세포인 뉴런들이 정보를 서로 주고받는 과정에서 생겨나는 전기흐름에 지나지 않는다는 것이다.

결국 '나'와 지구상에 살고 있는 모든 생명체뿐만 아니라, 지구와 태양, 그리고 밤하늘에 빛나는 수많은 별들도 알고 보면 실체가 없는 텅 빈 존재(諸法空相)라는 것이다.

이와 같이 우주 만물의 모든 것은 본래 실체가 없는 공(空)한 존재이기에 일체의 모든 것은 텅 빈 상(相), 공상(空相)이라는 것이다. 그것은 사물의 존재를 부정하기보다는 모든 것은 시간적으로 보든, 공간적으로 보든 실체가 없는 공한 존재라는 것이다. 우주 만물은 공(空)하다고 하지만, 이러한 공(空)은 비운다고 비워지는 것이 아닌 것이니, 참된 공의 이치를 터득하라는 것이다. 깨달음이란 공성(空性)을 깨닫는 것이다.

반야심경의 중심사상은 공(空)이다. 일체의 모든 것은 자성(自性)이 없으니, 이를 공(空)이라 한다. 우주 만물은 결국 공(空)한 존재라는 것을 보는 것이 해탈이자, 완전한 자유이다. 그러므로 공(空)의 참뜻을 깨달으면 스스로가 자유로워지고 열반을 증득할 수 있다는 것이다. 그러나 완전한 공(空)을 깨달으려면 공의 참된 의미를 깨닫고 그 뜻을 실천하는 것이 무엇보다 중요하다고 할 수 있다.

내가 믿고 수행하는
「마하반야바라밀」과「간화선」

 현명(문병만) | 거사

　1977년 12월 어느 날, 직장동료의 안내로 「불광佛光」이라는 순수불교 전문잡지와 법향이 있는 「불광법회」를 찾게 되었습니다.
　당시 불광법회 법주이신 광덕 스님은 백용성 스님의 상좌이신 동산 스님을 은사로 범어사에서 출가하신 분이셨습니다. 훌륭한 은사 스님 문하에선 훌륭한 제자들이 많다고 하는데 그러한 것 같았습니다. 왜냐하면 당시 성철 스님, 지유 스님, 광덕 스님 등 기라성 같은 스님들이 많았기 때문입니다.
　광덕 스님은 용성 스님 문중에서 대각회 이사회와 종단 총무원 종무행정까지 수행이 활발하여서 종단 인근 대각사에서 거처하시게 되면서 도심 재가 불자들의 전법원력을 발심하시고 「불광법회」를 창립하신 것으로 압니다. 재가 불자들 전용 도량도 없어서 법주 스님이 계신 대각사에서 매주 목요일 오후 6시 30분부터 법회를 여시고 종로구 대각사를 중심으로 오방내외 인연 있는 불자를 모아 소의경전인 금강경에서 설파한 반야바라밀 사상을 전법하고 생활화하기 위해서 대각사에서 대중 법회를 가졌습니다. 매월 둘째 주

토요일은 광덕 스님께서 수행 본찰로 계신 갈매리 보현사(당시 주지는 至晤 스님)로 불광법회 대중이 입선하여 철야정진하며 광덕 스님 지도 아래 수행 점검 받고, 바라밀 염송 등 정진을 마치고 일요일 아침 회향하곤 하였습니다.

그 당시에는 법주 스님과 불광법회 대중 형제분들의 면면이 삼보를 예경하고 신심을 고양하는 열정은 부처님 당시 영축산의 법향이 부럽지 않을 정도였으니까! 저 또한 불광형제 중의 한 사람으로서 더불어 자신도 대단한 불광인이었던 것처럼 법회 주보에 있는 마크와 같은 배지를 가슴에 달고 다녔음을 자랑스럽게 생각했었습니다.

법주 스님의 『마하반야바라밀』 법문의 핵심은 자성이 거룩한 부처님의 무량한 지혜·공덕 생명임을 자각하고 도피안인 바라밀의 여래장세계는 보현행원을 실천하는 자만이 바라밀의 상속자로서 보살의 행원은 정토의 형제들임을 자각하고 법주 스님의 법문을 듣고 사홍서원을 가슴에 담고 법등 형제 여러분과 함께함이 얼마나 다행이고 감사·환희스러웠는지 모릅니다.

그래서 법주 스님이 대중 법문을 하실 때 인사말 서두에 늘 항상 '불광형제 여러분'이라고 하시지 않았습니까. 「숫타니파타」의 한 구절을 인용해 보면, "숯불은 하나만 있을 때는 쉽게 꺼진다. 그러나 여러 숯이 함께 어우러져 있으면 그 빛과 열이 오래간다. 공부하는 사람(전법 및 바라밀 행자)도 마찬가지다. 여러 대중들과 어우러져 함께 공부하여야 그 기운으로 목표를 쉽게 달성(또는 성취)할 수 있다. 마침내 혼자 불로도 꺼지지 않을 때(見性得智) 그때 혼자서 가라."라는 말씀이 있듯이 우리 형제 여러분들은 마하반야바라밀의 도업을 성취할 때까지 혼자보다는 늘 함께 삼보를 예경하고 오계의 바탕 위에 육바라밀을 행하며 보현행원을 실천하면서 행주좌와 어묵동정으로 간화선 화두를 놓치지 않으며 팔정도에 입각하여 일상생활을 하시면 언제나 부처님과 함께하게 되어 반야바라밀을 떠나지 않고 여래장세계의 진여와 함께 하게 되어 번뇌와 분별심이 없는 해탈 열반의 일상이 된다고 확신합니다.

그러면 부처님 말씀의 경전을 항상 수지·독송하고, 수승한 불법을 인연 있는 이웃에게 전법하고, 간화선 화두참선도 가행·용맹정진을 방일함이 없이 사무량심(慈悲喜捨)으로 평상심을 유지하면서 마침내 모두 함께 성불하시고 불국정토에서 상락아정(常樂我淨)을 누리시길 바라면서 간화선 화두 참선지침을 정리해 보았습니다.

〈 참선지침 參禪指針 〉

[入禪 話頭]

☞ [이뭣고?] 화두 드는 분
　[법사가 법단에 오르면]
　[죽비 치는 사람(또는 입승)이 선창]

　"마음도 아니고, 부처도 아니며, 물건도 아니니,"
　"이것이 무엇인고?[또는 이뭣고?]" 하면
　[죽비 1타에, 대중은 서서 "이뭣고?"를 복창하면서 1배]
　"이것이 무엇인고?[또는 이뭣고?]" 하면
　[죽비 1타에, 대중은 서서 "이뭣고?"를 복창하면서 1배]
　"이것이 무엇인고?[또는 이뭣고?]" 하면
　[죽비 1타에, 대중은 서서 "이뭣고?"를 복창하면서 1배] 한다.

　or

 현명(문병만)

☞ ["무"자] 화두 드는 분
　[법사가 법단에 오르면]
　[죽비 치는 사람(또는 입승)이 선창]

"개도 불성이 있습니까? '무'라고 하였으니,"
"어째서 '무'라 했는고?" 하면
[죽비 1타에, 대중은 서서 "어째서 '무'라 했는고?"를 복창하면서 1배]
"어째서 '무'라 했는고?" 하면
[죽비 1타에, 대중은 서서 "어째서 '무'라 했는고?"를 복창하면서 1배]
"어째서 '무'라 했는고?" 하면
[죽비 1타에, 대중은 서서 "어째서 '무'라 했는고?"를 복창하면서 1배]
한다.

[바른 자세]
☞ **좌법**(坐法 앉는 법)
　▸결가부좌(結跏趺坐)
　▸항마좌(降魔坐)
　　먼저 오른발을 외편 넓적다리 위에 얹고, 다음 왼발을
　　오른편 넓적다리 위에 얹는 앉음새.
　▸반가부좌(半跏趺坐)
　▸항마반가좌(降魔半跏坐)
　　왼 다리를 오른 다리 허벅지 위에 올려놓는 앉음새.

　※두 발을 번갈아 허벅다리 위에 얹는다. 한 발만 계속 얹으면
　　골반이 틀어질 수 있다.

☞ 신(身) ※ 調身(몸을 좌우로 바르게 고른다)
▸정신단좌(正身端坐)
결가부좌나 반가부좌로 앉은 뒤에, 두 손은 가볍게 주먹을 쥐어
두 무릎 위에 올려놓고, 몸을 좌우로, 전후로 천천히 가볍게
흔들어 몸을 바르게 하여 단정하게 앉는다.
▸척·요(脊·腰)
등뼈와 허리는 쭉 펴되, 지나치게 꼿꼿이 세우지 말라.
▸슬·미골(膝·尾骨)
두 무릎과 꼬리뼈가 정삼각형이 되면,
心身(심신)의 精氣(정기)가 丹田(단전)에 모인다.
▸이·견(耳·肩)
▸비·제(鼻·臍)
두 귀와 두 어깨는 수평이 되어야 하고, 코와 배꼽은
수직이 되어야 한다.
▸수(手)
오른 손바닥이 위로 향하도록 하여 왼발 위 단전 앞에 놓고
왼 손바닥도 위로 향하도록 하여 오른 손바닥 위에 포개어
놓은 다음, 두 엄지손가락을 무지개 모양으로 가볍게 맞댄다.

두 엄지손가락이 맞닿은 부분이 배꼽과 일직선상에 있어야 한다.

두 엄지손가락 끝이 떨어지면 안 된다. 두 엄지손가락 끝이
떨어지면 졸음이나 망상에 빠지기 쉽다.
왼발을 위에 얹으면 왼손을 위에 포개고, 오른발을 위에 얹으면
오른손을 위에 포갠다.

‣비(臂)

두 팔은 너무 죄지 말고 가볍게 벌린다.

‣구(口)

입을 살짝 다물고 가볍게 미소를 머금는다.

‣설(舌)

혀를 윗잇몸에 가볍게 댄다.

‣순·치(脣·齒)

입술과 이는 서로 붙인다.

‣아(牙)

어금니 지그시 문다.

‣이(頤)

턱은 약간 당긴다.

‣정·회음(頂·會陰)

턱을 살짝 당기고 등뼈를 곧게 세우면 정수리와 회음이 일직선이 된다.

‣목(目)

너무 작게 뜨면 혼침에 떨어지기 쉽고, 너무 크게 뜨면 산란에 떨어지기 쉽다. 눈을 감으면 안 된다.

시선은 전방 1~2m쯤 지점에다 두되, 1~2m쯤 지점 한 점을 응시하는 것이 아니며, 의식적으로는 아무것도 본 바가 없어야 한다.

‣안정(眼睛)

눈동자는 움직이지 않는다.

머리카락 한 올에 온몸이 매달려 있듯, 온몸의 긴장을 다 풀고 온몸의 힘을 다 뺀다.

[바른 호흡] ※ 調息(호흡을 조절한다)

☞ 가는 털도 흔들리지 않을 정도로, 부드럽게 천천히 고요히 고르게 깊게 길게 쉰다.
☞ 호흡과 화두(두 가지 견해)
　▸첫째, 호흡은 자연스럽게 하고 화두만을 참구하라.
　▸둘째, 단전호흡을 하며 화두를 참구하라.
☞ 호흡과 화두의 조화
　▸호흡과 화두가 조화를 이루어야 하고, 통일되어야 한다.

[바른 참구] ※ 調心(마음을 고른다)

☞ 간화 삼요(看話 三要)(간화의 세 가지 요건)
　▸일(一) 대신근(大信根)
　큰 신근이란 자신이 본래 부처임을 철저히 믿고 화두를 바르게 열심히 참구하면 반드시 확철대오(廓徹大悟)해서 견성성불(見 性成佛)할 수 있다는 것을 크게 믿는 마음
　▸이(二) 대분지(大憤志)
　큰 분지란 객진번뇌(客塵煩惱)에 덮여 윤회생사(輪廻生死)하는 것에 대한 분한 뜻. 크게 발분(發憤)한 의지(意志)
　▸삼(三) 대의정(大疑情)
　큰 의정이란 본참화두(本參話頭)에 대한 큰 의심

☞ 의심(疑心)(화두 참구의 생명)
　▸화두를 들되 의심이 없으면 바른 정진이 아니다.

▸어째서 '무'라고 했는고?
그 '어째서', 알 수 없는 의심에 초점이 있다.

☞ 의심의 삼단계
　▸의념(疑念)
　의심이 문득 끊어지고 문득 이어지며, 문득 익고 문득 선 단계
　▸의정(疑情)
　의심이 현전(現前)하여 간단(間斷) 없이 이어지는 단계
　▸의단(疑團)
　이뭣고? 의정(疑情)이 뭉쳐 의심 덩어리가 된 단계
　※ 의단이 타파되면 견성하게 됨(나와 화두와 우주가 한 덩어리가 됨)

☞ 불의불오(不疑不悟)
　의심하지 않으면 깨닫지 못하고,

☞ 소의소오(小疑小悟)
　작게 의심하면 작게 깨달으며,

☞ 대의대오(大疑大悟)
　크게 의심하면 크게 깨닫는다.

☞ 화두를 참구하는 다섯 가지 비결
　▸일(一) 진심절심(眞心切心) : 진실하고 간절한 마음으로 화두를 든다.
　-진심(眞心) : 진실한[참된] 마음
　-절심(切心) : 간절한 마음으로 화두를 든다.
　-여계포란(如鷄抱卵) : 닭이 알을 품듯

-여묘포서(如猫捕鼠) : 고양이가 쥐를 잡듯

  -여기사식(如飢思食) : 굶주린 이가 밥을 생각하듯

  -여갈사수(如渴思水) : 목마른 이가 물을 생각하듯

  -여병억약(如病憶藥) : 병든 이가 약을 생각하듯

  -여아억모(如兒憶母) : 어린아이가 엄마를 생각하듯

▶이(二) 적적성성(寂寂惺惺)·성성적적(惺惺寂寂) ; 고요하고 또렷하게

-적성등지(寂惺等持)·성적등지(惺寂等持) ; 적적과 성성을 가지런히 지닌다.

-적적하되 성성하고, 성성하되 적적해야 한다.

-적적하되 성성하지 않으면 혼침에 떨어지고, 성성하되 적적하지 않으면 산란에 떨어진다.

▶삼(三) 밀밀면면(密密綿綿)·면면밀밀(綿綿密密) ; 밀밀[세밀]하고 면면[끊어지지 않고 이어지게]하게 끊임없이 참구.

▶사(四) 불급불완(不急不緩)·불서부질(不徐不疾) ; 급하지도 않고[조급하지도 않고], 느슨하지도 않게[완만하지도 않게] 참구.

※ '거문고 줄을 고르듯이 하라!'

▶오(五) 시처위사(時處位事) ; 일체[時], 일체[處], 일체[位], 일체[事], 참구한다.

※ 행주좌와(行住坐臥)와 어묵동정(語默動靜)시도 화두가 들려져 있어야 한다.

[화두 실참]

〈 이뭣고? 화두 〉

☞ 마음도 아니고, 부처도 아니며, 물건도 아니니,

이것이 무엇인고?

☞ 六根이 六境을 대하여 六識이 일어나자마자 이뭣고?

☞ 보거나, 듣거나, 냄새 맡거나, 맛보거나, 감촉하거나,
생각하거나, 이뭣고?

☞ 한 생각이 일어나자마자 이뭣고?

☞ 기쁜 생각이 일어나도, 슬픈 생각이 일어나도 이뭣고?

☞ 즐거운 생각이 일어나도, 괴로운 생각이 일어나도 이뭣고?

☞ 사랑하는 생각이 일어나도, 미워하는 생각이 일어나도 이뭣고?

☞ 좋은 생각이 일어나도, 나쁜 생각이 일어나도 이뭣고?

☞ 과거 생각이 일어나도, 미래 생각이 일어나도 이뭣고?

☞ 어떤 생각이 일어나도, 언제나 어디서나 이뭣고?

☞ 梵鐘을 치듯 話頭를 들라!
범종을 치면 종소리가 허공에 점점 울려 퍼지듯,
화두를 들면 의심이 몸과 마음에 점점 채워진다.
종소리가 울리는 동안 거듭 치지 않듯,
의심이 있는 동안 거듭 들지 않는다.

종소리가 희미할 즈음 다시 종을 치듯,
의심이 끊어지거나 망념이 일어날 즈음 다시 화두를 든다.

☞ 상식과 지식과 학식을 완전히 버리고!
오로지 '이뭣고?' '어째서 無라고 했는고?' 하라!
그 의심으로 온몸과 온 마음과 온 누리를 가득 채우라!

☞ 낮에 일할 때도 화두가 저절로 들려져 있고,
밤에 잠을 잘 때도 화두가 저절로 들려져 있으며,
이튿날 눈을 뜰 때도 어젯밤에 들고 자던 화두가
그대로 들려져 있으면, 큰 깨달음에 가깝다고 할 수 있다.

☞ 의단이 홀로 드러나고, 나와 화두와 우주가 하나가 되어,
그 의심이 그 이상 간절할 수 없고, 그 의단이 그 이상
커질 수 없는 경계에 이르면, 하루 이틀 사흘 나흘 닷새 엿새
이레, 홀연히 통 밑바닥이 둘러빠지듯 의단이 툭 터지면서
존재의 비밀을 열고 '있는 그대로의 참모습' 진여를 보게 된다.

진흙에 물들지 않는 연꽃처럼

불광법회 창립 50주년 기념문집

발행일 2024년 10월 13일 초판 1쇄

지은이	대한불교조계종 불광사 · 불광법회
펴낸이	정연순
디자인	서명지
펴낸곳	나무향
주　소	서울 광진구 자양로 28길 34, 드림스페이스 501호
전　화	02-458-2815, 010-2337-2815
팩　스	02-457-2815
출판등록	제2017-000052호
메　일	namuhyang2815@daum.net

ISBN 979-11-89052-86-7 03810
값 16,000원

•잘못 인쇄된 책은 바꾸어 드립니다
•이 책은 저작권법에 따라 보호를 받는 저작물이므로 무단 전재와 복제를 금합니다